新形态一体化精品系列教材 · 岗课赛证融通式精品教材 · 精品在线开放课程配套教材

门店开发与规划

主编　曹　爽　邢学鹏　朱永华

上海交通大学出版社
SHANGHAI JIAO TONG UNIVERSITY PRESS

内容提要

本书按照“全程任务驱动教学，立足企业”的总体设计思想，基于成果导向教育（OBE）理念反向设计、正向实施、建构一致，并配有大量教学视频及技能训练。本书的主要内容包括：门店开发认知、门店投资计划、门店选址分析、门店CIS设计、门店外部设计、门店内部设计、门店陈列规划、门店开业推广。

本书主要面向高等院校相关专业的学生，既可作为参考读物，也可作为企业培训用书。

图书在版编目（CIP）数据

门店开发与规划 / 曹爽，邢学鹏，朱永华主编．—
上海：上海交通大学出版社，2023.11
ISBN 978-7-313-29560-6

Ⅰ．①门… Ⅱ．①曹… ②邢… ③朱… Ⅲ．①连锁店
—企业管理—高等学校—教材 Ⅳ．①F717.6

中国国家版本馆CIP数据核字（2023）第184085号

门店开发与规划
MENDIAN KAIFA YU GUIHUA

主　　编：曹　爽　邢学鹏　朱永华
出版发行：上海交通大学出版社　　地　　址：上海市番禺路951号
邮政编码：200030　　电　　话：021-64071208
印　　刷：杭州钱江彩色印务有限公司　　经　　销：全国新华书店
开　　本：787mm × 1092mm　1/16　　印　　张：14.5
字　　数：371千字
版　　次：2023年11月第1版　　印　　次：2023年11月第1次印刷
书　　号：ISBN 978-7-313-29560-6
定　　价：59.80元

版权所有　侵权必究
告读者：如发现本书有印装质量问题请与印刷厂质量科联系
联系电话：0571-86603835

本书编委会

主　编

曹　爽　邢学鹏　朱永华

副主编

曲蓉蓉　樊　琦　刘浙文

参　编

陈　洁　刘金生

前言 PREFACE

零售业是我国经济发展的支柱产业。随着线下零售业态与线上电商平台的发展，新零售行业不断迭代升级。为深入贯彻落实《中华人民共和国职业教育法》《国家职业教育改革实施方案》《职业教育提质培优行动计划（2020—2023年）》的部署，辽宁现代服务职业技术学院与知名连锁品牌苏宁易购、好利来、屈臣氏、永辉、罗森、安踏、热风、肯德基进行校企深度合作，强化人才培养模式，培育了大批高素质连锁经营管理人才，在此基础上组建了优秀编写团队。

本书以“立德树人，经世济民，诚信服务，德法兼修”为指导思想，以连锁经营管理师职业标准为依托，对接全国职业院校技能大赛及1+X证书，岗、课、赛、证融合。借鉴世界500强企业的成功经验，提炼出门店开发与规划的岗位核心能力。编者针对中小零售企业、大型连锁企业门店开发与规划的典型工作任务进行分析后，设计总体框架，合理设置学习任务，并重构了八个项目，不断创新教材形态，编写了集知识精讲、能力训练、价值引领为一体的新型活页式教材。

本书不仅适用于门店管理者进行门店开发与规划，而且可以作为参考书供创业者学习。

本书特点如下：

1. 坚持立德树人，全面提高大学生缘事析理、明辨是非的能力。每个任务均设置思政园地，以帮助学生树立正确的价值观。

2. 按照“全程任务驱动教学、立足企业”的总体设计思想，基于成果导向教育（OBE）理念反向设计、正向实施、建构一致，用成果导向教育理念引导职业教育改革，保证教育目标与结果的一致性。

3. 创新学生的学习方式，将导、学、思、测融为一体。

具体来说，本书属于项目—任务式教材，通过“导——项目导入；学——知识精讲；思——思政园地；测——温故知新”，实现综合能力提升。另外，设置学习任务书、任务评价表，并配有大量教学视频及技能训练（扫描二维码即可观看视频讲解）。

本教材由曹爽、邢学鹏、朱永华任主编，曲蓉蓉、樊琦、刘淅文任副主编，沈阳好利来实业发展有限公司陈洁及苏宁易购子公司经理刘金生参编。曹爽负责全书统稿，视频资料脚本统稿、录制，编写了项目三、项目六、项目七，邢学鹏编写了项目二，朱永华编写了项目四，曲蓉蓉编写了项目五，樊琦编写了项目一，刘淅文编写了项目八，陈洁负责统筹企业培训视频，刘金生负责统筹企业案例。

由于编者的知识、能力及时间有限，书中存在的不足之处，敬请广大读者批评指正。本书配备数字资源，请登录网址：https://mooc.icve.com.cn/cms/courseDetails/index.htm?classId=7a3368c73ba0474fa61bf4e412c74ec5免费下载。

编　者

目录 CONTENTS

项目一 立足岗位识大局——门店开发认知

任务一 门店业态分析……3
任务二 门店开发形式分析……9
任务三 门店开发流程设计……14
任务四 门店开发计划制订……18

项目二 公平诚信巧计划——门店投资计划

任务一 门店投资开发可行性研究……26
任务二 门店投资开发资源能力分析……30
任务三 门店创立注册……37

项目三 实事求是明责任——门店选址分析

任务一 城市群划分……53
任务二 商圈概述……58
任务三 商圈调查……62
任务四 商圈分析……66
任务五 门店选址原则分析……70
任务六 门店选址策略设计……74
任务七 门店选址技巧与程序分析……78
任务八 调查问卷与调研报告设计……81

项目四 匠心传承凸特色——门店 CIS 设计

任务一 企业 CIS 设计认知……90
任务二 企业理念识别设计……95
任务三 企业行为识别设计……99
任务四 企业视觉识别设计……103

项目五
守正创新避雷同
——门店外部设计

任务一 门店店面风格设计……111
任务二 门店店名设计……117
任务三 门店店标设计……125
任务四 门店外部环境设计……131

项目六
以客为尊赢美誉
——门店内部设计

任务一 门店内部设计认知……140
任务二 货位布局分析……143
任务三 卖场通道设计……148
任务四 室内气氛营造……156
任务五 POP广告设计……161

项目七
精益求精现艺术
——门店陈列规划

任务一 商品配置……169
任务二 商品陈列原则认知……174
任务三 商品陈列方法与技巧认知……180
任务四 商品陈列程序认知……187
任务五 日杂货陈列……191
任务六 生鲜品陈列……195
任务七 商品陈列有效维护……200

项目八
团结协作重推广
——门店开业推广

任务一 门店开业策划……208
任务二 门店开业促销……214
任务三 门店推广策略……218

参考文献……223

项目一　立足岗位识大局——门店开发认知

项目概要

知识目标

(1)识记连锁门店开发的一般特点。

(2)分析连锁门店的不同业态。

(3)区分连锁门店开发的三种基本形式。

(4)建构连锁门店的开发流程。

(5)制订连锁门店开发的分项计划。

技能目标

(1)设计门店开发的计划。

(2)有效进行门店设计思路的凝练和总结。

价值塑造

塑造要素	要素来源的主要内容
劳动教育	通过实际的调查研究，加强劳动教育
家国情怀	利用民族企业案例，培育家国情怀
责任意识	以“返乡创业”为实训任务，树立责任意识
爱岗敬业	深度认识连锁经营，增强职业自信
公平诚信	调查问卷公平诚信
创新创业	创业任务贯穿知识点
团结协作	与他人合作完成相关任务

思维导图

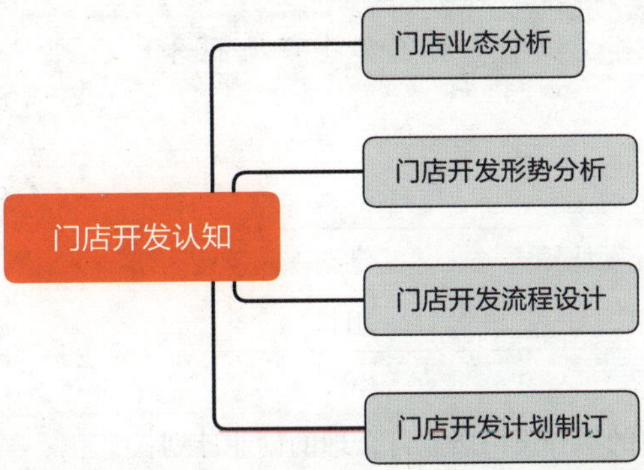

项目导入

沃尔玛的成功之道——“农村包围城市”战略

沃尔玛“农村包围城市”的市场战略可以分为两个阶段，即前期的“小镇开店”阶段和后来的“进军城市”阶段。在最初的开店策略选择上，沃尔玛仔细研究竞争对手，分析它们的实力、商圈情况、店铺选址等，最后决定将商店开在小城镇上，从此开始了它的“农村包围城市”之路。

1. 小镇开店

小镇开店策略是沃尔玛成功运营的基本策略，也是其最具特色的策略之一。实际上，沃尔玛的小镇开店策略最初并没有经过深思熟虑，而是源于海伦（山姆·沃尔顿的妻子）的个人想法。她不喜欢住在大城市里，而是喜欢住在一万人以下的小城镇中，而且她认为小城镇更适合抚养孩子。

2. 从小镇到城市

在小镇取得成功之后，沃尔玛开始逐步扩展到大城市。20世纪80年代，沃尔玛的发展进入一个转折点：除了中西部和南部外，沃尔玛开始向全国扩张，这意味着沃尔玛开始向城市进军。同时，沃尔玛并没有放弃小镇市场，而是把其作为自己发展的“根据地”。

在进军城市的过程中，沃尔玛采用过兼并收购进入的方式，但最常用的做法是在大城市的城乡结合部建立分店，等待城市向外发展，以实现进入城市的目的。

3. 尝试新模式，打造业态舰队

沃尔玛针对不同层次和不同需求的消费者，在经营形式上将多种零售形式相结合。正是这种全方位出击，使沃尔玛抢占了高、中、低档市场，最后取代了曾经风靡整个美国的西尔斯，成为零售业第一品牌。经过不断地发展，现在沃尔玛的零售业态主要包括四种：折扣店、山姆会员商店、购物广场和社区店。

（资料来源：翟金芝.连锁企业门店开发与设计[M].北京：北京理工大学出版社，2019）

思考

1. 沃尔玛在前期发展中采用了哪些开店策略？
2. 沃尔玛进行了哪些新兴业态的尝试？
3. 沃尔玛在门店开发过程中采用了哪些布局策略？

学习任务书

项目一	门店开发认知	学时		班级	
组别		组长		日期	
组员					
任务目标	1. 能为本组的拟开设门店制订合理的创业计划； 2. 根据客观情况撰写合适的创业计划书				

续表

工作任务	1. 扫码观看门店开发认知4个任务的微课，各小组讨论并做出总结。 __________ __________ __________ 2. 各小组讨论如何撰写创业计划书。 __________ __________ __________ 3. 各小组列出学习本项目各任务时遇到的困难 __________ __________ __________

任务一　门店业态分析

小组任务

1. 结合“沃尔玛的成功之道——‘农村包围城市’战略”案例，分析什么是门店业态？

____

____

____

2. 列举生活中常见的门店业态。

____

____

____

知识精讲

商务部根据我国零售业发展趋势，并借鉴发达国家对零售业态的划分方式，组织有关单位对原国家标准《零售业态分类》进行了修订，适用于在中华人民共和国境内从事零售业的企业和店铺。

微课：门店业态分析

一、零售与零售业态的定义

（一）零售的定义

零售（retailing）是指主要面向最终消费者（如居民等）的销售活动，生产资料的销售不作为零售活动。

（二）零售业态的定义

零售业态（retail formats）是指为满足不同的消费需求，商品零售经营者对相应要素进行组合而形成的不同经营形态。

二、零售业态分类

根据有无固定营业场所，零售业态可分为有店铺零售和无店铺零售两大类。

动画：零售业态分类

（一）有店铺零售

有店铺零售（store-based retailing）是指有相对固定的，进行商品陈列、展示和销售的场所和设施，并且消费者的购买行为主要在这一场所内完成的零售活动。

有店铺零售根据其经营方式、商品结构、服务功能、选址、商圈、规模、店堂设施、目标顾客等要素进行细分，可分为便利店、超级市场、折扣店、仓储会员店、百货商店、购物中心、专业店、品牌专卖店、集合店、无人值守商店。

1. 便利店

便利店（convenience store）是指以销售即食商品为主，满足顾客即时性、服务性等便利需求为主要目的的小型综合零售形式的业态。

（1）分类。

①社区型便利店。位于社区周边，主要顾客群体为社区内常住人员。

②客流配套型便利店。位于公共交通枢纽及景点、商业中心医院、高校、园区等人流较为密集的区域及周边，顾客群体以上班族出行人群和特定人群为主。

③商务型便利店。位于写字楼集中的区域及周边，顾客群体以办公人群为主。

④加油站型便利店。依托加油站，顾客群体以司乘人员为主。

（2）特点。

①选址在居民住宅区、主干线公路边及车站、医院、娱乐场所、机关、团体、企事业单位周边。

②商店营业面积在100平方米左右，营业面积利用率高。

③顾客徒步购物5~7分钟即可到达，80%为有目的的购买。

④商品结构以速成食品、饮料、小百货为主，有即时消费性、小容量、应急性等特点。

⑤营业时间长，一般在16小时以上，甚至24小时，终年无休。

⑥以开架自选货品为主，结算在收银处统一进行。

⑦有些便利店提供线上订货服务。

2. 超级市场

超级市场（supermarket）是以销售食品、日用品为主，满足消费者日常生活需要的零售业态。通常采取开架销售，也可同时采取在线销售。门店内可提供食品现场加工及现场就餐服务。

（1）分类。按照营业面积，可以将超级市场分为大型超级市场、中型超级市场、小型超级市场。

①大型超级市场。营业面积大于或等于6 000平方米，商品种类丰富，满足一站式购物。例如，沃尔玛。

②中型超级市场。营业面积在2 000~5 999平方米，商品种类较多，满足日常生活所需。例如，永辉超市。

③小型超市。营业面积在200~1 999平方米，食品类商品较多，满足日常生活必需。例如，新天地超市。

按生鲜食品营业面积占比分，可为生鲜食品超级市场和综合超级市场。

①生鲜食品超级市场。生鲜食品营业面积大于或等于总营业面积的1/3，满足日常生活必需。生鲜食品的有效单品数量通常占总单品数的30%及以上。例如，新隆嘉超市。

②综合超级市场。经营品种齐全，能满足顾客一次性购齐日常生活用品的需求。非食品单品数量占比较高。例如，大润发、胖东来。

（2）特点。

①选址在居民区、交通要道、商业区。

②以居民为主要销售对象，步行10分钟左右即可到达。

③商店营业面积在200~10 000平方米。

④商品构成以购买频率高的商品为主。

⑤采取自选销售方式，分开设置出入口，结算由设在出口处的收银机统一进行。

⑥营业时间每天不低于11小时。

⑦有一定面积的停车场地。

⑧可提供线上订货服务。

3. 折扣店

折扣店（discount store）是指店铺装修简单、提供有限服务、商品价格低廉的一种小型超级市场业态，通常拥有不到2 000个单品，自有品牌商品数量高于普通超级市场。例如，李宁折扣店。其特点如下。

（1）选址在居民区、交通要道等租金相对便宜的地区。

（2）商圈辐射半径为2 000米左右，目标顾客主要为商圈内的居民。

（3）营业面积一般在300~500平方米。

（4）商品平均价格低于市场平均水平，自有品牌占有较大的比例。

（5）用工精简，提供有限服务，有些可提供线上订货服务。

4. 仓储会员店

仓储会员店（warehouse club）是以会员为目标顾客，实行储销一体、批零兼营，以提供基本服务、优惠价格和大包装商品为主要特征的零售业态。例如，麦德龙仓储会员店。

其特点如下。

（1）选址在城乡结合部的交通要道。

（2）商圈辐射半径5 000米以上，目标顾客以中小零售店、餐饮店、集团购买和流动顾客为主。

（3）营业面积一般在5 000平方米以上。

（4）商品结构以大众化衣、食、日用品为主，包括一部分自有品牌，商品种类通常在0.4万~1.2万种，实行低价、批量销售。

（5）设置与经营面积相对应的停车场，有些可提供线上订货服务。

5. 百货商店

百货商店（department store）是以经营品牌服装服饰、化妆品、家居用品、箱包、鞋品、珠宝、钟表等为主，统一经营，满足顾客对品质商品多样化需求的零售业态。其特点如下。

（1）选址在市区级商业中心、历史形成的商业集聚地。

（2）以追求时尚和品质的顾客为主。

（3）营业面积一般在10 000~50 000 平方米。

（4）商品种类齐全，以服饰、鞋类、箱包、化妆品、家庭用品、家用电器为主。

（5）注重服务，逐步增设餐饮、娱乐、休闲等服务项目和设施。

中国第一家百货商店诞生于1900年，即俄国人在哈尔滨开设的秋林公司。20世纪初，先施百货、永安百货、新新百货等相继在上海开业，形成南京路上百货商店三足鼎立的局面。20世纪90年代中期是我国百货商店的黄金时期，百货商店成为零售业中发展最为成熟的业态。

6. 购物中心

购物中心（shopping center）是由不同类型的零售、餐饮、休闲娱乐及提供其他服务的商铺按照统一规划，在一个相对固定的建筑空间或区域内，统一运营的商业集合体。分为以下几种。

（1）都市型购物中心。以满足顾客中高端和时尚购物需求，配套餐饮、休闲娱乐、商务社交等多元化服务。位于城市的核心商圈或中心商务区，辐射半径可以覆盖甚至超出所在城市。

（2）区域型购物中心。满足不同收入水平顾客的一站式消费需求，购物、餐饮、休闲和服务功能齐备，所提供的产品和服务种类丰富。位于城市新区或城乡接合部的商业中心或社区聚集区，紧邻交通主干道或城市交通节点，辐射半径约在5 000米以上。

（3）社区型购物中心。以满足周边居民日常生活所需为主，配备必要的餐饮和休闲娱乐设施。位于居民聚居区的中心或周边，交通便利。

（4）奥特莱斯型购物中心。以品牌生产商或经销商开设的零售商店为主体，以销售打折商品为特色。开设在交通便利或远离市中心的交通主干道旁，或开设在旅游景区附近。

7. 专业店

专业店（specialized store）是指经营某一类或相关品类商品及服务的零售业态，包括办公用品专业店、家电专业店、药品专业店、服饰店、体育用品专业店和家居建材商店等。例如，国美电器。其特点如下。

（1）选址在交通便利或远离市中心的交通主干道旁，或市、区级商业中心、百货商店、购物中心内。

（2）目标顾客以有目的选购某类商品的流动顾客为主。

（3）规模根据商品特点而定。

（4）以销售某类商品为主，体现专业性、深度性，品种丰富，选择余地大。

（5）现场售卖人员可提供专业建议。

（6）无人值守专业店，由消费者自助完成购物。

8. 品牌专卖店

品牌专卖店（brand exclusive shop）是指经营或被授权经营某一品牌商品的零售业态。例如，安踏。其特点如下。

（1）选址在市、区级商业中心、专业街及百货商店、购物中心内。

（2）以中高档消费者和追求时尚的年轻顾客为主。

（3）规模根据商品特点而定。

（4）以销售某品牌系列商品为主，销售量少、质优、高毛利。

（5）注重品牌声誉，从业人员专业知识丰富，提供专业服务。

（6）无人值守专卖店，由消费者自助完成购物。

9. 集合店

集合店（selection shop）是指汇集多个品牌、多个系列的商品，可涵盖服饰、鞋、包、文具、电子产品、食品等多种品类的零售店。其特点如下。

（1）选址在市、区级商业中心、专业街、百货商店、购物中心内。

（2）目标顾客为品牌特定消费者。

（3）面积通常在300~1 500平方米。

（4）汇集多个品牌及多个品类的商品，产品间有较强的关联性。

（5）注重品牌声誉，从业人员专业知识丰富，提供专业服务。

10. 无人值守商店

无人值守商店（unmanned store）是指在营业现场无人工服务的情况下，自助完成商品销售或服务的零售店。其特点如下。

（1）选址在大卖场周边、社区、办公楼周边、购物中心内等可以补充其他业态销售的区域。

（2）目标顾客为周边客群，追求快捷、方便。

（3）经营面积一般在10~25平方米。

（4）以饮料、休闲食品、应急性商品为主。根据区域不同，商品结构也有所不同。

（5）可以24小时营业。

（二）无店铺零售

无店铺零售（non-store selling）是指通过互联网、电视/广播、邮寄、无人售货设备、流动售货车或直销等，将自营或合作经营的商品，通过物流配送、消费者自提或面对面销售等方式送达消费者的零售活动。其分为网络零售、电视/广播零售、邮寄零售、无人售货设备零售、直销、电话零售、流动货摊零售。

1. 网络零售

网络零售（online retail）是指通过电子商务平台、物联网设备等开展商品零售的活动。根据经营模式的不同，网络零售可分为网络自营零售和网络平台零售。

（1）网络自营零售。网络自营零售是指经营者利用自有网络平台或第三方电子商务平台、自主经营、销售商品的零售活动。

（2）网络平台零售。电子商务平台通过为商品经营者提供网页空间、虚拟经营场所等相关服务，帮助其完成商品交易的零售模式。

2. 电视/广播零售

电视/广播零售（televiston/broadcast shopping）是指以电视、广播作为商品展示、推介渠道，提供使用效果、方法等推介内容并取得订单的零售业态。

3. 邮寄零售

邮寄零售（mail order）是指以邮寄商品目录为主，向消费者进行商品展示、推介，并通过邮寄等方式将商品送达给消费者的零售业态。

4. 无人售货设备零售

无人售货设备零售（unmanned equipment retail）是指通过售货设备、智能货柜或贴有支付码的货架等进行商品售卖的零售业态。

5. 直销

直销（direct selling）是指在固定营业场所之外，直销企业招募的直销员直接向最终消费者推销产品的零售业态。

知识拓展：国家标准《零售业态分类》

6. 电话零售

电话零售（tele-shopping）是指通过电话完成销售的零售业态。

7. 流动货摊零售

流动货摊零售（retail sale via mobile stalls）是指通过移动售货车或其他展示、陈列工具销售食品、饮料、服饰、鞋帽等日常消费品的零售业态。

思政园地

我国自1978年改革开放以来，市场经济的内在驱动力被完全释放，零售业获得了空前的发展，由早期的“单店”为主，到今天大数据、云计算、人工智能等新技术启动下新零售的推陈出新。在学习和工作中，我们也要传承改革开放精神中的解放思想、与时俱进和开拓创新精神，更加注重创新和服务质量，采用更加智能化、可持续化的商业模式，为消费者提供更加便捷、高品质、绿色可持续的消费体验。

任务工单

1. 查阅资料，分析我国零售业态的发展，展望新零售业态的发展趋势。

____

____

____

2. 以小组为单位，调查一家商品类业态的连锁企业，并形成调研报告。

____

____

____

温故知新

单项选择题

1. 便利店是指（　　）。

A. 以满足顾客便利性需求为主要目的的零售业态

B. 店铺装修简单，提供优先服务，商品价格低廉的一种小型超市业态

C. 开架售货，集中收款，满足社区消费者日常生活需要的零售业态

D. 实际营业面积在6 000平方米以上，品种齐全，能满足顾客一次性购齐商品的需求的零售业态

2. 按照营业面积，以下超市划分不正确的是（　　）。

A. 大型超市　　B. 中型超市　　C. 综合超市　　D. 小型超市

3.（　　）是指经营包括服装、鞋品、化妆品、家用电器、家庭用品等众多种类商品的大型零售商店。

A. 超级市场　　B. 便利店　　C. 专业店　　D. 百货商店

4. 有店铺零售不包括（　　）。

A. 超级市场　　B. 百货商店　　C. 便利店　　D. 酒店

5. 百货商店的特点不包括（　　）。

A. 选址在城市繁华区、交通要道　　B. 购物环境优美，服务体系完善

C. 经营的商品只有单一品牌　　D. 优良的企业形象

任务二　门店开发形式分析

小组任务

1. 什么是门店开发形式？

____

____

____

2. 结合生活经历，谈谈你对直营连锁、特许连锁和自由连锁的理解。

____

____

____

知识精讲

微课：门店开发形式分析

连锁门店的开发有三种基本形式可以选择：直营连锁、特许连锁和自由连锁。具体该如何选择，要由门店开发的不同形式和特点，以及前期开发所沿用的具体形式来决定。

一、直营连锁

（一）定义

直营连锁是指连锁门店均由连锁总部全资或者控股开设，在总部的直接管理下统一经营。总部对各门店的人、财、物及商流、物流、信息流等方面实施统一管理。因此，直营连锁本质上是指处于统一流通阶段，经营同类商品和服务，并在同一个总部集团领导下，进行共同经营活动的零售企业集团。

（二）特点

（1）直营连锁所有权集中统一于总部，所有的直营连锁店归属于同一公司或同一经营资本。

（2）由总部集中领导、统一经营。

（3）实行统一的核算制度。

（4）各直营连锁店经理是雇员，而不是所有者。

（5）各直营连锁店实行标准化经营管理。

（三）优势和劣势

1. 优势

直营连锁的优势体现在规模、成本和决策三个方面。

（1）规模优势。直营连锁有利于集中力量办事，可以统一资金调运，统一人事管理，统一经营战略，统一采购、计划、广告等业务及统一开发和运用整体性事业，以大规模的资本实力同金融界、生产部门打交道；在培养和使用人才、运用新技术开发和推广产品、实现信息和管理的现代化等方面，也可充分发挥连锁经营的规模优势。

（2）成本优势。直营连锁采用集中采购方式，通过大批量进货，提高与供应商的议价能力，从而大幅度降低采购成本、经营成本和商品价格。促销、培训、开发等费用在各分店分摊，使连锁企业在总体上获得成本优势。

（3）决策优势。直营连锁重大决策具有灵活性、自主性和方便性，因为各门店不具有法人资格，所以其开店、调整、关闭等重大决策都由连锁企业内部决定，不受外界制约和限制。

2. 劣势

首先，各个门店都是由统一资本投资开设的，因而资本负担重、资金风险高。其次，由于直营连锁是集中统一管理，分店自主权小，门店人员的积极性、主动性和创造性受到影响，而且总部远离市场，各分店权力有限，不能及时应对市场的变化。最后，还有管理成本的劣势。大型直营连锁的管理系统庞大，容易产生官僚作风，而且人员多，管理路径长，也会提高管理成本。

（四）适用范围

基于直营连锁的特点、优势和劣势，可以看出，直营连锁主要适用于零售业，特别是大型百货商店和超级市场，因为这类商业企业都需要巨额的资本投资和复杂的管理。

二、特许连锁

（一）定义

特许连锁是发展最快的连锁形式，也是最主要的商业经营模式。特许连锁又称特许经营、合同连锁、加盟连锁和契约连锁，是指特许经营者将自己所拥有的商标、商号、产品、专利和专有技术、经营模式等，以特许技能供应合同的形式授予被特许者使用，被特许者按照合同规定，在特许者统一的业务模式下从事经营活动，并向特许者支付相应的费用。

（二）特点

特许连锁主要有以下两个特点。

（1）主体增加。连锁主体有特许者和被特许者。特许者是特许权的拥有者，特许权包括产品、服务、技术、商标和商号等。被特许者通过特许合同与特许者联结。

（2）经营权集中和所有权分散。特许经营权集中于总部，加盟者必须完全按照合同的规定进行经营，自己没有经营自主权。加盟店具有独立的法人资格和人事、财务权。分店经营者拥有所有权，是自己的老板。

（三）优势和劣势

1. 优势

特许连锁的优势主要体现在特许者、被特许者、消费者三个方面。特许者主要有以下五个优势。

（1）特许者既节省了资金，也获得了扩大市场的机会，能够提高其知名度，加速连锁企业的发展。

（2）特许者开展新业务时，有合伙人共同分担商业风险，能够大大降低经营风险。

（3）加盟店是特许者稳定的商品流通渠道，有利于巩固和扩大商品销售网络。

（4）特许者可根据加盟店的经营状况、总部体制和环境条件的变化，调整加盟店数量和布局策略，掌握连锁经营的主动权。

（5）统一加盟店的店面设计、店员服装、商品陈列等，能够形成强大而统一的形象，有助于企业品牌的塑造。

特许连锁对被特许者的优势主要体现在六个方面。

（1）可以利用总部经验、技术、品牌和商誉开展经营，成功机会大、风险小。没有经验的创业者也能经营商店，可以减少失败的危险性。

（2）能借用连锁总部的促销策略。

（3）用较少的资本就能开展创业活动。

（4）能进行高效率的经营，能够受到重点的参谋指导。

（5）能稳定地销售物美价廉的商品，并能专心致力于销售活动。

（6）能够适应市场变化。

特许连锁对消费者也是有优势的，标准化的经营使消费者在任何一个加盟店都能享受到标准化的优质商品和服务。此外，加盟店通过扩大规模、简化环节，降低了销售费用，使消费者能享受到物美价廉的商品和服务。

2. 劣势

当然，特许连锁也有其劣势。和直营连锁相比，特许连锁的组织关系不够明确和清晰；发生质量事故，总部和加盟店在承担责任上会相互推诿，顾客投诉无门；加盟者缺乏经营自主权，积极性下降。此外，如果特许经营者片面追求加盟费，超量发展分店而管理不力、服务保障不足，会使企业形象受损，侵害加盟者利益，甚至导致整个连锁系统崩溃。

（四）适用范围

基于以上特许连锁的特点和优劣势，我们认为特许连锁适用于与名声大、经营管理经验丰富、独特的企业合作，以商品或服务作为联结的纽带。特别适用于制造业、服务业、餐饮业等零售领域。

三、自由连锁

（一）定义

自由连锁又称自愿连锁，是指由分属于不同资本的独立的零售商自愿组成的，实行共同进货、统一配送、共同促销的契约型联合体。自由连锁的门店均有独立法人，各自的资产所有权关系不变，在总部指导下共同经营。

（二）特点

自由连锁的特点主要有以下四个。

（1）自由连锁中各连锁公司的门店均有独立法人，各加盟店在保留单个资本所有权的基础上实行联合，总部同加盟店之间是协商、服务关系。

（2）总部行使加盟店委托的职能，尽最大的努力促进加盟店的繁荣与发展，同时向加盟店返还依靠规模经营所得的利益。

（3）总部同加盟店之间实行集中订货和统一送货，统一制订销售战略，统一使用物流及信息设施。

（4）各加盟店不仅独立核算、自负盈亏、人事自主，而且在经营品种、经营方式、经营策略上也有很大的自主权。

（三）优势和劣势

1. 优势

自由连锁的优势体现在四个方面：灵活性、学习性、流通性和获利性。在自由连锁经营方式下，各分店有较大的独立性，因此灵活度较高，能充分调动经营者的积极性，迅速跟踪市场行情做出及时有效的调整。学习性体现在自由连锁的各分店具有横向联系，有利于相互学习、共同发展。流通性体现在自由连锁将两个以上流通环节的职能互相结合，能够实现流通的“纵向组合”，并发挥出更高的效能。获利性体现在自由连锁总部是由加盟店集资组成的，所以加盟店可以得到总部利润中作为战略性投资的、持续性的利润返还。

2.劣势

自由连锁的劣势主要表现在两个方面：一是控制力不强，一致性较差。在自由连锁体系中，总部与各连锁方的关系属于松散型连锁形式，总部对各门店的统一领导力往往会受到限制，特别是在经营战略、经营方针和经营决策等方面的管理效率不如直营连锁高，直接影响连锁体系的竞争实力。二是利益冲突多，形象维护难。由于自由连锁体系中的各方均为独立的利益主体，所以在经营过程中容易发生利益冲突。同时，当一些门店为了获得自己的利益，做出损害整体形象的行为时，总部则因对各门店的约束力低而得不到有效的维护，会影响本连锁经营体系的社会声誉。

知识拓展：三种连锁经营形式的案例分析

（四）适用范围

基于自由连锁的特点、优势和劣势，可以看出，自由连锁适合于中小型零售业。

思政园地

随着中国社会主义市场经济体制改革和建设不断深化与完善，以及加入世界贸易组织，中国零售业全面进入多种零售业态、多种零售经营模式并存和繁荣发展的时代；迈入21世纪，外资零售企业快速进入中国，开始了“跑马圈地”式的扩张，内资企业学习外资企业先进的经营理念，嫁接其先进模式，在零售市场与外资分庭抗礼；随着电子商务、大数据、云计算、人工智能的崛起，新零售不仅业态创新不断，同时生产、流通和销售过程获得技术改造，零售的效率得到普遍提高。中国处在第四次数字化工业革命第一方阵，零售业已进入第五次零售革命，发展具有中国特色的新零售是连锁人的责任和使命。

任务工单

1. 以小组为单位，前往不同类型的连锁经营企业参观考察，并收集相关资料和信息。

2. 任选其中一个企业，分析其战略思想、经营目标和经营特点。

温故知新

单项选择题

1.（　　）是发展最快的连锁形式，也是最主要的商业经营模式。

A. 直营连锁　　B. 自由连锁　　C. 特许连锁　　D. 自愿连锁

2.(　　)中各连锁公司的店铺均为独立法人，各加盟店在保留单个资本所有权的基础上实行联合，总部同加盟店之间是协商、服务关系。

A. 直营连锁　　B. 自由连锁　　C. 特许连锁　　D. 加盟连锁

3. 百货商店和超市需要巨额的资本投资和复杂的管理，最适合采用(　　)的门店开发形式。

A. 直营连锁　　B. 自由连锁　　C. 特许连锁　　D. 自愿连锁

4.(　　)是指连锁门店均由连锁总部全资或者控股开设，在总部的直接管理下统一经营。总部对各门店的人、财、物及商流、物流、信息流等方面实施统一管理。

A. 自由连锁　　B. 特许连锁　　C. 直营连锁　　D. 加盟连锁

5. 某创业者创业资金不足，而且缺少经营门店的经历，(　　)的门店开发形式最适合他。

A. 直营连锁　　B. 自由连锁　　C. 特许连锁　　D. 自愿连锁

任务三　门店开发流程设计

小组任务

1. 结合"沃尔玛的成功之道——'农村包围城市'战略"案例，分析沃尔玛的门店开发流程。

____

____

____

2. 门店开发流程有哪些？

____

____

____

知识精讲

企业一般都会有基本的经营方针及长、短期经营计划，连锁门店也不例外，尤其是大规模的连锁门店，在开店之前更需要有一套完善的计划，其具体分为六个阶段：基础调查阶段、制订基本计划阶段、设店意向决定阶段、制订具体计划阶段、计划实施阶段和开店阶段。

微课：门店开发流程设计

一、基础调查阶段

基础调查阶段包括市场调查及店铺选址调查，调查结果虽然不能对设店可能性做直接判断，但可作为具体计划立案时对有关投资内容的建议。现在门店经营环境不确定因素较多，商圈快速变化，有些城市的传统商业街门可罗雀，因为顾客可以从千里之外网购门店的同款商品。以前盈利的

动画：连锁门店开发流程

门店，现在却亏损。受电商冲击、商业地产过剩、人口迁徙流动、商品同质化等经营因素的叠加影响，实体店经营得越发不确定。在当今时代，门店想要可持续发展，需要缜密调研、精准开店，快速整改亏损门店，尝试扭亏为盈，并在开店之前做出市场调查和选址调查。

（一）市场调查

1. 调查方法

依据情报形式，门店可以采用资料分析法和实地调查法来进行市场调查。资料分析法可以通过互联网信息技术得到企业内部资料和外界资料，如销售资料、政府机构的统计资料、媒体资料等；实地调查法，即深入到实地调查，这种方法直接、有效，但是成本较高，实地调查可分为区域内交通网络调查、竞争门店调查、住户调查。

2. 调查内容

调查内容包括市场环境调查和消费者行为调查。

（1）市场环境调查。有关政策法令的调查：掌握一定时期内，政府关于工、农业生产方面的方针、政策及有关价格、税收、财政、信贷、外贸方面的政策法令，以分析它们对营业的影响。有关经济状况的调查：掌握国民生产、国民收入及社会商品购买力的变化，以分析在其影响下，市场供应与需求总量及结构的变化趋势。有关社会环境的调查：掌握一定时期范围内，人口数量及其文化、教育、职业、性别、年龄等结构变化，以及相关团体对各类消费者需求的影响。有关自然环境的调查：了解周围住宅区的建设品质、交通状况、居民素质、季节变化等。有关社会时尚的调查：掌握一定时期内，某种消费行为在广大消费者中的流行趋势、流行周期及影响，以适应或引导社会时尚的变化。有关科技方面的调查：掌握一段时期内，本行业的科技动态，新工厂、新技术的研发状况，以便及时购进新产品。有关竞争者状况的调查：掌握竞争者的数目，主要竞争者的经营情况，以做到知己知彼。

（2）消费者行为调查。有关消费者需求的调查：按照马斯洛需求理论，消费者需求可分为五个层次，分别为生理需求、安全需求、情感需求、尊重需求及自我实现需求。有关消费者购买动机的调查：常见的有实用、省时、经济的愿望，身心健康的考虑，追求舒适和方便，希望跟上潮流，安全和防护的需求，标新立异的心理，娱乐的需求。有关消费者对选择商店的调查：通常消费者选择经常光顾的商店主要有几个标准，即商品是否具有特色，服务是否完善，购物环境是否舒适方便，交通是否便利，商店的整体信誉是否良好，促销手段是否吸引人，过去的购物体验是否满意等。

（二）店铺选址调查

选址调查包括宏观选址和微观选址。宏观选址是对某个国家、地区、城市的选择；微观选址是对某个街区及具体位置的选择。城市的地域类型包括中心商业区、次级商业区、专门商品商业区、街坊区和近郊区。

选择了具体位置之后，要以店铺所在地为中心，沿一定距离向四周扩散，形成店铺吸引顾客的辐射范围，这个范围就是商圈范围。选址调查就是要明确商圈范围、构成及特点，了解商圈内人口因素、商圈外市场因素等相关资料，并由此评估经营效益，确定大致选址地点。

二、制订基本计划阶段

制订基本计划阶段包括经营位置及建设计划两大重点，同时要注意两方面的关联性，对投资的内容要具体化，要以严密、客观的立场为决策提供依据。

三、设店意向决定阶段

设店意向决定阶段是根据基础调查的结果及基本计划，由决策者决定设店与否的阶段。在做决策时，除了对个别计划的内容加以判断外，更要全面针对经营可能会产生的问题进行详细研讨。各项客观情况也应作为决策时的参考。

四、制订具体计划阶段

决策所定项目为达到一定的实施要求，应为基本计划做出更具体的立案，使基本设计、施工设计、建设费估算及与经营有关的各项业务均配合基本方针、基本目标等做详尽的规划。

五、计划实施阶段

在实施之际，要随时跟踪工作进度，力求与计划充分配合，并讲求实施的成效。

六、开店阶段

开店阶段的重点在于做好各项行政管理业务的准备，以配合开店的需要。开店流程如图1.1所示。

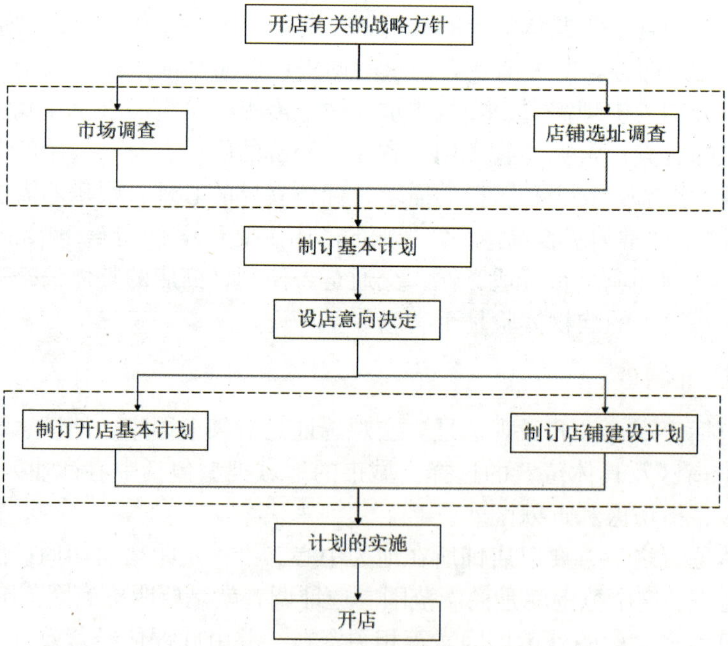

图1.1 开店流程图

思政园地

调查研究是做好工作的基本功，在调查研究中提高工作本领。调查研究在门店开发过程中也是一个十分重要的开端，要充分认识调查研究的重要性，准确把握调查研究的内容和方法，将调查研究这门“基本功”练扎实，以提高工作成效和能力水平。

任务工单

1. 以小组为单位，为创业门店设计开店流程。

____

____

____

技能训练：门店开发流程设计练习

2. 以小组为单位，为创业门店制作调查报告。

____

____

____

温故知新

单项选择题

1. 请将下列选项按照门店开发流程排序（　　）。

A. 设店意向决定—制订基本计划—制订具体计划—基础调查—计划实施—开店

B. 基础调查—制订基本计划—设店意向决定—制订具体计划—计划实施—开店

C. 设店意向决定—基础调查—制订基本计划—制订具体计划—计划实施—开店

D. 制订基本计划—制订具体计划—基础调查—设店意向决定—计划实施—开店

2. 市场环境调查内容不包括（　　）。

A. 有关政策法令的调查　　B. 有关经济状况的调查

C. 有关社会环境的调查　　D. 有关消费者行为的调查

3. 消费者行为调查内容不包括（　　）。

A. 有关社会经济状况的调查　　B. 有关消费者需求的调查

C. 有关消费者对选择商店的调查　　D. 有关消费者购买动机的调查

4. 选址调查中商圈分析内容不包括（　　）。

A. 商圈范围、构成及特点　　B. 商圈内人口因素

C. 商圈内竞争者数　　D. 商圈外市场因素

5. 调查方法中的实地调查不包括（　　）。

A. 区域内交通网络调查　　B. 竞争门店调查

C. 区域外市场调查　　D. 住户调查

任务四　门店开发计划制订

小组任务

1. 请结合“沃尔玛的成功之道——‘农村包围城市’战略”案例，分析沃尔玛门店开发计划是如何制订的。

____

____

____

2. 讨论本小组的门店开发计划。

____

____

____

知识精讲

店铺开发的分项计划主要包括用地计划、商品计划、营销计划和建设计划。

微课：门店开发计划制订

一、用地计划

（一）用地选定

用地选定，即店铺选址，也就是适合店铺开设的位置的选定，一般分为三个步骤：第一步，区域市场的选择；第二步，店铺位置类型的选择；第三步，具体位置的选择。这三步是一个由“面”到“点”，即由“区域市场面”到“位置类型”，再到“具体店址”的选择过程。由于店铺存在形态的多样性和选址目的的差异性，这三个步骤在实际的选址活动中不一定全部存在，也不一定要按照顺序依次进行。

（二）用地取得

选定合适的地点后，应立即展开用地取得活动。用地取得包括购买土地（土地所有权的转移）、设定土地使用权或土地租赁权、确保建筑物的租赁权等方法。

（三）用地整备

取得用地后，应开始地质调查，为店铺开发做好基础设施方面的准备工作。用地整备的内容包括与开店有关的所有项目，如店前道路的改善，电、煤气、自来水的引入及施工时各种危险的防范措施等。

二、商品计划

（一）商品经营定位

对连锁企业来说，业绩来自商品销售。所以，如果门店是一座宝藏，商品定位就是宝藏内容。换言之，商品是连锁门店的生存命脉，科学的商品定位能活跃门店的生命力，使门店蓬勃发展。

要做好商品经营定位，首先需要进行市场需求分析与竞争态势分析。然后，在此基础上结合门店业态进行目标市场定位，确定需要满足的消费者需求，并根据该需求确定需要经营的商品组合。然而每一个需求点的产品品牌有很多，店铺必须根据自身情况选择每一个需求点的产品品牌，也就是目标品牌的锁定。最后，根据目标品牌定位，寻找出品牌背后的目标供应商，当然有时候品牌定位与供应商定位是同时进行的。

（二）经营方式及合作条件的确定

确定了商品结构之后，需要与供应商合作，以便将商品陈列到门店中，而与供应合作的前提是先确定与供应商的合作模式。根据与供应商交易方式的不同，连锁门店的采购方式包括租赁、联营、代销、经销。由于与供应商的合作模式不同，店铺的运管体系也就有所不同。

1. 租赁

租赁从严格意义上讲不是采购，它仅仅是将店铺中某块固定面积的经营空间租给供应商来经营，经营范围必须是店铺在商品定位环节希望在此位置上经营的商品，也就是根据店销的规划来出租卖场营业空间。一般来说，在租赁模式下，店铺根据面积大小与位置收取固定租金，供应商自己进行商品库存控制、销售人员配置、货款收银等工作，店铺方进行商业地产运作，作为房东（或二房东）赚取房租，不参与供应商的具体运作。

2. 联营

联营是指店铺在计算机系统中记录详细的供应商信息，但是不记录详细的商品进货信息，销售时由店铺方统一进行收银。结账时，店铺财务部在双方认可的购销合同中所规定的付款日，在“当期”商品销售总金额中扣除当初双方认可的“提成比例”后，将剩余销售款付给供应商。在这种方式下，联营商品的销售人员配备与商品库存控制由供应商进行。

3. 代销

代销是指店铺在计算机系统中记录详细的供应商及商品信息，销售时由店铺方配备销售人员并统一收银，在每月的付款日准时按“当期”的销售数量及当初进货时双方认可的商品价格付款给供应商。卖不完的货可以退或换。代销商品的库存控制一般由店铺方进行。

4. 经销

经销又称买断采购，是指店铺计算机系统记录详细的供应商及商品信息，可能是现金采购，也可能是在双方约定的账期，按当初进货时双方认可的商品价格及进货数量付款给供应商。供应商主要负责供货，至于后续的销售工作则由店铺方进行。通常情况下，换货、退货是不存在的，因为在这种方式下，店铺的商业风险较大，利润也较高。

（三）采购招商

在与供应商的合作方式确定之后，店铺方就可以与供应商进行采购谈判，并签订合作合同。签约之后，供应商按照店铺的商品管理流程将货品摆放到店铺货架上，达到可销售状态。

三、营销计划

营销计划又称开店宣传活动计划。宣传活动的内容包括确定开店日期、宣传主题、宣传标语、重点宣传地区、媒体运用、商品企划配合等。在制定营销计划时，可以从以下两个方面着手。

（一）开店宣传计划的进度

（1）宣传活动计划的立案与决定。最理想的计划是在开店前两个半月能够制订计划草案，在开店前两个月能确定方案。开店日期、宣传主题与重点、宣传文案、宣传期、商圈的重点地区、店铺特性、行政业务等，均应在计划中加以考虑。

（2）开店实施前的引导宣传。例如，召开招商会、工程及装修进度发布会、记者招待会及筹备情况说明会等，通过各种媒体开展开店前的公共关系活动。

（3）开店宣传活动的实施。一般在开店前一个月左右展开宣传活动，在开店当天达到活动热度的高潮。其实施方式与内容要与员工对商圈内家庭的访问、各种广告媒体的运用、公共关系活动的开展、开店当天庆祝活动的实施及所提供的特别服务项目相结合。

（4）开店后的宣传活动。开店后的宣传活动应配合上述系列宣传活动的内容，是开店宣传活动的持续，包括文化性活动、商品促销和服务性措施。

（二）宣传活动开展的重点

（1）开店宣传活动计划形成之际，应考虑公司内外的因素及预算情况，协调营业、行政、人事、财务等部门，经研究分析后再做调整或进入实施阶段。

（2）在宣传活动的内容方面，应列出开店预定日、宣传标题、文案表现、店铺特性、楼层构成和特色等。

（3）施工现场外观和周围建筑物也可用于宣传。

（4）在广告媒体的运用方面，应针对诉求对象进行有效的组合，以求起到最大的宣传效果。

四、建设计划

（一）建筑计划

1. 店铺配置及面积的确定

对建筑法规的规定事项、周围的环境状况、建筑施工的安全问题等，均要统筹考虑。在建筑面积内，应根据资金状况和管理体制对卖场及后勤设施的配置及将来扩建的可能性进行整体规划。

2. 平面计划的确定

进行卖场规划与货位布局，将卖场进一步划分为销售空间、服务提供空间、商品陈列空间、作业空间等。对顾客出入口、员工出入口、商品出入口、顾客动线、商品运送动线、员工动线都应充分考虑，为使卖场面积得到最有效的利用进行详细计划。

3. 建筑物外观的确定

为求整个建筑物能具有吸引力，并能加深顾客的印象，应充分考虑建筑物的外观设计及使用的建材。要塑造一个观念，使卖场不单能容纳商品及防风避雨，同时还具有促销功能。

（二）设备计划

设备包括空调设备、给排水设备、电力照明设备、通信设备、运送设备和消防安全设备等。

（三）装修计划

装修的施工内容包括以下五项。

（1）确定天花板、墙壁、柱子、地面等的色彩和装潢材料，以配合商品特性的表现。

（2）确定照明设备的种类、位置及配置方式，以发挥整个卖场的灯光效果。

（3）确定陈列道具的使用场合和色彩，以便营造卖场的气氛。

（4）顾客动机引导功能，以使顾客能容易看见商品，更方便地接触和选购商品。

（5）卖场内防止意外事件的紧急出口、消防安全设备均应配合设备计划加以规划。

（四）关联设施建设计划

在店铺的关联设施（停车场、配送中心、员工宿舍）建设方面，不但要考虑资金的运用情况，还要考虑与店铺本身的关联性。

知识拓展：连锁门店样板店的设计

思政园地

“工欲善其事，必先利其器。”孔子告诉子贡，一个做手工或工艺的人，要想把工作完成，做得完善，应该先把工具准备好。要办成一件事，一定要事先进行筹划、安排，这样才能把事情做好。连锁门店要想经营顺利，获取最大的经济效益，以及形成品牌影响力，做好全面调研、科学选址、精准的商品定位、风格显著的店内外设计等前期工作十分重要。

任务工单

1. 调查优秀的创业门店开发计划。

____

____

____

2. 为创业门店设计一个开发计划，并形成报告。

____

____

____

温故知新

单项选择题

1. 店铺在计算机系统中记录详细的供应商信息，但是不记录详细的商品进货信息，销售时由店铺方统一进行收银。结账时，店铺财务部在双方认可的购销合同中所规定的付款日，在“当期”商品销售总金额中扣除当初双方认可的“提成比例”后，将剩余销售款付给供应商。这种采购方式是（　　）。

A. 租赁　　B. 联营　　C. 代销　　D. 经销

2. 店铺计算机系统记录详细的供应商及商品信息，可能是现金采购，也可能是在双方约定的账期，按当初进货时双方认可的商品价格及进货数量付款给供应商。供应商主要负责供货，至于后续的销售工作则由店铺方进行。这种采购方式是（　　）。

A. 租赁　　B. 联营　　C. 代销　　D. 经销

3. 确定开店日期、宣传主题、宣传标语、重点宣传地区、媒体运用、商品企划配合等活动属于（　　）。

A. 用地计划　　B. 建设计划　　C. 商品计划　　D. 营销计划

4. 停车场、配送中心、员工宿舍等方面的建设属于建设计划中的（　　）。

A. 建筑计划　　B. 设备计划　　C. 装修计划　　D. 关联设施建设计划

5. 商品计划不包括（　　）。

A. 商品经营定位　　B. 经营方式及合作条件的确定

C. 采购招商　　D. 商品价格确定

综合能力提升训练

多项选择题

1. 门店开发计划包括（　　）。

A. 用地计划　　B. 商品计划　　C. 营销计划　　D. 建设计划

E. 用人计划

2. 购物中心包括哪几种类型？（　　）

A. 都市型购物中心　　B. 区域型购物中心

C. 社区型购物中心　　D. 奥特莱斯型购物中心

E. 邻里型购物中心

3. 特许连锁适用的行业为（　　）。

A. 制造业　　B. 服务业　　C. 餐饮业　　D. 公共事业部门

E. 母婴行业

4. 零售业态中属于有店铺零售的是（　　）。

A. 流动货摊零售　　B. 折扣店　　C. 电视、广播零售　　D. 仓储会员店

E. 无人值守商店

5. 特许经营不可缺少的两个方面是（　　）。

A. 法定证明人　　B. 特许者　　C. 被特许者　　D. 行业协会

E. 社会群体

技能提升训练

实战题

以“乡村振兴，返乡创业”为主题，结合家乡手工业、轻工业和旅游业产品，制定门店和网店相结合的创业计划。计划中要包括门店的选址分析、开发流程和开发计划设计。

任务评价表

评分标准	分值	自我评价	权重/%	组间评价	权重/%	教师评价	权重/%	得分
门店开发认知的知识点与技能点是否牢固掌握								
是否能根据所学知识，准确进行门店开发计划制定								
是否体现出现代服务意识			20		30		50	
是否积极参与；团队合作是否顺利；是否体现互助意识								
情景模拟是否具有创新意识								
合计								

填表说明：

1. 实际得分＝自我评价 ×20%+组间评价 ×30%+教师评价 ×50%。
2. 评价满分为100分，60分以下为不及格，60~74分为及格，75~84分为良好，85分及以上为优秀。
3. 最佳员工为本次活动中表现最优秀、贡献最大者。
4. 组间评价，本项目结束后由组长组织本组成员互评，并填入表格。

项目二　公平诚信巧计划——门店投资计划

项目概要

知识目标

（1）描述门店可行性研究的概念；准确复述可行性研究的主要内容。

（2）能够分析连锁企业商业模式，设计新的商业模型。

（3）识记门店开发资产分析的主要内容。

（4）有效区分门店开发资金筹集的方式。

（5）准确描述企业注册的内容和注意事项；能够处理好门店设立的文书撰写。

技能目标

（1）设计门店可行性分析框架。

（2）总结商业模式，并能够根据商业和环境变化设计商业模式。

（3）进行门店开设文书撰写。

价值塑造

塑造要素	要素来源的主要内容
劳动教育	通过实际的调查研究，加强劳动教育
家国情怀	通过可行性研究，认识我国社会主义建设的艰辛与不易，加深家国情怀
责任意识	在商业模式概括中，树立职业认同感与责任意识
爱岗敬业	通过企业设立，了解企业成长与发展过程，在实践中培养爱岗敬业的精神
公平诚信	通过连锁商业模式的创新，让学生了解公平诚信在商业中的重要意义，进而树立公平诚信的价值观
守正创新	了解商业模式的设计，避免学术不端
团结协作	与他人合作完成相关任务

思维导图

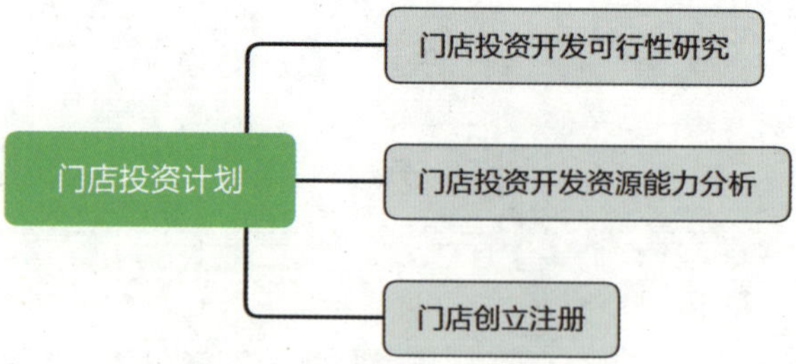

项目导入

绝味食品“星空圆梦”员工创业计划

2021年6月，绝味终端门店的7 651名员工获评星级，各市场也涌现出一大批怀抱梦想、能力突出、敢闯敢拼的优秀星级店长。为鼓励一线员工勇敢追梦、破浪前行，星空训练营项目组根据公司为员工设计的3条发展通道，启动了“星空圆梦”计划，赠送10家门店给10名优秀店长，让他们自己做老板，在绝味平台上实现华丽转型，提升自身价值，与公司共同发展。计划实施方案得到了加盟商的大力支持及广大一线员工的热情拥护。前期宣导沟通后，17位加盟商提供17家门店备选，85位店长踊跃报名。经过对门店的数据核实、现场勘查，完成了对门店的全面评估及价格核定；经过分子公司对店长的初试，24位优秀店长进入总部复试，最终10位佼佼者通过复试脱颖而出，成为首批圆梦店长，获得一家绝味红门店。

“星空圆梦”计划的10家门店分别位于北京、山东、辽宁、黑龙江、河南、湖北、江西、广西、云南等市场。公司将门店从原加盟商处回购，并于2021年11月1日交付店长。在店长亲自带店，积极有效、创新突破的管理下，10家店在11月和12月的销售淡季有了环比平均14%的提升（除去开业活动期间的销售）。2022年4月平均提升26%，前3名门店的提升率分别达到了125%、60%、48%。

（资料来源：中国连锁经营协会（CCFA），《2022中国特许经营最佳实践案例集》，2022-05-26）

思考：开设门店应重视哪些环节？

学习任务书

项目二	门店投资计划	学时		班级	
组别		组长		日期	
组员					
任务目标	1. 根据本组的拟开设门店进行投资开发可行性分析； 2. 本组对拟开设门店模拟进行创立注册				
工作任务	1. 扫码观看门店投资计划3个任务的微课，各小组讨论并做出总结。 ______ ______ ______ 2. 各小组讨论门店创立注册有哪些关键步骤。 ______ ______ ______ 3. 各小组列出学习本项目各任务时遇到的困难 ______ ______ ______				

任务一　门店投资开发可行性研究

小组任务

1. 什么是门店投资可行性研究？

2. 门店投资可行性研究的具体内容是什么？

知识精讲

门店投资开发可行性研究分别从门店投资开发可行性研究的含义、门店投资开发可行性研究的步骤、门店投资开发可行性研究的具体内容方面展开介绍。

微课：门店投资开发可行性研究

一、门店投资开发可行性研究的含义

所谓门店投资开发可行性研究，是指投资者拟投资开设一家门店，为使这一门店能够在激烈的市场竞争中取得生存和发展，实现预期的经营目标，在投资前必须认真地调查、研究与拟建项目相关的自然、社会、经济、技术资料；对诸如门店开设所需的资金、商业业态的选择、建设规模、店址的确定等，进行全面的分析论证；预测、评价项目建成后的经济效益和社会效益，并在此基础上，综合论证项目投资建设的必要性、财务上的盈利性和经济上的合理性，为投资决策提供科学依据。

为理解这个概念，需要把握以下几点：

第一，要分析拟开设门店的外部环境，从宏观环境、微观环境、行业环境等方面进行分析。

第二，对照环境分析，投资企业要注意寻找自身资源与环境的匹配性，重点分析环境商机与企业资源是否相匹配，尤其是与企业商业模式、竞争战略、发展目标是否高度匹配。

第三，分析拟建设门店带来的效益，这些效益包括经济效益、市场效益、社会效益，三者不可偏废。

二、门店投资开发可行性研究的步骤

门店投资开发可行性研究步骤包括以下内容：环境分析—竞争状况分析—业态规模选

择分析—门店选址分析—卖场布局策划分析—门店经营策略分析—投资估算分析—筹资方式分析—经济评价—结论与建议。

三、门店开发可行性研究的具体内容

针对以上步骤，门店投资开发可行性研究的具体内容可以从环境分析、资源分析、经济效益分析三个方面进行研究，具体如下。

（一）环境分析

投资建设一家门店首先就要对投资环境进行深入透彻的分析，通过分析找出有利与不利因素，寻求投资机会，以便决定是否进行下一步工作。门店的投资环境分析主要有以下内容。

1. 国内开店相关行业发展现状分析

例如，改革开放以来，我国开店相关行业发展过程分析、目前开店相关行业发展状况分析等。

2. 未来几年影响开店相关行业发展的宏观环境因素

未来几年影响开店相关行业发展的宏观因素是指行业政策的制定；经济发展态势，如对国家宏观经济政策出台的关注；资源开发状况，如对节能减排的关注。

3. 未来几年影响开店相关行业发展的微观环境因素

未来几年影响开店相关行业发展的微观环境因素是指客群变化、消费者购物习惯和购买态度的变化。

4. 所在行业发展状况

所在行业发展状况包括该地区的商业和服务业运行特点、整体发展状况和趋势、商业网点布局及规模、各种业态的优势及劣势比较、外商进入情况等。

5. 市场需求情况

市场需求情况是指针对消费者进行消费能力的估计，主要包括预测购买力、价格分析、产品竞争能力、市场的前景分析；拟建项目的规模，产品方案和发展方向的技术经济比较与分析，以及对投资地区人口数量、人口结构、收入水平、消费习惯、各种商品需求量的调研与预测。

6. 门店竞争状况

正所谓“知己知彼，百战不殆”。拟建设门店要研究竞争对手的发展情况，了解竞争对手的营销关键，分析、判断竞争对手的需求满足条件，关注竞争对手的价格设置，研究竞争对手的品类设置。

（二）资源分析

1. 连锁经营形式

项目一重点介绍过，连锁经营主要有直营连锁、特许连锁和自由连锁三种形式。直营连锁是由总部对门店进行直接投资和统一管理，特许连锁管理的重点是品牌和加盟店，而自由连锁管理的基本要求是实现联合采购分散销售。不同的连锁经营形式因其经营管理的重点和要求不同而影响连锁企业组织结构的设计和选择。

2. 企业的发展与规模

企业的发展与规模对组织结构的设置有直接影响。在连锁企业发展初期，企业规模较小，所设置的机构不多，管理职能也较单一。但是，随着连锁企业不断发展、企业规模越来越大、活动内容越来越多、范围越来越广，经营管理就会越来越复杂，连锁企业的组织机构设置和调整就变得十分迫切。

3. 企业的经营业态

业态是指服务于某一顾客群或某种顾客需要的经营形态，它是商品、环境和服务等要素的有机组合。在连锁经营中，不同的业态由于其目标顾客和功能不同，会对组织结构的设计提出不同要求。因此，连锁企业在组织结构设计中，应充分考虑不同业态的性质和要求。

4. 科技能力

连锁企业的科技能力在行业中的地位和水平，以及科技创新能力的强弱，都影响着的企业的发展。同时，科技能力与连锁企业的技术特性与组织结构关系密切，连锁经营技术是以现代科学技术发展为基础的。现代科学技术的发展必然会影响连锁企业组织结构的设计和选择。

5. 企业的任务和目标

连锁企业组织机构是为实现企业的任务和目标服务的，因此企业的任务和目标是连锁企业组织结构设计与选择的基本依据，连锁企业应按不同时期的任务和目标来选择和调整其组织结构形式。一般来说，在连锁企业的创办初期，由于经营规模较小、任务和目标具体明确，连锁企业往往会选择较简单的组织结构形式，但随着连锁经营规模的不断扩大，经营任务的多元化和经营目标的多重化必然要求连锁企业不断调整组织结构形式。

（三）经济效益分析

拟建项目的经济效益是投资决策的主要根据。项目经济效益的评价因其追求的目标不同而分为财务效益评价、社会效益评价两部分。

知识拓展：连锁经营商业模式的本质和特征

1. 财务效益评价

商业投资项目的经济评价侧重财务效益评价，具体分析财务状况，如公司在过去一段时间内的基本财务数据，包括主营收入、主营成本、主营利润、管理费用、财务费用、净利润、补贴收入、总资产、总负债和净资产，以及主营产品的盈亏平衡点、毛利率和净利率；财务预测，如项目盈亏平衡表、资产负债表、损益表、现金流量表和销售计划；税务说明，如说明与公司业务有关的税种和税率，公司享受哪些政府提供的优惠政策及未来可能的情况，特别是市场准入、减免税等方面的优惠政策。通过财务评价，分析测算项目的效益和费用，考察项目的获利能力、清偿能力等财务状况，以判断项目财务上的可行性。效益指标是衡量商业投资、项目投资价值的重要指标。

2. 社会效益评价

社会效益评价主要包括评价项目的文化与技术的可接受性，即分析项目是否适应当地人民的需求，当地人民在文化与技术上能否接受此项目，有无成本更低、效益更高、更易被当地人民接受的方案等；以及项目存在社会风险的程度，项目有无社会风险，严重程度如何，群众对项目建设有何反应，采取什么措施防止社会风险。

思政园地

党的二十大报告指出，全党全军全国各族人民要紧密团结在党中央周围，牢记空谈误国、实干兴邦，坚定信心、同心同德，埋头苦干、奋勇前进，为全面建设社会主义现代化国家、全面推进中华民族伟大复兴而团结奋斗！一百年来，中国共产党带领中国人民创造了人类文明发展史上的伟大奇迹。这样的成就不是喊出来的，是实打实干出来的。正是一代又一代共产党人带领群众艰苦奋斗、苦干实干，才使中华民族焕然一新，迸发出蓬勃生机。党的二十大报告指出，要建设现代化产业体系，坚持把发展经济的着力点放在实体经济上。作为连锁经营管理专业人才，要重视门店开发与管理，为振兴实体经济贡献力量。

任务工单

1. 如何进行门店投资开发可行性研究？

____

____

____

2. 请结合沈阳市目前的经济发展状况，谈谈便利店经营投资的可行性。

____

____

____

温故知新

单项选择题

1. 对照环境分析，投资企业要注意寻找自身资源与环境的匹配性，重点分析环境商机与（　　）是否相匹配，尤其是与企业商业模式、竞争战略、发展目标是否高度匹配。

A. 企业经营　　B. 企业资源　　C. 企业战略　　D. 企业目标

2. 下面不是连锁企业资源的是（　　）。

A. 品牌　　B. 技术诀窍　　C. 专利　　D. 市场环境

3. 连锁企业核心经营资源为（　　）。

A. 产品　　B. 专利或专有技术　　C. 经营诀窍　　D. 以上都是

4. 进行可行性分析，实际是在寻找（　　）。

A. 门店扩张的最佳方法　　B. 门店扩张的最好时间

C. 匹配资源与环境的组合　　D. 实现经济效益最大化

5. 分析当地消费者的消费能力属于（　　）。

A. 经济分析　　B. 市场分析　　C. 资源分析　　D. 社会分析

任务二 门店投资开发资源能力分析

小组任务

1. 什么是门店投资开发资源能力？

____

____

____

2. 门店投资开发资源能力包括哪些内容？

____

____

____

知识精讲

门店投资开发资源能力分析主要体现在实施门店建设时，如何统筹人、财、物、信息等资源，具体包括商业模式设计、门店资产分析、门店开发资金筹集等。

微课：门店投资构成分析

一、商业模式设计

（一）商业模式与战略的区别

商业模式不同于战略，具体体现在以下三个方面。一是商业模式关注于价值创造，而战略更加关注建构一个“可持续性的竞争优势”，尽管商业模式也强调价值获取，但相对而言，价值获取更符合战略范畴。二是商业模式对为谁创造价值这个问题不太关注。商业模式会影响股东的价值，不过它的焦点不在于将商业的价值传递给股东。三是商业模式假定信息的认知作用是有限的，而战略通常需要假定市场上流动着大量的可靠信息，并且战略需要复杂分析与思考。

（二）商业模式设计的重点

国际咨询大师埃森哲认为，成功的商业模式要具备三个条件：能提供独特价值，难以模仿，脚踏实地。

1. 创造价值

商业模式涵盖了企业围绕满足客户价值而开展的各项价值活动，是指包括融资、研发、生产、营销、物流等相关的价值活动所构成的创造和实现顾客价值的系统。

商业模式是价值创造的商业逻辑，其本质是企业利润实现机制和价值创造机制，是通过对企业全部价值活动进行优化选择，并对某些核心价值活动进行创新，然后再重新排列、优化整合而成的。商业模式有价值发现、价值创造与价值获取三大作用。价值发现来源于市场分析和战略制订，价值发现的完成体现为企业的价值主张；价值创造来源于企业的运营系统，需要通过对产品制造或服务等来实现；价值获取来源于企业的营销管理等一系列销售活动，而其中的盈利模式是价值获取的核心。

2. 打破规则

著名的美籍奥地利经济学家约瑟夫·熊彼特于1942年曾指出，在任何市场中，都存在相对静止的时期，此时已经形成优于一般水平的产品、技术或组织能力的公司将获得真正的经济利润。当优势的资源被新的资源取代时，相对静止的时期将中断，能够冲击创造机会的企业家，在下一个相对静止的时期将获得真正的利润。

1852年，法国商人布西科创立了世界上第一家百货商店，其目的在于提供大量的廉价商品；1916年，第一家自助服务商店Piggly Wiggly在田纳西州孟菲斯市开业；1927年，7-ELEVEN连锁便利店以营业时间作为特色在美国诞生；1943年，宜家（IKEA）作为专业品类卖场风行全世界……今天，网上购物又开始新的零售风潮。

3. 简便易行

大道至简，最复杂的道理是因为还没有窥得事物本质。商业模式是商业的本质，所以好的商业模式是简单易行的。1975年，杜比实验室开发出含杜比声道的电影原声编码设备，以不高的价格租了一个好莱坞的电影制作公司，并全程提供设备的维护、保养和技术支持。同时，杜比实验室的音频顾问为电影制作人员提供各种可能的培训。于是，杜比实验室的编码设备迅速占领了电影公司的摄影棚，同时与电影公司建立了良好、稳定的关系，在业界建立了声音专家的口碑。在电影制作领域扎根后，杜比实验室开始在电影院推广与编码设备采用同样技术标准的影院音频解码处理器。杜比实验室很快成为行业的链主。宜家通过特色的连锁经营+解决方案+低成本商业模式，为顾客提供简单美好的家居生活方式。“WDM模式”（俗称“王人妈”），就是沃尔玛（Walmart）、戴尔（Dell）、麦当劳（McDonlad’s）三个词的首字母组合，所包含的商业模式就是沃尔玛的规模采购的平价销售模式、戴尔的个性化生产和直销模式、麦当劳的标准化模式。因此，在思考企业商业模式整合的过程中，可以将成功的商业模式迁移组合，以适应行业的变化和发展。

4. 持续盈利

好的商业模式具有一定的持续性，并且在短期内难以被竞争者模仿和赶超。商业模式的设计不仅能够适应当前市场的需要，而且需要具有一定的前瞻性。频繁变动、调整商业模式，不仅会增加企业的成本，还会影响企业的正常经营；而相对稳定的商业模式，可以维持企业的竞争优势，保持企业的竞争能力。

5. 不可模仿性

成功的商业模式是难以被竞争对手模仿的，竞争对手只能看到企业商业模式的表象，而无法获知其运作的具体细节。以美国的西南航空公司为例，尽管美国许多航空公司曾经以西南航空公司为标杆进行模仿学习，但却没有一个获得成功，因为他们无法学到全部。好的商业模式本身具有独特性，这种独特性会对竞争对手形成较高的进入壁垒，为企业赢得更多的顾客，创造更高的利润，吸引更多的投资者。另外，还应该加上两条，即持续盈利和创新。

二、门店资产分析

建成一个门店并正常营业，必须具备足够的资产。建设门店的资产可分为四大类，即固定资产、流动资产、无形资产、递延资产。

（一）固定资产

固定资产是指企业使用期限超过一年的房屋、建筑物、机器、机械、运输工具及其他与生产、经营有关的设备、器具、工具等。不属于生产经营主要设备的物品，单位价值在2 000元以上，并且使用年限超过两年的，也应当作固定资产。固定资产是企业的劳动手段，也是企业赖以生产经营的主要资产。固定资产投资额是开始建设到建成为止的这段时间里，用于购置和形成固定资产的投资额。在实际工作中，门店的固定资产采用经济用途和使用情况相结合的形式分为以下几类。

1. 房屋及建筑物

房屋是指经营所用的门店、餐厅、游艺厅、康乐室、车库、仓库、办公室等，以及安装在房屋内部、同房屋不可分割的各种附属设备，如电梯、水暖设备、卫生设备等。而建筑物是指房屋以外的其他建筑物，包括门店的天桥、回廊、蓄水池、围墙、栅栏及美化门店环境的亭台楼阁、小桥流水等环境设施。

2. 机器设备

机器设备是指用于门店经营服务的厨房设备、通信传真和复印设备，用于生产或传送电力、热力、风力的各种机器设备，以及具有独立用途的各种工作用具（工程部的装修设备等）、检测仪器（测空调出风口用的风速计等）。

3. 交通运输工具

交通运输工具是指用于经营服务和门店内部运输的各类载人和运货的交通运输工具，如客车、卡车、轿车等；一切作为运输交通设备组成部分的附属装置，如其中的桌椅、音响设备等。

4. 办公设备

办公设备是指在经营管理方面所使用的设备。

5. 电器及影视设备

电器及影视设备是指门店经营服务或管理用的计算机及其网络设备、电冰箱、空调、电视机、摄影机、放映机等。

6. 文体娱乐设备

文体娱乐设备包括高级乐器、游乐场所设备、健身场所设备、游泳馆设备等。

7. 其他设备

其他设备是指不属于以上各类的其他经营管理用的固定资产。

（二）流动资产

流动资产是指可以在一年或长于一年的一个营业周期内，变更或加以运用的资产，包括现金、银行存款、短期投资、应收及预付款和存货等。流动资产投资是指为形成投资项目所需流动资产而垫付的流动资金。流动资产是门店拥有的各项资产中最具流动性，或称变现能力最强的资产，其投资前对流动资产投资的估量准确与否及在营业中运用是否合理和恰当，直接影响到门店的经济效益和经营成败。

（三）无形资产

无形资产是指门店长期使用而没有实物形态，能够在门店经营中长期发挥作用的权利、技术等特殊资产，一般包括专利权、商标权、著作权、非专利技术、土地使用权、商誉等。无形资产投资是指为取得投资项目所需的无形资产而发生的投资支出。无形资产作为一种资产形式，具有其自身的价值。而门店获得无形资产的途径大体有三个。

1. 购入无形资产

购入无形资产是指从其他单位购入专利权等，包括投资转入的无形资产。

2. 自创无形资产

自创无形资产是指企业自身摸索出的配方和制作经验等非专利技术。

3. 其他单位投资转入

其他单位投资转入是指其他单位通过技术、专利等手段联合开展企业经营活动。

（四）递延资产

门店除了固定资产、流动资产、无形资产以外，还有一种递延性质的资产。它是指不能计入当年损益，应当在以后年度分期摊销的各种费用，其中包括开办费，经营租赁方式租入的固定资产改良支出，以及对原有固定资产进行装修、装潢等的净支出等。

（1）开办费是指企业在筹建期间所发生的费用，包括筹建期间的人员工资、培训费、办公费、差旅费、印刷费、注册登记费、不应计入固定资产和无形资产购建成本的汇兑净损益、利润及其他支出。开办费自投产营业之日起，分期摊入管理费用，摊销期不短于五年。

（2）以经营租赁方式租入的固定资产改良支出，按照有效租赁期限和耐用年限短的原则分期摊销。

（3）固定资产的装修、装潢净支出，按装修、装潢后固定资产的使用年限分期摊销。

三、门店开发资金筹集

门店开发资金筹集分为自有资金筹集、加盟资金筹集和商业模式创新融资三种。

（一）自有资金筹集

自有资金筹集的主要方式有吸收直接投资、发行股票和负债资金筹集等。

1. 吸收直接投资

吸收直接投资是指连锁企业按照“共同投资、共同经营、共担风险、共享利润”的原则吸收国家、法人、个人、外商投入资金的一种筹资方式。其一般程序如下。

（1）确定吸收直接投资的资金数额。对吸收直接投资的数量，第一，要考虑投资需要；第二，要考虑对投资者投资份额的控制；第三，在投资规模确定的前提下，要遵守法律法规。

（2）确定吸收直接投资中的投资形式结构。根据酒店具体的组织与管理模式的不同、所处的生命周期段不同、资产的变现能力不同，需要合理配置投资形式结构，如流动资产与长期资产的搭配，现金资产与非现金资产的搭配等。

（3）制定吸收直接投资的合同或协议等文件。明确投资者的权利与义务，确保投资的顺利进行和取得法律上的保护。

（4）做好资金的注册入账管理工作。投入资金到位后，要及时进行资产验资、注册登记、纳入财务管理。

2. 发行股票

股票是股份公司为筹集自有资金而发行的有价证券，是持股人拥有公司股份的入股凭证。连锁经营企业首先应具备发行股票的能力，才有可能成为上市公司，然后发行股票必须接受国务院证券委员会（简称中国证券委）和中国证券监督管理委员会（简称中国证监会）的管理和监督。

连锁企业发行股票需按照发行股票的程序进行，包括聘请专业机构对其资信、资产、财务情况进行审定、评估和就有关事项出具法律意见；按照隶属关系分别向省、市地方政府或中央企业主管部门提出公开发行股票的申请；经批准和复审后，经中国证监会同意的，申请人应当向证券交易所上市委员会提出申请，上市委员会同意接受上市后，方可发行股票。

3. 负债资金筹集

负债是指过去的交易事项形成的现时义务，履行该义务预期会导致资金流出企业。它反映债权人的权益，其出资人是连锁企业的债权人，对连锁企业拥有债权，有权要求连锁企业按期还本付息。负债资金的主要方式包括发行债券、银行借款（包括短期借款和长期借款）、租赁等。

（1）发行债券。债券是指公司或政府向社会公众筹集资金而向出资者出具的确立债权债务关系的凭证。债券的发行人是债务人，债券的购买者是债权人。合理确定债券发行价格，是债券发行中的一个重要问题。债券发行价格，是指发行企业将债券出售给投资者时所采用的价格，也就是投资者购买债券时所支付的款项。

（2）银行借款。向银行借款是连锁企业筹集资金的重要途径之一。利用银行借款筹集资金的方式，既便捷又易于操作，所以大部分连锁企业都将银行借款作为筹集资金的首选手段之一。

（3）租赁。租赁是出租人以收取租金的条件，在契约合同规定的期限内，将资产租让给承租人使用的业务活动。租赁按其性质来分，可分为融资性租赁和经营性租赁。

融资租赁也称金融租赁，是由租赁公司按承租单位要求出资购买设备，在较长的契约或合同期内提供给承租单位使用的信用业务。承租单位按期支付租金（包括设备价款分期支付部分及利息等），合同到期付给租赁公司转让费，设备产权归承租单位所有。

经营租赁也称临时租赁，是解决连锁企业对资产的短期需要的短期租赁。出资人不仅提供资产的使用权，也提供维修、保养等服务。

（二）加盟资金筹集

加盟资金筹集实质上就是通过加盟招商形式，完成连锁门店开发的方式。因此，加盟资金的筹集主要是考察加盟者。一般情况下，挑选加盟者主要考虑以下几项内容。

1. 加盟商招募

加盟商招募是加盟商关系管理与维护的第一步。因此，特许者在加盟商的选择上要慎之又慎。首先应进行面谈，以了解潜在加盟商的基本情况、价值观、人生态度、对经营风险的承受能力及加盟心态等。其次，应进行调查与考核，以了解潜在加盟商的实际情况，如个人品质、资金能力、经营管理能力及组成一个被特许者的各合伙者之间的协调能力等。

2. 新特许者常犯的错误

新特许者常犯的错误是指草率接纳最初的几个申请者，并给他们特殊的优惠。特许者想尽可能快地扩展组织并获得投资回报，但这么做会带来严重的后果。特许者只应选择那些符合标准的人作为受许人，而不是谁想加入就卖给谁特许权。因此，特许者通过给予特殊待遇的方式吸引人们加入是一个极大的错误，会给特许体系以后的发展带来严重问题。受到特殊待遇的受许人会认为他的情况特殊，并总是向特许者要求种种特殊待遇。

3. 关注新特许者的经验

大多数特许公司不要求其投资人有实际工作经验，因为他们有很全面的培训。事实上，有些特许者认为，按照公司的方法，对有经验的人进行培训会更困难。也有一些特许者认为，有工作经验的投资人在开展业务及在与特许者沟通时都较容易。

4. 资金实力优于自己的大公司成为新特许者

有些情况下，大公司也会成为好的投资人，例如，在旅店业、餐饮业和零售业中，许多大公司加盟商经营得非常成功，但是大公司企业文化和经营经验与连锁企业之间存在冲突，尤其是对经营诀窍的扩散，所以连锁企业必须制订完善加盟合同，约定执行过程。

（三）商业模式创新融资

连锁企业还可以通过创新商业模式，进行融资。目前，具体的融资手段有以下几种。

1. 共创模式

连锁企业新开门店可以利用自己的经营资源（设备、技术、经营诀窍等）吸引股东加入，股东出资，连锁企业开店、经营、管理，股东到店消费享受一定优惠折扣并享有分红，即形成共创模式。吸引的对象可以是店员、高管、加盟商、客户、地产商等。

2. 平台模式

连锁企业用自身的供应链、商品和技术服务打造为服务平台，把扩展对象吸纳到平台，实现快速的渠道拓展。实施这种模式的核心是具备强力的供应链、有吸引力的商品，或者有强大的平台服务能力。连锁企业拥有这些核心能力后，就可以利用这些能力进行拓店展业。利用平台拓展进行门店开发，其本质就是平台模式在连锁企业拓展中的应用。

目前，发展最快的是“电商企业+便利店”这种形式，其中，效果最明显的就是京东便利店。在2015年初，京东打着“一县一中心”的口号开始在全国建立“县级服务中心”，之后为了家电渠道顺利下沉，又开设了“京东帮服务店”。京东的“县级服务中心”是自营模式（B2C），产品，既有3C产品，也有日用百货；“京东帮服务店”则是以与当地商户合作为主（B2B2C），合作商户除了要有实体店，具备大家电营销、配送、安装外，还要支付2万~5万元的保证金，其收入主要来自京东订单配送服务费和销售提点。这次的京东便利店在模式上类似于“京东帮”（B2B2C），与便利店的不同之处在于以下三点：一是深入到农村一级；二是产品以日用百货为主，而非家电；三是合作商户是小型的夫妻店。京东用新路通来运营便利店，意味着要将农村夫妻店的供货体系纳入京东整体中。这样的好处显而易见，夫妻店尤其在偏远农村具有最后一公里的流量和配送优势，如果将他们联合起来，不仅有利于京东直营商品的销售，也会给京东力推的金融等业务提供用户支持。

3. 裂变模式

以优秀门店的优秀管理方法复制优秀的管理人才，将管理人才作为新门店开发的对象，进行门店复制的方法，即裂变模式。简单理解，就是将原来一个门店的人马分出一部分进行新店开发，使原来的店“由一变二”。促进门店和人才裂变来发展业务的模式，特点是管理简单、人才裂变比较快的门店，如喜家德水饺的358机制。“3”就是3%，即所有店长考核成绩排名靠前的，可以获得干股“身股”收益，这部分不用投资，是完完全全的分红。“5”就是5%，如果店长培养出新店长，并符合考评标准，就有机会接新店，成为小区经理，可以在新店投资入股5%。“8”就是8%，如果一名店长培养出了5名店长，成为区域经理，并符合考评标准，再开新店，可以在新店投资入股8%。

本书将新店扩展的商业模式简单归结为以上几种，连锁门店扩展的商业模式一定是围绕人、货、场出发的，对这三个核心要素的合理配置是商业模式创新的根本。因此，大家可以参考商业模式创新，进行深入研究，形成更系统的认识。

知识拓展：
M1NT

思政园地

门店投资开发资源能力分析可以真实地检验企业的资本情况。在门店投资开发过程中，要注意实事求是；在商业模式设计中，要通过连锁商业模式的创新，了解公平诚信在商业中的重要意义，进而树立公平诚信的价值观，这样才能客观地进行门店的投资开发。

任务工单

1. 如何进行连锁门店开发资金设计？

2. 如何进行连锁门店拓展的商业模式创新？

温故知新

单项选择题

1. 商业模式有（　　）、价值创造与价值获取三大作用。

A. 价值供给　　B. 价值发现　　C. 商品设计　　D. 产品生产

2.(　　)也称金融租赁，是由租赁公司按承租单位要求出资购买设备，在较长的契约或合同期内提供给承租单位使用的信用业务。

A. 发行债券　　B. 银行借款　　C. 发行股票　　D. 融资租赁

3. 在进行加盟融资时，新特许者最易犯的错误是(　　)。

A. 加盟商考虑不清楚　　B. 加盟商准入制定低

C. 加盟商信任不充分　　D. 加盟商政策交代不详

4. 设计连锁门店经营的商业模式，就是要合理配置(　　)。

A. 人—财—物　　B. 人—客—货　　C. 人—货—场　　D. 场—客—物

5. 通过自己培养员工或经营团队，然后采取加盟扩店的商业模式是(　　)。

A. 平台发展模式　　B. 自由连锁模式　　C. 商业裂变模式　　D. 股东加盟模式

任务三　门店创立注册

小组任务

1. 什么是现代企业法人？

2. 现代企业制度的含义和特征是什么？

知识精讲

要了解连锁门店设立，首先要了解我国企业注册的制度，从流程上把握门店设立的要求。企业是社会的经济细胞，是市场经济活动的主体。企业制度是企业进行经营管理活动的基本保障，制订企业制度是连锁企业注册登记必须完成的首要任务。因此，学习企业和现代企业制度的相关知识，对科学制订商业连锁企业的企业制度具有十分重要的意义。

微课：企业注册登记的内容

一、现代企业概述

在现代市场经济条件下，连锁企业必然要与其他组织或个人开展经营活动，发生各种经济关系，以实现企业的经营目标，完成企业的使命，但这些经营活动必须在企业取得法人资格后才可以进行。因此，具备法人资格是连锁企业从事经营活动管理的基本前提。

（一）现代企业的含义和基本特征

1. 现代企业的含义

企业是指在商品经济中，以营利为目的，专门从事生产、流通或服务等经济活动，实行自主经营和独立核算、自负盈亏的经济组织。企业包括从事工业、农业、商业、交通运输业、建筑业、金融业和服务业等行业的生产经营活动的经济组织。现代企业就是在市场经济中，以营利为目的，独立从事生产经营等活动，具有法人资格的公司制企业。现代企业作为一个历史范畴，是人类社会发展到一定历史时期的产物，它在工场和手工业条件下形成最初形态，是社会化大生产条件下，商品经济高度发达的产物，是现代社会的经济细胞和国民经济的基本单位。

2. 现代企业的基本特征

现代企业作为国民经济的重要组成部分，在不同的社会制度下，它不仅具有特殊的社会特征，也具有基本的自然特征。

（1）经济性。经济性是指现代企业必须通过商品生产、流通或相关的服务，为商品消费者提供使用价值，借以实现自己价值的活动。经济性是现代企业的首要特征，因为从微观上考察，现代企业的基本功能就是专门从事商品生产、商品交换或提供商业劳务；从宏观上考察，现代企业最基本的社会功能就是通过商品生产和商品交换，将有限的资源转换为有用的商品和服务，以满足社会的某种需要。所以说，不具备经济性的组织不能称为现代企业。

（2）营利性。营利性是指现代企业必须以营利为目的来从事经济活动，它是构成现代企业的根本标志。企业作为商品生产经营者，是一种追求利润的营利性经济组织，是为营利而开展生产经营的。任何企业都希望在一定的生产经营条件下，取得最大的利润，实现企业资产的保值增值，这是企业生存发展的最基本条件，也是区分企业和其他组织的主要依据。因此，在市场经济条件下，营利性是现代企业的重要特征之一。

（3）独立性。独立性是指现代企业在生产经营活动中，必须独立核算、自负盈亏、自我发展和自主经营。独立核算是指现代企业必须具有独立的财产，在银行开有独立的账户，可以对外办理结算，进行独立、完整的会计核算，能独立计算并考核经济效益。自负盈亏是指现代企业作为商品生产经营者，要按照价值规律的客观要求，遵照等价交换的原则来进行生产经营，以收抵支，并独立承担盈亏责任。自我发展是指现代企业在激烈的市场竞争中，要依靠自己的力量，运用各种竞争手段和策略，求生存促发展，使企业不断发展壮大。自主经营是指现代企业要真正实行独立核算和自负盈亏，就必须具有自主经营权，使现代企业能够根据市场情况和企业实际来进行生产经营，从而取得最佳的经济效益和社会效益。

（4）法人性。法人性是指在法律上将一定的社会组织人格化，使其同自然人一样，成为法律所规定的权利主体，能独立地享受权利和承担义务。也就是说，在法律上赋予企业以独立的人格，使其具有权利能力和行为能力，有资格享受权利和承担义务，以便同其他企事业单位和消费者发生各种法律关系。企业的法人性是区别现代企业和传统企业的重要标志。一般情况下，我们把个体企业和合伙企业等自然人企业称为传统企业，而把具有法人资格的公司制企业称为现代企业。

（二）现代企业与传统企业的一般比较

现代企业是现代市场经济和社会生产力发展的必然产物，它与传统企业相比，较好地适应了现代市场经济和社会发展的客观要求，具有较大的优越性。二者的一般比较见表2.1。

表2.1　现代企业与传统企业的一般比较

项目	现代企业	传统企业
出资人数	较多且分散	较少且集中
出资情况	股东出资为基础，数额较大	个人出资为主，数额较少
法律形式	较大	较小
承担责任	企业法人	自然人
产权结构	有限责任	无限责任
管理方式	所有权与经营权分离	所有权与经营权合一
企业形式	先进，现代化管理为主	落后，传统的个人管理为主
技术条件	具有现代化生产能力	传统手工业为主
稳定情况	企业经营比较稳定	企业经营不太稳定

（三）现代企业的类型

1. 按组织形式划分

现代企业按其组织形式可划分为单一企业、多元企业、经济联合体和企业集团。

（1）单一企业，是指一厂或一店为一个企业。这种企业的经营项目往往比较专业化，或具有相同的生产过程。单一企业必须独立承担财产责任和经营责任，独立核算，自负盈亏，具有法人地位。

（2）多元企业，是指由两个以上不具备法人资格的工厂或商店组成的企业。它是按照专业化、联合化及经济合理的原则，由若干个分散的工厂或商店组成的经济法人组织。如由两个以上分公司组建的公司，由一些分店组成的连锁企业等。

（3）经济联合体。经济联合是指经济组织之间，按照一定的章程或协议，在生产、技术、科研和贸易等领域的经济合作。经济联合体是指由两个以上企业在自愿互利的基础上，打破所有制、行业、部门和地区的界限，本着专业化协作和合理分工的原则，进行部分或全部统一经营管理形成的经济实体。它是一个具有法人资格的经济组织，主要形式有专业公司、联合公司和各类合资经营企业。

（4）企业集团，是指以资产纽带为主，联结起来的若干独立法人组织所组成的，具有较紧密联系的企业群体组织。它一般是在经济联合基础上发展和组建起来的，实质上是由多个企业组成的具有多层次组织结构的经济联合组织。

企业集团的成员企业，按照其紧密程度的不同，可以分为以下四个层次。一是核心层，一般也称集团公司，是指企业集团中资产经营一体化的实体部分，在企业集团中具有控制地位的核心企业，主要由实力很强的大型企业或金融投资公司组成。二是紧密层，也称控股层，是企业集团内由集团公司控股的企业组成。三是半紧密层，也称参股层，是集团公司或企业集团其他成员相互参股，并按出资比例或协议规定享受利益并承担义务的企业群体。四是松散层，也称协议层，是由在企业集团经营方针指导下承认企业集团的章程，按合同或协议的规定，享有权利、承担义务并独立经营，各自承担民事责任的企业组成的。

2. 按股权形式划分

根据《中华人民共和国公司法》(以下简称《公司法》)的有关规定，现代企业按其股权形式可分为有限责任公司和股份有限公司两大类。

(1)有限责任公司。有限责任公司是指由两个以上股东共同出资，每个股东以其所认缴的出资额对公司承担有限责任，公司以其全部资产对公司债务承担责任的股份制企业。其根本特征是不公开发行股票、全部资本不划分为等额股份、对公司债务承担有限清偿责任。有限责任公司主要适用于中小型企业。

(2)股份有限公司。股份有限公司是指全部注册资本由等额股份所构成，并通过发行股票筹集资本的股份制企业。它是在有限责任公司的基础上发展起来的，现已被广泛采用。其基本特征是：全部资产划分为等额股份；可向社会公众公开发行股票并进行交易；公司以其全部资本对债务承担有限清偿责任等。股份有限公司主要适用于大中型企业。

股份有限公司与有限责任公司的主要区别见表2.2。

表2.2　股份有限公司与有限责任公司的区别

组织形式	具体项目	
	股份有限公司	有限责任公司
股份特征	股份等额，责任有限，股票可上市	股份不等额，责任有限
设立方式	发起设立和募集设立	发起设立
两权分离	较大	较小
股权证明	股票	出资证明
股东个数	有下限、无上限(不少于2人发起，2~200人)	50人以下
注册资本最低限额	500万元以上	3万元以上
出资转让	股票可以依法转让	股权转让须经其他股东半数以上同意，其他股东有优先购买权
组织机构	股东大会、董事会、监事会均为必须设立机构	可设股东大会、董事会、监事会，非必须
信息披露	公开	可以不公开

(四)现代企业法人

1. 现代企业法人的含义

现代企业与传统企业的重要区别之一是现代企业是法人组织。所谓法人，就是在法律上具有人格的实体，是法律创造的“人”。企业法人是指依照法定程序成立的，能够以自己的名义从事经济活动，独立享受权利和承担义务的经济组织。实质上是在法律上赋予企业以独立的人格，使其具有权利能力和行为能力，有资格享受权利和承担义务，以便同其他企事业单位或个人发生各种法律关系，独立自主地开展经营管理活动。

2. 现代企业法人的基本条件

要使企业成为具有一定权利和义务的法人组织，必须具备以下三个基本条件：第一，企业要有一定的组织机构，有自己的名称、住所、组织章程或组织条例；第二，自主经营、独立核算、自负盈亏，并拥有政府所规定的最低限度的资金；第三，能够以自己的名义独立从事民事活动，享有民事权利和承担民事义务。

3. 现代企业法人制度的作用

现代企业法人制度的作用主要表现在以下两个方面。

（1）现代企业法人制度的产生，增强了企业的独立性。企业法人制度规定了企业可以在法律和政策的范围内独立自主地开展生产经营活动，因而企业可以根据市场的情况和企业的实际来决定生产经营什么，怎样生产经营，什么时间生产经营。这有利于企业组织商品生产和流通、加速资金周转、提高劳动效率、改善经营管理，从而增强企业的独立性和竞争能力。

（2）现代企业法人制度的产生，加速了资金的积聚与集中。企业法人制度的关键在于有限责任制度。在这种制度下，投资者再也不必用自己的全部财产为企业的债务担保，只需在所投入的股金范围内承担风险。这样就调动了广大投资者的投资积极性，也使企业可以通过各种渠道吸收资金，加速了资金的积聚与集中，从而促使大规模企业像雨后春笋般产生，极大地促进了商品经济的发展。

4. 现代企业法人制度的内容

现代企业法人制度的内容主要有以下四个方面。

（1）现代企业法人必须拥有自主经营的财产。这是现代企业进行生产经营活动、享受权利、承担义务的物质基础。现代企业法人财产的范围和内容应按照法律、法令、章程和协议的规定来加以界定，在法定的权限内，企业对其经营的财产可行使占有、使用和处置等权利。这样，企业就能成为独立承担财产责任的经济组织，就有资格成为民事和经济法律关系的权利主体。

（2）现代企业法人必须独立享有权利并承担义务。这是企业法人具有合法地位的必然体现。企业法人作为权利主体，应具有从事经营管理所需要的权利能力和行为能力，能独立享受权利并承担义务，如对外签订合同、向银行贷款、承担规定的责任，并能参加诉讼等。

（3）现代企业法人必须按法定程序成立。这是现代企业法人取得合法地位必须履行的合法手续。根据我国颁布的《中华人民共和国市场主体登记管理条例实施细则》和《公司法》等的规定，凡是企业均应在开业前按照规定办理注册登记，取得营业执照。企业如果合并、分立、迁移或歇业，也均应按规定办理变更登记或歇业注销手续。企业办理注册登记的规定，不仅是现代企业法人取得法人资格的必要程序，也是保护企业合法经营和维护企业正当权益的一项重要制度。

（4）现代企业法人必须设有健全的组织机构。这是现代企业法人作为权利主体，从事经营管理活动的组织保证。现代企业是由劳动者所组成的经济组织，为了保证企业经营管理的正常有序进行，实现企业的经营目标，企业必须根据市场状况和企业实际设立相应的组织机构，并使各机构相互协调、相互支持。如建立以经理为首的生产经营指挥系统，建立财务管理系统和划分各组织机构的职权等。

二、现代企业制度的含义和特征

（一）现代企业制度的含义

企业制度是指企业从事生产经营和流通的组织管理制度。任何企业都应有一套完整而严密的组织管理制度，主要包括产权制度，组织结构，企业章程，经营的目的、范围、规模、方式，职责和利益分配等规定。在这套规章制度下，形成一种运行机制，依此进行经营管理。企业规章制度是经过一定程序形成的，一旦确定，如同企业的法规，企业的投资者和所有员工都必须照章执行。所谓现代企业制度，是指符合社会化大生产要求，适应市场经济的产权清晰、权责明确、政企分开、管理科学的企业制度，主要包括企业的产权制度、组织制度、领导制度、管理制度、经营制度及行为规范等。

（二）现代企业制度的特征

1. 产权清晰

产权，即财产权，是关于财产关系的法律概念，是指以财产所有权为基础的若干权能的组合。产权并不是一种权利，而是由一组权利所构成的。其包括财产的占有权，即实际上控制资产的权利；使用权，即在法律允许的范围内使用财产的权利；处置或转让权，即通过出租或出售把与资产有关的权利让渡给他人，从中获取收益的权利；收益权，即直接以资产的使用或通过资产转让获取收益的权利。从上述可见，产权交易也可以看作是构成产权的各种权利部分或全部地让渡。

产权以两种形式存在：一是产权的法律形式，即法权，是指法律上的财产所有权，也称最终归属权所有权，这部分权利是属于所有者的（股东等），它明确了财产的归属问题。二是产权的实现形式，即财产的营运权利（也称企业产权或法人产权），是指经济上的所有权，它回答的是财产的经营问题，如对财产的占有、使用、收益和处置的权利，这部分权利既可以由所有者自己掌握（小生产者等），也可以由非所有者来掌握（租赁经营等）。产权受法律保护，任何人不得侵犯。一般来说，产权的法律形式较实现形式更为稳定，产权的两种形式既可以合，也可以分。现代企业制度是一种投资者明确、产权清晰的企业制度。产权清晰是指要以法律形式明确企业投资者与企业财产的关系和责任，即企业在产权关系方面的资产所有权及相关权利的归属要明确、清晰，它是现代企业制度在产权关系方面所体现出来的特征。现代企业制度中产权清晰的主要表现是：若企业的资产是由国家单独出资形成的，其企业资产的最终所有权归属于国家；若企业的资产是由多个投资者投资形成的，则企业资产的最终所有权属于多个投资者，并按出资额分别所有，企业则拥有投资者出资形成的全部法人财产权，即由企业资产所有者委托或授权给企业经营者对企业全部资产行使占有、使用、处分和收益的权利。企业财产关系明晰后，任何人都不得非法侵犯所有权和法人财产权。

2. 权责明确

权责明确是指企业资产的最终所有者与企业法人财产权的拥有者，在企业中享有的权利和承担的责任清楚、明确、具体。它是现代企业制度在权利和责任关系方面所体现出来的特征。现代企业制度中权责明确的主要表现是：投资者按投入企业的资本额享有所有权的权益，即资产收益、重大决策和选择经营者等权利，但当企业亏损或破产时，投资者只对企业债务承担以出资额为限的有限责任；投资者不直接参与企业的具体经营管理活动，不直接支配企业的法人财产；企业拥有法人财产权，享有自主经营的权利，但要以全部法人财产承担自负盈亏、照章纳税的责任，企业以自己的名义和全部法人财产享有民事权利，承担民事责任；企业行使自主权必须对投资者履行义务，依法维护投资者的权益，对企业的资产承担保值增值服务，不损害投资者权益；企业必须建立现代法人治理机构，规范对企业的领导体制和组织制度，明确企业内部机构的权责，使各机构能够依据企业章程行使权力、承担责任，从而形成严格的权利责任体系。

3. 政企分开

迄今为止，对政企分开的基本解释可以归纳为：确立国家与国有企业之间的正确关系，明确政府和企业在社会经济体制中的不同地位，在经济运行中实行国有资产所有权与经营权相分离，使企业成为自主经营、自负盈亏、自我发展、自我约束的法人实体和市场竞争主体。简言之，政企分开是把“政府”和“企业”分开，即“横切一刀”，但大家认为这种理解并没有触及问题的实质。

实际上，传统经济体制的特点不仅仅在于政府统一组织社会生产和直接管理企业，行使了“超级企业”的职能。更重要的是，传统经济体制是社会政治组织和经济组织的合一，或者说在传统经济体制下的企业也在行使政府的职能，本身就不是本来意义上的经济组织，其特征甚至主要不表现为经济组织，而是和农村人民公社相类似的，集“党政军民学企”于一体的社会政治组织和经济组织的复合体，是基本的社会生产劳动单位和政治管理单位。其组建的出发点和运行的规则与农村人民公社本质上完全相同，只不过沿用了“企业”这个通用的名称，而没有像人民公社一样取个新名字罢了。不从根本上改变企业的这种属性，不另行建立政府（政治）管理的新渠道、新方式，当然就无法真正割断企业与政府之间的“脐带”。即使政府表面上不干预企业，政企仍然没有分开。这正是造成如今困惑的主要原因。与此相对照，农村经济体制改革之所以成效显著、反复较少，关键就在于其不是仅仅试图改变人民公社管理农业生产的方式，而是及时地废除了政社合一的人民公社本身。这种经验是值得城市改革借鉴的。

4. 管理科学

管理科学是指企业管理制度、管理方法和管理手段等要科学合理，符合市场经济规律的客观要求。这是现代企业制度在企业管理方面所体现出来的特征。现代企业制度在管理科学方面的主要表现是：凡实行公司制的企业，都应该按照《公司法》的规定设置企业组织管理机构，这些机构能够有效地调节所有者、经营者和职工之间的关系；按照《公司法》的规定，制定相关规章制度，激励和约束企业经营，促进企业发展，采用合理的、科学的方法和管理手段，进一步提供企业经营管理水平，提高劳动效率和经济效益。

三、现代企业制度的内容

现代企业制度的内容包括三个方面：一是现代企业法人制度，二是现代企业组织制度，三是现代企业管理制度。详细内容见表2.3。

表2.3 现代企业制度基本情况一览表

组成	目的和要求	主要内容
现代企业法人制度	明确产权关系，实行政企分开，使企业成为独立的市场主体	1. 确定法人资格； 2. 理顺产权关系，使企业拥有独立的法人财产权； 3. 实行所有权和经营权分离，政企分开
现代企业组织制度		1. 建立符合现代企业经营管理的权力机构、决策机构、执行机构和监督机构；

续表

组成	目的和要求	主要内容
现代企业组织制度	适应市场经济客观要求，既要赋予经营者充分的自主权，又要保障所有者的权益，还要调动劳动者的积极性	2. 通过法律和企业章程，明确各机构的权责； 3. 通过法律和企业章程，使各机构形成各自独立、权责分明、相互制约的关系
现代企业管理制度	企业的机构设置和管理制度能适应现代企业的经营管理需要，提高管理效率和经济效益	1. 建立科学合理的企业经营管理机构； 2. 建立现代企业用工制度； 3. 建立现代企业的分配制度； 4. 建立现代企业的财务会计制度

（一）现代企业法人制度

建立现代企业制度，必须完善我国企业的法人制度，其中最重要的是公司制企业产权制度，即公司法人所有权制度。它可以分成两个层次：第一个层次是股权，也是最终所有权，这是股东的权利，认资不认人，股东权利与出资额联系在一起，主要是选举权、表决权和收益权。第二个层次是董事会，拥有资产的占有、使用和依法处分等实际控制权，也是法人产权。因此，通过对企业产权的两个层次的分解，可以理顺企业的产权关系，实现出资者所有权和法人财产权的分离。出资者主要表现为拥有股权，即以股东身份依法享有资产收益、选择管理者、参与重大决策和转让股份等权利，但不直接干预企业的经营活动。法人财产权主要表现为企业依法享有法人财产占有、使用、收益和处置的权利，以独立的财产对自己经营活动负责。出资者和法人财产权受法律保护。

（二）现代企业组织制度

现代企业组织制度是按照法律责任划分，能反应现代企业产权关系，形成集体决策和分工负责的市场经济通行的组织制度。

在现代市场经济条件下，现代企业的组织形式主要是公司。公司是按照《公司法》的原则和要求来设立和运行的，以法人财产为基础，实现真正的自主经营、自负盈亏的经济实体。公司是在市场经济条件下典型的、先进的和有效的企业组织形式，其专业化分工和社会化程度远远高于工厂制的企业组织形式。它的基本特征是所有者、经营者和生产者通过公司的权力机构、决策和管理机构、监督机构形成各自独立、权责分明、相互制约的关系，并通过法律和公司章程得以确立和实现。这种组织机构既赋予经营者充分的自主权，又切实保障所有者权益，还能调动劳动者的积极性。

公司组织机构主要由股东大会、董事会、监事会及总经理四者构成，四者既相互独立，又相互联系、相互制约，形成权责明确、统一高效的现代企业组织机构体制，如图2.1所示。

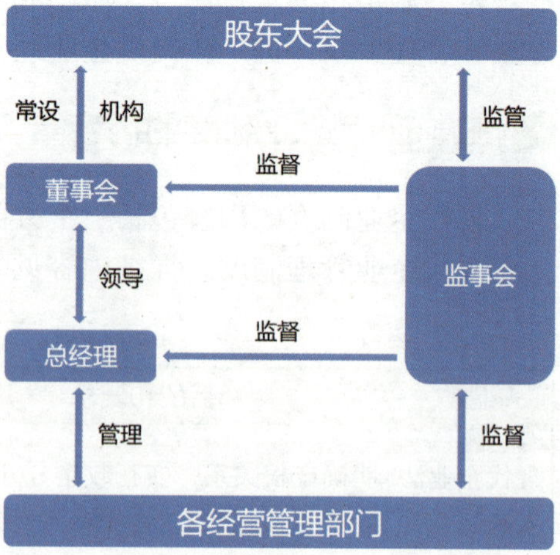

图2.1　现代企业组织机构体制

四、企业注册登记的内容

注册登记是连锁企业开业的前提条件，根据国家相关部门的规定和要求，到工商部门进行登记注册，以完成集团董事会交给设立商业连锁企业的任务。公司注册登记主要包括设立登记、变更登记、注销登记和营业登记。

（一）设立登记

设立登记是指具备法人条件的公司经过工商行政部门的审核认可，取得法人资格的注册登记。所谓法人是指具有民事权利能力和行为能力，依法独立享有民事权利和承担义务的组织。按照《中华人民共和国民法典》的规定，法人可享有民事权利，主要有财产所有权、经营权、债权、知识产权和人身权等。公司依法成立时，须有必要的财产和经费，有自己的名称、组织机构、组织章程和场所，能够独立承担民事责任。具备这些条件后，经过登记方能取得企业法人资格，完成公司设立。企业申办工作的流程如图2.2所示。

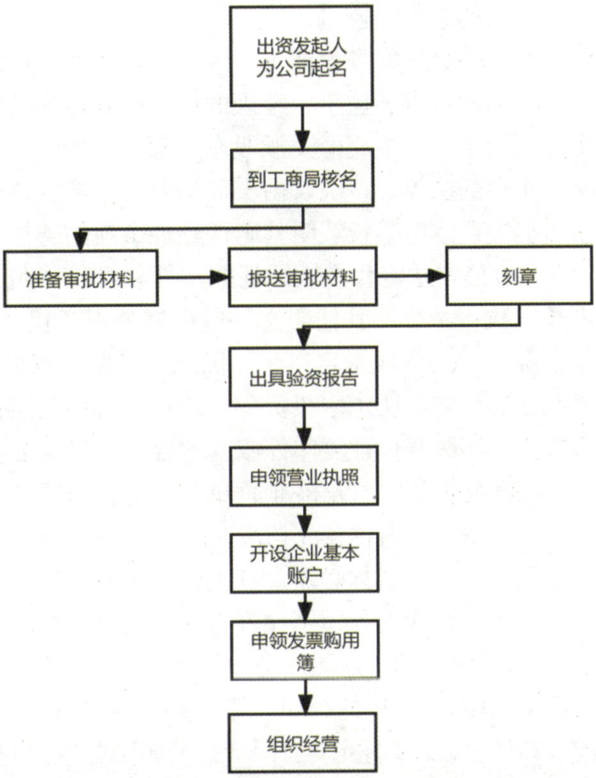

图2.2 企业申办工作流程

需准备文件如下。

（1）公司董事长或执行董事签署的“公司设立登记申请书”。

（2）全体股东指定代表或共同委托代理人的证明。它是指全体股东在股东成员中指定某个成员作为到公司登记机关申请设立登记的代表，或者全体股东共同委托股东以外的人来代理股东进行申请登记注册活动的证明文件。该文件的形式应是委托书，该委托书应由全体股东盖章或签字。股东是法人的，应加盖印章；股东是自然人的，应签署姓名。

（3）公司章程。公司章程是公司设立的重要文件，其内容应齐备，符合《公司法》规定的各项要求。

（4）具有法定资格的验资机构出具的验资证明。法定验资机构出具的验资证明是表明公司注册资本真实、合法的证明。具有法定资格的资机构应是经注册的会计师事务所或审计事务所。具有法定资格的验资机构出具的验资证明，应是会计师事务所或审计事务所出具的验资报告。验资报告应明确载明股东人数、出资方式、出资额及该公司在银行开设的临时账户。其中，以实物、工业产权、非专利技术或土地使用权出资的，应同时提交经注册的资产评估事务所出具的资产评估报告。

（5）股东的法人资格证明或自然人身份证明。股东的法人资格证明是指具有法人资格的单位或企业能证明自己的法人资格的文件。如加盖企业登记机关印章的营业执照复印件、社团法人的社团法人登记证等。能证明自然人身份的，应当是居民身份证或其他合法的身份证明。

（6）载明公司董事、监事、经理姓名、住所的文件及有关委派、选举或聘用的证明。这里应提交两种文件：一种是载明公司董事、监事、经理的姓名、住所的文件；另一种是有关委派、选举或聘用为公司董事、监事、经理的证明文件。

公司的董事、监事、经理均是自然人，所以能载明其姓名和住所的文件应是其居民身份证或其他合法的身份证明。因此，应提交其居民身份证等身份证明的复印件。

公司的董事、监事、经理的产生方式应据公司章程而定。公司的董事、监事如果是股东委派产生，应提交经委派股东盖章的对董事、监事的委派书；如果是选举产生，则应提交股东会的决议，该决议由会议的股东盖章或签署姓名。经理由董事会聘任，所以应提交董事会决议或董事长载明其聘任经理事项的聘任书。

（7）公司法定代表人的任职文件和身份证明。有限责任公司的法定代表人为公司的董事长或执行董事，其任职文件应根据公司章程的规定而定。其任职可以由股东委派产生、董事会选举产生或指定产生。因此，有限责任公司的法定代表人的任职文件应是委任书、股东会决议或载明国家投资部门或授权部门指定任职的文件。公司法定代表人的身份证明应提交其居民身份证复印件或其他合法的身份证明。

（8）企业名称预先核准通知书。设立公司，应当向公司登记机关申请公司名称的预先核准。申请公司名称预先核准时，应当注意以下两点。

第一，公司名称必须含有足以与其他民事主体相区别的标记。在同一公司登记机关辖区内，同一行业的公司不允许有相同或类似的名称，并不得使用《中华人民共和国反不正当竞争法》所禁用的标记；公司名称中必须冠以公司所在地的地名，若须冠以“中国”“中华”或“国际”字样的公司，则必须经国家工商行政管理局核准；公司名称必须表明公司的法律性质，如实标记“有限责任公司”或“股份有限公司”的字样。公司名称受法律保护，任何人不得擅自使用他人的公司名称。

第二，设立有限责任公司，应当由全体股东指定代表或共同委托代理人的公司登记机关申请名称预先核准，对于符合规定准予使用的名称，公司登记机关发给公司“企业名称预先核准通知书”。预先核准的名称保留期为6个月，在保留期内，该名称不得用于经营活动，也不得转让。

（9）公司住所证明。公司住所是租赁用房的，需提交房主的“房屋产权登记证”的复印件或有关房产权的证明文件及租赁协议；公司的住所是股东作为出资投入使用的，则需提交股东的“房屋产权登记证明”或有关房屋产权证明的文件及该股东出具的证明文件。

除上述九种文件外，法律、行政法规规定设立有限责任公司必须报经审批的，还应当提交有关部门的批准文件。如设立国有独资公司的，需提交国家授权投资的机构或国家授权的部门的证明文件及对设立公司的批准文件；设立期货经纪公司的，应提交中国证券监督管理委员会的批准文件。

（二）变更登记

变更登记是指取得合法资格的公司改变原登记注册，如公司名称、住所、法定代表人、经营范围、注册资金和分支机构等发生变化时应办理的变更手续。这种变更登记一般不涉及公司合法资格的问题，但在公司分立、合并需要变更登记时，有可能影响原来的合法资格。如小公司并入某大公司时，小公司的原合法资格应予以注销。

（三）注销登记

公司注销登记是指登记机关依法对因解散、歇业、被撤销、宣告破产、被责令关闭或其他原因终止营业的企业，收缴营业执照、公章等，撤销其注册号，取消其法人资格的行政行为。需准备的文件包括如下几种。

（1）公司清算组负责人签署的“公司注销登记申请书”（需加盖公章）。

（2）公司签署的“指定代表或共同委托代理人的证明”（需加盖公章）及指定代表或委托代理人的身份证复印件（需本人签字），应标明具体委托事项、被委托人的权限、委托期限。

（3）清算组成员的“备案确认通知书”。

（4）依照《公司法》做出的决议或决定。有限责任公司提交股东会决议，股份有限公司提交股东大会决议。有限责任公司由代表2/3以上表决权的股东签署，股东为自然人的由本人签字，自然人以外的股东加盖公章；股份有限公司由代表2/3以上表决权的发起人加盖公章或股东大会会议主持人及出席会议的董事签字确认；国有独资有限责任公司提交出资人或出资人授权部门的文件；一人有限责任公司提交股东的书面决定（股东为自然人的由本人签字，法人股东加盖公章）。以上材料内容应当包括：公司注销决定、注销原因。法院裁定解散、破产的、行政机关责令关闭的，应当分别提交法院的裁定文件或行政机关责令关闭的决定；因违反“公司登记管理条例”有关规定被公司登记机关依法撤销公司设立登记的，应提交公司登记机关撤销公司设立登记的决定。

（5）经确认的清算报告。有限责任公司提交股东会决议，股份有限公司提交股东大会决议。有限责任公司由代表2/3以上表决权的股东签署，股东为自然人的由本人签字，自然人以外的股东加盖公章；股份有限公司由代表2/3以上表决权的发起人加盖公章或股东大会会议主持人及出席会议的董事签字确认；国有独资有限责任公司提交出资人或出资人授权部门的文件；一人有限责任公司提交股东的书面决定（股东为自然人的由本人签字，法人股东加盖公章）。

（6）刊登注销公告的报纸报样。

（7）法律、行政法规规定应当提交的其他文件。国有独资公司申请注销登记，还应当提交国有资产监督管理机构的决定。其中，国务院确定的重要的国有独资公司，还应提交本级人民政府的批准文件。有分公司的公司申请注销登记，还应提交分公司的注销登记证明。

（8）公司的“企业法人营业执照”正、副本。

（四）营业登记

营业登记是指登记主管机关对从事经营活动，但不具备法人条件的经营单位进行审查核准并颁发“营业执照”，确认其合法经营权的登记行为。办理营业登记的对象是联营企业。不具备法人条件的联营企业，不能独立承担民事责任，因此只能申请营业登记。企业法人所属分支机构是指企业法人设立的不能独立承担民事责任的分支机构，如分厂、分店、门市部等。

动画：营业执照的申请

五、连锁企业注册登记的注意事项

根据《中华人民共和国企业法人登记管理条例》和《中华人民共和国公司登记管理条例》

的规定，连锁企业注册登记的注意事项有以下几点。

（一）企业名称

企业名称是企业法人地位的标志。企业名称登记是维护社会秩序、保障企业合法权益的重要内容。企业名称由企业自行申请，报工商行政管理部门核定。企业名称核准登记以后，在一定范围内享有专有权，任何人不得侵犯。拟定企业名称，一半采用四段式的表述方式，即由地名、企业名、所述行业或经营特点和公司类型组成。

（二）住所和经营场所

住所是企业主要办事机构的地址。经营场所主要是指公司生产经营的地址、面积和位置等。连锁企业的住所、生产经营地址、面积、环境及其他条件的选择是否合适，必须通过企业注册登记并接受审查。

（三）法定代表人

企业与企业之间、企业与国家之间和企业与消费者之间发生一切涉及法律的事项，均由法定代表人出面解决，并承担责任。国家对法定代表人的资格有着特别的规定，连锁企业应按照规定执行。经核准登记注册的法定代表人是代表企业法人行使职权的签字人，法定代表人如需更换，则应向工商行政部门申报更正。

（四）经济性质

经济性质是由主管登记机关根据企业的财产所有权归属、资金来源、分配形式及有关规定审定的。当前我国企业的经济性质有全面所有制企业、集体所有制企业、合营或联营企业、个体所有制企业及中外合资企业等。随着我国现代企业制度的逐步建立，产权的流动和重组，财产混合所有的企业越来越多，注册登记制度应从注重经济性质转向明晰产权关系，明确出资者的法律责任和企业的组织形式等方面，要把企业产出作为重点。

（五）经营范围和经营方式

经营范围是指企业生产经营的行业和项目，如家电销售、房地产中介和教育培训等。经营方式是指企业采用什么样的方式进行生产经营，如来料加工、批发、零售、代购代销和中介服务等。主管登记的机关应根据申请人的申请和所具备的条件，按照国家法规、政策及规范化的要求，核定企业的经营范围和经营方式。这是企业从事合法经营活动的主要依据之一。

（六）注册资金

注册资金是指企业在登记机关注册登记的使用资金数额。资金是企业从事生产经营活动的保证，企业能否获准登记开业、能否获得法人地位与资金数量和资金来源有直接关系。若企业资金总额与申请开业的范围、方式和组织形式等不相符，不予登记；若资金来源和使用方式不正当，也不予登记。

（七）经营期限

经营期限是联营企业、外商投资企业的企业章程、协议或合同所确定的经营时限。主管登记机关核定企业经营期限后，会在核发营业执照上注明有效期，有效期自核准之日起计算。

知识拓展：股份有限公司和有限责任公司的区别

（八）分支机构

分支机构是企业法人附设的分厂、分店和分公司。这些附属单位一般都不应该独立核算，但可以直接从事生产经营活动。此外，股份公司在登记时还应该注明有限责任公司股东或股份有限公司发起人的姓名或名称。营业登记的主要事项有：名称、地址、负责人、经营范围、经营方式、经营性质、资金数额、隶属关系。上述登记注册的主要内容和要求，基本上与企业法人注册登记相同。唯有隶属关系这一项是指进行营业登记的机构是否有开办单位，或者说隶属于哪个部门或单位。

思政园地

细节决定成败，门店创立注册过程中更要注重细节的把握。企业需要分清公司营业执照的类型，有限公司的营业执照可以开多家分公司，但个体户或有限独资公司只能开一家店。

任务工单

1. 现代企业制度的要求是什么？

____

____

____

技能训练：门店营业执照申请练习

2. 如何设立新企业？

____

____

____

温故知新

单项选择题

1. 现代企业必须通过商品生产、流通或相关的服务，为商品消费者提供使用价值，借以实现自己价值的活动。这是现代企业的（　　）特征。

A. 经济性　　B. 营利性　　C. 独立性　　D. 法人性

2. 现代企业区别传统企业的根本标志是，现代企业是（　　）组织。

A. 法人　　B. 自然人　　C. 社会　　D. 经济性

3. 现代企业要求两权分离，这两权是（　　）。

A. 行政权和经营权　　B. 经营权和所有权　　C. 行政权和管理权　　D. 管理权和所有权

4. 我国企业有全面所有制企业、集体所有制企业、合营或联营企业、个体所有制企业及中外合资企业等，这是对企业的（　　）的界定。

A. 名称　　B. 经营范围　　C. 经济性质　　D. 市场环境

5. 在申请企业注册时，全体股东共同委托股东以外的人来代理股东进行申请登记注册活动的证明文件。该文件的形式应是委托书，该委托书应由（　　）签字确认。

A. 董事长　　B. 监事会　　C. 理事会　　D. 全体股东

综合能力提升训练

多项选择题

1. 现代企业的类型按组织形式可分为（　　）。

A. 有限责任公司　B. 企业集团　C. 经济联合体　D. 多元企业

E. 单一企业

2. 门店开发可行性研究的具体内容包括（　　）。

A. 环境分析　B. 资源分析　C. 经济效益分析　D. 宏观环境分析

E. 微观环境分析

3. 商业模式设计的重点有（　　）。

A. 创造价值　B. 打破规则　C. 简便易行　D. 持续盈利

E. 不可模仿性

4. 门店资产分析将门店的各类资产分为（　　）。

A. 固定资产　B. 流动资产　C. 无形资产　D. 递延资产

E. 单一资产

5. 门店开发资金筹集分为（　　）。

A. 自有资金筹集　B. 加盟资金筹集　C. 发行股票　D. 商业模式创新融资

E. 吸收直接投资

技能提升训练

实战题

为本组拟开设门店进行投资开发可行性分析，起草公司章程。

任务评价表

评分标准	分值	自我评价	权重/%	组间评价	权重/%	教师评价	权重/%	得分
门店投资计划的知识点与技能点是否牢固掌握			20		30		50	
是否能根据所学知识，准确进行门店投资开发可行性分析与模拟创立注册								
是否体现出现代服务意识								
是否积极参与；团队合作是否顺利；是否体现互助意识								
情景模拟是否具有创新意识								
合计								

填表说明：

1. 实际得分 = 自我评价 × 20% + 组间评价 × 30% + 教师评价 × 50%。
2. 评价满分为 100 分，60 分以下为不及格，60~74 分为及格，75~84 分为良好，85 分及以上为优秀。
3. 最佳员工为本次活动中表现最优秀、贡献最大者。
4. 组间评价，本项目结束后由组长组织本组成员互评，并填入表格。

项目三　实事求是明责任——门店选址分析

项目概要

知识目标

（1）描述商圈的含义、战略选址的策略、战术选址的重要性、调研报告的特点。

（2）准确判断我国19个城市群的区域中心城市、商圈分析内容、门店选址原则。

（3）准确识记商圈的分类与影响因素、商圈的调查内容与步骤。

（4）了解错层分布的门店位置的处理方法。

（5）掌握根据地段选址的技巧、选址程序。

（6）合理进行调研报告数据采集。

技能目标

（1）通过组间竞赛，准确识记城市群的区域中心城市的地理位置。

（2）能准确划分本地商圈。

（3）具备制订商圈调查计划的能力。

（4）运用战术选址的三种方法进行门店选址。

（5）具备设计错层分布的门店位置处理的能力。

（6）根据选址的技巧和程序，给自己的虚拟门店选址。

（7）能准确撰写调查问卷与调研报告。

价值塑造

塑造要素	要素来源的主要内容
劳动教育	通过实际的调查研究，加强劳动教育
家国情怀	了解家乡选址的相关信息，加深家国情怀
责任意识	在选址分析中，树立职业认同感与责任意识
爱岗敬业	在商圈调查中培养爱岗敬业的精神
公平诚信	调查问卷要公平、诚信
守正创新	创新撰写调研报告，避免学术不端
团结协作	与他人合作完成相关任务

思维导图

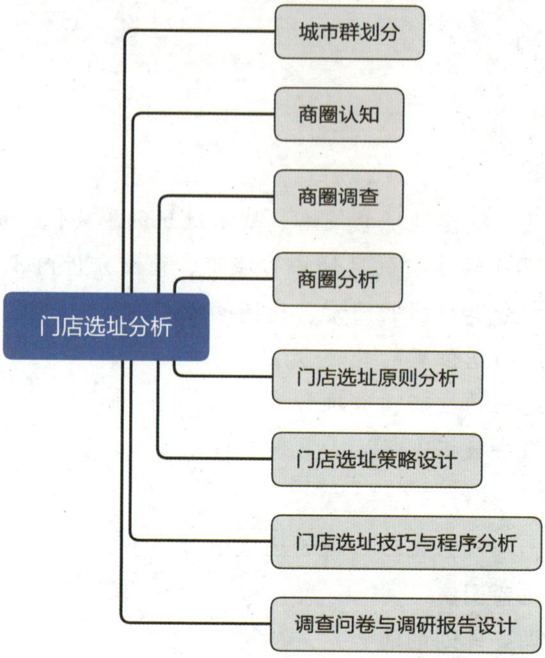

项目导入

好利来门店选址分析

企业培训：选址分析

1. 对物业所在区域的宏观经济考察成了进驻的先决条件

具体从区域整体经济发展水平、周边商业配套情况、人流量等方面来评判。例如，在繁华的商业中心和社区型的商业街上，其店面门前的人流量一定要具备开店的基础。因此，对所进驻物业周边的现状做出分析是好利来进驻与否的重要依据。

2. 重点考察开发商提供的物业是否能满足好利来正常的经营条件

好利来将从软件、硬件两个方面来分析物业的具体位置，如物业是否产权明晰，相关劳动力成本、房屋地租成本、能源成本、投资和税务政策等方面是否适合等，都是好利来在软件方面考察的重点。为了避免未来的经营风险，好利来会选择物业产权明晰且与企业发展理念一致的业主进行合作。

此外，所进驻物业区域内的同业竞争、竞争对手相对位置、临街的可视性、门前停车场等细节也是好利来在选址过程中需要考察的方面。选择拐角与三岔口的门店，可以增加橱窗陈列的面积，以吸引较多的过路人光顾，而且可以通过两个以上的入口方便顾客入店，或将正门选择在交通流量大的一面。

（资料来源：李晓辉，弓秀云.连锁门店开发与选址[M].北京：中国发展出版社，2010）

思考：好利来企业选址成功的因素是什么？

学习任务书

项目三	门店选址分析	学时		班级	
组别		组长		日期	
组员					
任务目标	1. 能为本组的拟开设门店进行合理选址； 2. 根据客观情况撰写合适的调研报告与调查问卷				
工作任务	1. 扫码观看门店选址分析8个任务的微课，各小组讨论并做出总结。 ______ ______ ______ 2. 各小组讨论调研报告的提纲并设计调查问卷。 ______ ______ ______ 3. 各小组列出学习本项目各任务时遇到的困难 ______ ______ ______				

任务一　城市群划分

小组任务

1. 什么是城市群？

______

______

______

2. 调查我国城市群及各城市群中区域中心城市的划分。

______

______

______

知识精讲

中国城镇化体现在空间形态上的特点为大分散、小集中，城市群是国家经济社会发展的空间载体。

微课：城市群划分

一、城市群含义

《中华人民共和国国民经济和社会发展第十四个五年规划和2035年远景目标纲要》提出建设19个城市群，包含218个地级市，5个自治州和96个（区）县，面积约298.4万平方千米。完善城镇化空间布局。发展壮大城市群和都市圈，分类引导大中小城市发展方向和建设重点，形成疏密有致、分工协作、功能完善的城镇化空间格局。推动城市群一体化发展以促进城市群发展为抓手，加快形成“两横三纵”城镇化战略格局。优化提升京津冀、长三角、珠三角、成渝、长江中游等城市群，发展壮大山东半岛、粤闽浙沿海、中原、关中平原、北部湾等城市群，培育发展哈长、辽中南、山西中部、黔中、滇中、呼包鄂榆、兰州—西宁、宁夏沿黄、天山北坡等城市群。建立健全城市群一体化协调发展机制和成本共担、利益共享机制，统筹推进基础设施协调布局、产业分工协作、公共服务共享、生态共建环境共治。优化城市群内部空间结构，构筑生态和安全屏障，形成多中心、多层级、多节点的网络型城市群。

城市群是城市发展到成熟阶段的最高空间组织形式，是指在特定的地域范围内，以一个特大城市为核心，由三个以上大城市为构成单元，依托发达的交通通信等基础设施网络所形成的空间组织紧凑、经济联系联密，并最终实现高度同城化和高度一体化的城市群体。

二、我国城市群及区域中心城市

（一）京津冀城市群

京津冀城市群的区域中心城市是北京、天津。北京是我国首都、直辖市、国家中心城市、超大城市，全国政治中心、文化中心、国际交往中心、科技创新中心，也是中国共产党中央委员会、中华人民共和国中央人民政府和全国人民代表大会的办公所在地。天津是我国直辖市、国家中心城市、超大城市、环渤海地区经济中心、首批沿海开放城市，全国先进制造研发基地、北方国际航运核心区、金融创新运营示范区、改革开放先行区。

（二）长三角城市群

长三角城市群的区域中心城市是上海，简称“沪”或“申”，是中国共产党的诞生地，也是我国直辖市、国家中心城市、超大城市，中国的经济、交通、科技、工业、金融、贸易、会展和航运中心，是首批沿海开放城市。

（三）珠三角城市群

珠三角城市群的区域中心城市是广州、深圳。广州是广东省省会、国家中心城市、超大城市、南部战区司令部驻地，也是国务院定位的国际大都市、国际商贸中心、国际综合交通枢纽、国家综合性门户城市、国家历史文化名城。深圳，简称“深”，别称鹏城，是广东省下辖的副省级市、计划单列市、超大城市，国务院批复确定的中国经济特区、全国性经济中心城市和国际化城市。

（四）成渝城市群

成渝城市群的区域中心城市是成都、重庆。成都，简称“蓉”，别称“蓉城”“锦城”，是四川省省会、副省级市、超大城市、国家中心城市、成渝地区双城经济圈核心城市、国务院批复确定的中国西部地区重要的中心城市、国家重要的高新技术产业基地、商贸物流中心和综合交通枢纽。重庆，简称“渝”，别称山城，是中华人民共和国中央直辖市、国家中心城市、超大城市。

（五）长江中游城市群

长江中游城市群的区域中心城市是武汉。武汉，简称“汉”，别称“江城”，是湖北省省会，中国中部地区最大都市及唯一的副省级城市，是中国内陆地区最繁华都市，我国的区域中心城市。

（六）山东半岛城市群

山东半岛城市群的区域中心城市是济南、青岛。济南，简称“济”，别称“泉城”，是山东省省会，中国人民解放军北部战区陆军机关驻地，也是山东省的政治、文化、教育中心。青岛，简称“青”，是山东省地级市、国家计划单列市、副省级城市、沿海重要中心城市、沿海开放城市、经济中心城市、国家历史文化名城 。

（七）粤闽浙沿海城市群

粤闽浙沿海城市群的区域中心城市是汕头、福州、泉州、厦门、温州。 汕头，别名“鮀城”，是广东省辖地级市、省域副中心城市、特大城市、国务院批复确定的中国经济特区、华侨试验区、国家综合配套改革试验区、21世纪海上丝绸之路重要门户、粤东中心城市和东南沿海重要港口城市。福州，别称“榕城”，简称“榕”，是福建省省会，海峡西岸经济区的政治、经济、文化、科研中心及现代金融服务业中心。泉州，简称“鲤”，别名“鲤城”，是福建省辖地级市、现代化工贸港口城市。厦门，简称“厦”或“鹭”，别称“鹭岛”，是福建省辖地级市、副省级市、计划单列市、国务院批复确定的中国经济特区和东南沿海重要的中心城市、港口及风景旅游城市。温州，简称“瓯”，是浙江省辖地级市、国务院批复确定的东南沿海重要的商贸城市和区域中心城市。

（八）中原城市群

中原城市群的区域中心城市是郑州。郑州，简称“郑”，史谓“天地之中”，古称“商都”，今谓“绿城”，是河南省辖地级市、河南省省会、特大城市。

（九）关中平原城市群

关中平原城市群的区域中心城市是西安。西安，简称“镐”，古称“长安”“镐京”，是陕西省省会、副省级市、特大城市、西安都市圈核心区，是国务院批复确定的中国西部地区重要的中心城市，是国家重要的科研、教育和工业基地。

（十）北部湾城市群

北部湾城市群的区域中心城市是南宁、北海。南宁，简称“邕”，是中国广西壮族自治区首府，广西第一大城市，广西政治、经济、文化、交通中心，北部湾经济区核心城市，中国东盟博览会永久举办地。北海是广西壮族自治区地级市、全国14个沿海开放城市之一，也是中国最美的海滨城市之一。

（十一）哈长城市群

哈长城市群的区域中心城市是哈尔滨、长春。哈尔滨是黑龙江省省会、副省级市、特大城市、中国东北地区中心城市之一，也是东北北部交通、政治、经济、文化、金融中心。长春是吉林省省会、副省级城市、东北亚经济圈中心城市，也是国务院定位的中国东北地区中心城市之一、我国重要的工业基地、国家历史文化名城和全国综合交通枢纽。

（十二）辽中南城市群

辽中南城市群的区域中心城市是沈阳、大连。沈阳，简称“沈”，是辽宁省省会、副省级市、特大城市、中国人民解放军北部战区司令部驻地和直属中央军委沈阳联勤保障中心驻地，也是国务院批复确定的东北地区重要的中心城市。大连，别称“滨城”，是辽宁省副省级市、计划单列市。

（十三）山西中部城市群

山西中部城市群的区域中心城市是太原。太原，简称“并”，别称“并州”，古称“晋阳”，也称“龙城”，是山西省辖地级市、山西省省会、国务院批复确定的中部地区重要的中心城市，也是以能源、重化工为主的工业基地。

（十四）黔中城市群

黔中城市群的区域中心城市是贵阳。贵阳是贵州省省会、西南地区重要的中心城市。

（十五）滇中城市群

滇中城市群的区域中心城市是昆明。昆明，别称“春城”，是云南省辖地级市、云南省省会、特大城市、滇中城市群中心城市、国务院批复确定的中国西部地区重要的中心城市之一，也是中国重要的旅游、商贸城市。

（十六）呼包鄂榆城市群

呼包鄂榆城市群的区域中心城市是呼和浩特、包头、鄂尔多斯、榆林。呼和浩特，通称“呼市”，是内蒙古自治区首府，内蒙古的政治、经济、文化中心，国务院批复确定的中国北方沿边地区重要的中心城市。包头和鄂尔多斯是内蒙古自治区下辖地级市。榆林，古称“上郡”，是国家历史文化名城、国家卫生城市、国家生态保护与建设示范市。

（十七）兰州—西宁城市群

兰州—西宁城市群的区域中心城市是兰州、西宁。兰州，简称“兰”或“皋”，古称“金城”，是甘肃省辖地级市、甘肃省省会，也是国务院批复确定的中国西北地区重要的工业基地和综合交通枢纽、西部地区重要的中心城市之一、丝绸之路经济带的重要节点城市。西宁，古称“西平郡”“青唐城”，是青海省辖地级市、青海省省会、国务院批复确定的中国西北地区重要的中心城市。

（十八）宁夏沿黄城市群

宁夏沿黄城市群的区域中心城市是银川。银川简称“银”，是宁夏回族自治区首府、国务院批复确定的中国西北地区重要的中心城市。

（十九）天山北坡城市群

天山北坡城市群的区域中心城市是乌鲁木齐、昌吉、石河子。乌鲁木齐，通称“乌市”，旧称“迪化”，新疆维吾尔自治区下辖地级市、新疆的首府、国务院批复确定的中国西北地区重要的中心城市和面向中亚西亚的国际商贸中心。昌吉回族自治州，简称“昌吉州”，是新疆维吾尔自治区辖自治州。石河子是新疆维吾尔自治区直辖县级市。

知识拓展：我国超大城市与特大城市

思政园地

党的二十大报告提出了促进区域协调发展的战略部署，强调深入实施区域协调发展战略、区域重大战略、主体功能区战略、新型城镇化战略，优化重大生产力布局，构建优势互补、高质量发展的区域经济布局和国土空间体系。推动西部大开发形成新格局，推动东北全面振兴取得新突破，促进中部地区加快崛起，鼓励东部地区加快推进现代化。支持革命老区、民族地区加快发展，加强边疆地区建设，推进兴边富民、稳边固边。推进京津冀协同发展、长江经济带发展、长三角一体化发展，推动黄河流域生态保护和高质量发展。高标准、高质量建设雄安新区，推动成渝地区双城经济圈建设。健全主体功能区制度，优化国土空间发展格局。推进以人为核心的新型城镇化，加快农业转移人口市民化。以城市群、都市圈为依托构建大中小城市协调发展格局，推进以县城为重要载体的城镇化建设。

任务工单

1. 描绘我国19个城市群的区域中心城市。

____

____

____

2. 各小组讨论自己的就业意向城市，以及创业意向城市。

____

____

____

温故知新

单项选择题

1. 以下不属于天山北坡城市群的区域中心城市的是（　　）。

A. 乌鲁木齐　　B. 榆林　　C. 昌吉回族自治州　　D. 石河子

2. 以下属于京津冀城市群的区域中心城市的是（　　）。

A. 石家庄　　B. 天津　　C. 上海　　D. 济南

3. 以下属于珠三角城市群的区域中心城市的是（　　）。

A. 厦门　　B. 深圳　　C. 南宁　　D. 东莞

4. 贵阳是（　　）的区域中心城市。

A. 滇中城市群　　B. 辽中南城市群　　C. 哈长城市群　　D. 黔中城市群

5. 以下属于辽中南城市群的区域中心城市的是（　　）。

A. 辽阳　　B. 沈阳　　C. 锦州　　D. 营口

任务二　商圈概述

小组任务

1. 什么是商圈？如何给商圈分类？

______

______

______

2. 你所在的城市有多少商圈？影响商圈的因素是什么？

______

______

______

知识精讲

选址的九字方针是“选城市、选商圈、选位置”。门店的销售与服务活动范围通常有一定的地理界限，即有相对稳定的商圈。

微课：商圈概述

一、商圈的含义

商圈是指以商店所在地为中心，沿着一定的方向和距离扩展，吸引顾客的辐射范围，即店铺吸引顾客的地理区域；也指门店吸引顾客的地理区域或来门店购买商品的顾客所居住的地理范围，属于空间范围。一般来说，在门店附近居住或工作的人群来店购物的可能性较大，距离门店较远的人群来店购物的可能性较小。根据距离门店的远近，商圈可分为核心商圈、次级商圈和边缘商圈。

（一）核心商圈

核心商圈又称主要商圈，是指离商店最近且拥有高密度顾客群的区域，顾客占总数的55%~70%。

（二）次级商圈

次级商圈又称次要商圈，是指接近核心商圈、位于核心商圈之外、顾客密集度较稀的区域，顾客占总数的15%~25%。

（三）边缘商圈

边缘商圈是位于次级商圈之外的区域。顾客过于分散且比例有限，占总数的5%~10%。

二、商圈的分类

（一）按商圈的商业活动形态划分

1. 商业区

商业区商圈的商业行为集中，其特点是商圈大、流动人口多、热闹、各种商店林立。其消费习性是快捷、流动、娱乐、冲动购买及消费金额较大等。例如，深圳东门商圈、沈阳中街商圈等。

2. 住宅区

住宅区商圈居民户数多、消费群稳定，要求便利、亲切，家庭用品（衣、食、住）购买率高。住宅区住户数量达1 000户以上。例如，居住的几个小区可以被称为住宅区商圈。

3. 文教区

文教区商圈的附近学校居多，消费群以学生为主，消费金额普遍较低，休闲食品、文教用品购买频率较高。例如，大学城商圈。

4. 办公区

办公区商圈写字楼林立，其消费倾向便利性，外来人口多、消费水准较高。例如，咖啡馆、名品店等。

5. 工业区

工业区商圈的消费者为工厂管理者或打工族，其消费水平较低，消费总量较大。例如，物美价廉的门店、面馆等。

6. 混合区

混合区商圈住商混合或住教结合，具有多种商圈形态的特色，属于多元化的消费特色。

（二）按商圈中商家的关系划分

1. 互补型

互补型商圈内商家经营的商品存在互补性。建立在消费连锁反应的心理之上，消费者进入商圈内的任何一家门店，均有可能去别的门店，是一种品种错位现象。例如，沈阳市的星摩尔购物广场、宜家等。

2. 专业型

专业型商圈处于一种竞争型商业环境中，在此类商圈里的商家大多经营同一类型商品，在价格、品牌、服务等方向展开竞争。例如，北京市西单商圈。

3. 综合型

综合型商圈一般包含日常所需的各种类型的商店，商圈内商家各行其道，彼此间相安无事。

（三）特殊分类

1. A类商圈

A类商圈属于城市的商业中心，目标顾客是外地人或外国人。例如，北京的王府井商圈。

2. B类商圈

B类商圈属于城市的区域商业中心，目标顾客是本地人。例如，沈阳市铁西商圈。

3. C类商圈

C类商圈属于社区商业中心，目标顾客是本社区人群。例如，沈阳市沈北新区蒲河商圈。

4. S类商圈

S类商圈属于特殊商圈，在大规模的人群中，集中消费有利于品牌推广。例如，机场、火车站、医院、交通枢纽站、5A景区的出入口、高速服务区中的快餐行业等。

5. X类商圈

X类商圈是独立商圈，本身有着强大的聚客能力，单独就能成为一个出名的专卖一种或几种商品的商圈。例如，步行街或大型购物广场。X类商圈可立体式开发，也可围绕一条街进行多处开发。

三、影响商圈的因素

（一）内部因素

微课：影响商圈因素分析

1. 店铺经营商品的种类

经营传统商品、日常用品的店铺，吸引顾客的区域范围比较小，商圈范围也比较小；经营非常用品，如技术性强的商品、特殊性的商品等的商店则相反，其吸引顾客的能力强，商圈范围广。例如，经营计算机的门店和经营日用品的门店，商圈范围是不一样的，前者属于选购品，消费者需要对比后才会购买，因此商圈范围自然会较大。

2. 店铺经营规模

随着店铺经营规模的扩大，它所提供的商品和服务的种类也越来越多。因此，可以吸引更广泛区域的消费者前来购物，也就是说商圈在随之扩大。需要注意的是，虽然经营规模增大了，但是并不是成比例的增加。如果当店铺扩大到一定的规模时，再不断地扩大经营规模，商圈的范围也不会扩大。所以，商圈的限度是有限的，门店不能一味地扩大经营规模。

3. 店铺经营特征

经营同类商品的两个店铺，即便同处一地的同一条街道，其对顾客的吸引力也会有所不同，相应的商圈规模也不一样。经营灵活、商品齐全、服务周到、在顾客心中留有良好形象的店铺，自然其商圈规模相对其他同行业店铺也会更大。因此，店铺的形象很重要，每个店铺都要提升自己的知名度和美誉度。

4. 店铺主体设计

店铺主体设计主要包括店铺所在楼层构成及配置，以及吸引顾客的设施状况，如停车场停车位的多少及其所处的位置等。店铺的停车位多，也可以吸引更多的消费者前来购物。

（二）外部因素

1. 店铺促销手段

店铺可以通过广告宣传、开展公关活动，或利用人员推销与营业推广活动等扩大知名度和影响力，吸引更多的次级商圈及边缘商圈的顾客慕名光顾，以此来扩张本店铺的商圈范围。当今，各个店铺的促销手段可谓多种多样。门店可通过促销，使消费者了解门店，从而扩大商圈的影响范围。

2. 竞争店铺的位置

相互竞争的两店之间距离过近，会使两店之间存在较大部分潜在顾客，造成顾客流的分散。因此，两店距离越大，各自的商圈也越大。当然，也会有相互竞争的店铺相邻而设，顾客因为有了较多比较、选择的机会而被吸引过来，出现商圈由此扩大的现象。

3. 人口流动性

人口流动是指在交通要道、繁华商业区、公共场所过往的人口。流动人口是此地区店铺的主要顾客来源，是构成边缘商圈内顾客流的基础。一个地区的流动人口越多，在这一地区经营的店铺可以捕获的潜在顾客就越多。

4. 交通地理状况

交通地理条件与商圈规模密切相关。在商业繁华地带，交通条件发达，人口流动性强，有大量的潜在顾客，因而商圈范围也就较大。相反，如果店铺设在交通偏僻地区，顾客主要分布在店铺附近的居住人口中，商圈范围一般较小。那么在这种情况下，店铺只能根据自己的实力，创造出独有的经营特色，以此来吸引远方的顾客，从而扩大自己的商圈。

知识拓展：“三连环”促销术

思政园地

为何有的门店选址在边缘商圈，但还是会吸引大量顾客光顾呢？通过调查，我们会发现，选址在边缘商圈，但还是会吸引大量顾客光顾的门店具有如下特点：极高的知名度；交通便捷，具备超大停车场；为顾客提供国内外畅销商品；购物环境宽敞舒适；顾客购买体验良好。

任务工单

1. 根据商圈的商业活动形态，划分本地商圈。

____

____

____

2. 结合新时代特点，描绘影响商圈的因素。

____

____

____

温故知新

单项选择题

1. 在某个区域内，店铺大多经营服装，这种商圈称为（　　）。
A. 互补型商圈　B. 专业型商圈　C. 独占型商圈　D. 综合型商圈

2. 商圈是指吸引顾客的（　　）。
A. 空间范围　B. 程度　C. 能力　D. 时间范围

3. 商圈大、流动人口多、热闹、各种商店林立属于（　　）商圈的特点。
A. 工业区　B. 商业区　C. 办公区　D. 混合区

4. 商圈内商家各行其道，有各种类型的商店，这种商圈被称为（　　）。
A. 互补型商圈　B. 专业型商圈　C. 独占型商圈　D. 综合型商圈

5. 核心商圈占顾客总数的（　　），是最靠近超市的区域。顾客在总人口中所占的比例最高，每个顾客的平均购买额也最高，并且很少与其他商圈产生重叠。
A. 5%~10%　B. 15%~25%　C. 55%~70%　D. 75%~100%

任务三　商圈调查

小组任务

1. 如何理解商圈调查？

____

____

____

2. 商圈调查包括哪些内容？

____

____

____

知识精讲

作为连锁企业的从业人员，商圈调查是一项非常重要的工作，应用科学的态度和方法去进行不同类型、不同层次、不同业态的商圈调查。

微课：商圈调查

一、商圈调查的重要性

（1）商圈调查可预估商店坐落地点、可能交易范围内的消费人群等人口资料，并通过消费水平，预估营业额等消费资料。

（2）对商圈进行分析与调查，可以帮助经营者明确哪些是本店的基本顾客，哪些是潜在顾客，力求在保持基本顾客的同时，吸引潜在顾客。

（3）商圈调查可帮助经营者了解所在商圈的优缺点，从而决定是否为适合开店的商圈。

（4）全面的商圈调查，可使经营者了解店铺位置的优劣及顾客的需求与偏好，作为调整商品组合的依据。还可以让经营者依照调查资料，订立明确的业绩目标；分析商圈，制订市场开拓战略；扩大商圈范围，提高市场占有率。

动画：商圈调查内容

二、商圈调查的内容

商圈调查的内容见表3.1。

表3.1　商圈调查的内容

序号	调查内容	具体内容
1	人员因素	人员数量、年龄结构、男女比例、人均收入
2	购物场所	地点、生意、营业时间、主要商户、关联商户、竞争对手
3	工作人口	数量、收入水平
4	公共交通	营业时间、人员、线路
5	学校	大学、中学、小学
6	交通	流量、流向、停车场位置、是否堵车
7	娱乐场所	规模、档次、上座率
8	政府规划法规	有无限建措施、使用限制、公路变更、地铁建设
9	公用事业	水电、天然气、网线、商业动态（新工程、空屋率、治安状况）

三、商圈调查步骤

（一）划分商圈

划分商圈是指设定商圈范围，涉及商圈布局技术方法。例如，便利店业态，核心商圈多为50米，次级商圈为50~150米，边缘商圈为150~250米。如果是大型商场，可用车程计算。一般来说，商圈半径以500米为限。

（二）绘制商圈简图

绘制商圈简图的目的在于从整体上了解所调查商圈的范围与面貌。在绘制时，通常需要标示以下地貌。

（1）500米简图。

（2）重要建筑物及楼别，如办公楼、商业楼等。

（3）著名商店及影响生活形态的地段特征，如电影院、百货商店。

（4）竞争店或同性质店的位置。

（5）人潮汇聚地段的商店群及大型聚客场所，如购物中心。

（6）与本企业有互补作用的门店。

（7）政府重要的行政中心。

（8）车站、加油站、学校、停车场、公园等特定人群汇集场所。

（9）单行道等。

（三）选择抽样地点与时间

（1）办公人口或上班族汇集的地点，也是未来适合开店的地点。

（2）人潮走向汇聚地点。

（3）固定人口较集中流动的地点。

（4）可能形成未来商店群的地段。

（5）固定三四个抽样点，其中尽量有一个抽样点为同性质的门店。

（6）将抽样时间分为两段：周一至周五为一段，周六、周日及法定节假日为另一段。

（7）七时至二十时，每两小时分为一个小段；以每十五分钟为一个计算单位，测行人、机动车和非机动车的数量。

（四）搜集信息资料

收集相关的人口、收入等信息资料。

（五）商圈分析与确定

在对商圈进行了详细的调查，并收集到相关资料之后，就需要对预选商圈做深入的分析。通过商圈分析，企业可在该市场区域内选择一个最适合的商圈作为自己的目标商圈。

四、商圈饱和度理论

商圈饱和度理论是通过测定特定商圈内某类商品销售的饱和程度的高低（用饱和指数来量化），从而了解同类商店在商圈内的竞争程度。

商圈饱和度 *IRS* 的计算公式为：

$$IRS=C\times RE/RF$$

IRS：商圈内某类商品饱和指数。*C*：商圈内购买某类商品的潜在顾客人数。*RE*：商圈内每一顾客平均购买额。*RF*：商圈内经营同类商品商店的营业总面积。

在本公式中，分子是商圈内某商品的潜在销售额，代表该商圈内某商品的潜在市场容量，除以该商品的销售面积，得到了每单位面积上目标顾客的销售额，从每单位经营面积已经产生了多少效益这个侧面反映竞争情况。因为市场的容量是有限的，所以，如果商圈饱和系数大，表明该商圈现有营业面积有限，企业进入后有一定的发展空间，成功的概率较大；如果商圈饱和系数小，表明经营此类商品的现有营业面积已经很大，企业进入后会面临激烈的竞争，成功的概率较小。

知识拓展：麦当劳的商圈调查

计算：潜在顾客人数为140 000人，每人每周平均消费8元，果品商店有10家，总营业面积为175 000平方米，请计算果品商店的*IRS*。

$$IRS=140\,000\times 8\div 175\,000=6.4$$

思政园地

我国自主品牌华为在西班牙巴塞罗那、法国巴黎、英国伦敦的布局，进一步体现了民族自信与文化自信。首先，重视科技创新，夯实了研发基础。其次，重视市场调研，改进、提升了产品竞争力。最后，因地制宜进行营销，收获了当地顾客的高度认可。

任务工单

1. 为水果店计算商圈饱和指数。某商圈内有潜在顾客150 000人，每人每周平均花费10元购买水果，果品商店共有30家，单店营业面积15 000平方米。

____

____

____

2. 为学校所在商圈进行商圈调查，并合理拟定计划。

____

____

____

温故知新

单项选择题

1. 沃尔玛在初入德国市场的过程中，经受本土超市的竞争、德国工会的寻衅、德国国民的信任三重挑战，最后不得已退出德国市场。你认为沃尔玛失败的根本原因是（　　）。

A. 经营策略重大失误，没有认清自己的实力

B. 过度轻视竞争对手

C. 没有进行充分的市场调研，仓促进入德国市场

D. 由于第二次世界大战，德国人对美国有仇视心理

2.（　　）是通过在一定时期的定点监测，统计出不同时段经过店址的人流总数、不同性别人数、不同年龄人数、进店人数等人流量指标。

A. 客流类型分析　　B. 客流量分析　　C. 顾客分析　　D. 市场分析

3. 在商圈调查内容中，学校的范围不包括（　　）。

A. 大学　　B. 中学　　C. 小学　　D. 幼儿园

4. 一家水果店在某区域内想开设分店，经过数据调研发现，该地区有潜在顾客14万人，每人每周在果品商店平均消费8元，该地区有果品商店10家，经营总面积为17.5万平方米。根据世界通行的商圈饱和指数（*IRS*）算法，计算出该地的商圈饱和指数为（　　）。

A. 10　　B. 6.4　　C. 0.52　　D. 11.2

5. 上题的计算结果说明该水果店是否可以进入该区域？（　　）

A. 可以进入　　B. 不可以进入

C. 可以进入，但需判定企业优势　　D. 不可进入，因为企业饱和度系数太小

任务四 商圈分析

小组任务

1. 如何准确进行商圈分析？

2. 商圈分析包括哪些内容？

知识精讲

零售业有一句口诀，即LDF，L指位置（location），D指细节（detail），F指连锁化（franchise），代表了零售业的基本商业模式和关键成功因素。

一、商圈分析的含义

商圈分析是指经营者在实地调查基础上，对商圈构成情况、特点、范围及影响规模变化因素进行研究分析，为选择店址、制订和调整经营方针与策略提供依据。

微课：商圈分析

二、商圈分析的作用

（一）新设门店进行合理选址的基础

新店经营者选址时要明确商圈范围，了解商圈的详细资料。在此基础上，进行经营效益的预测，衡量门店地址的使用价值，再按照设计的基本原则，选定适宜的地点，使商圈、场址、经营条件协调融合，创造经营优势。

（二）有助于加快资金周转

多数情况下，连锁企业在开发新门店时，会出现一定的资金问题。这主要是因为新开门店时，流动资金占用较多，所以要求资金周转速度快。门店的经营规模受商圈规模的制约，商圈规模又随着经营环境的变化而变化。当商圈规模收缩，而门店经营规模维持原状时，就有可能出现店铺的一部分流动资金被占压，从而影响资金周转速度、降低资金利用率。

（三）有助于制订竞争策略

在日趋激烈的市场竞争环境中，仅靠价格竞争明显是不够的。连锁门店为取得竞争优势，需广泛采取非价格竞争手段，如改善形象、完善售后服务等。经营者应通过商圈分析，根据顾客要求，采取竞争性的经营策略，从而吸引顾客，成为竞争的胜者。

（四）有助于制订市场开拓战略

连锁企业经营方针、策略的制订或调整，要立足于商圈内环境因素的现状及发展趋势。通过商圈分析，可以帮助经营者制订适宜的市场开拓战略、不断延伸经营触角、扩大商圈范围、提高市场占有率。

三、商圈分析的内容

（一）选址研究

（1）人口规模及特征：包括人口总量和密度、年龄分布、平均教育水平、拥有住房的居民百分比、总的可支配收入、人均可支配收入、职业分布、人口变化趋势，以及到城市购买商品的邻近农村地区顾客的数量和收入水平。

（2）劳动力人力资本：包括管理层、管理培训人员、普通员工的学历与工资水平。

（3）供货来源：包括运输成本、运输与供货时间、制造商和批发商数目、可获得性与可告性等。

（4）促销：包括媒体的可获得性与传达频率、成本及经费情况。

（5）经济情况：包括主导产业、多角化程度、项目增长、免除经济和季节性波动的自由度。

（6）竞争情况：包括现有竞争者的商业形式、位置、数量、规模、营业额、营业方针、经营风格、经营商品、服务对象、竞争者的优势与劣势分析、竞争的短期与长期变动、饱和程度。

（7）门店区位的可获得性：包括区位的类型与数目、交通运输便利情况、车站性质、交通状况、旅客的数量和质量、自建或租借门店的机会大小、城市规划情况。

（8）法规：包括税收、执照、营业限制、最低工资发放、规划限制。

（9）其他：包括租金、投资的最高金额、必要的停车条件等。

（二）消费者研究

消费者研究包括消费者购买行为和习惯、消费者满意度研究、消费者购买力研究。

（三）客流量分析

通过一定时期的定点监测，统计出不同时段经过店址的人流总数、不同性别人数、不同年龄人数、进店人数等人流量指标。分析客流量差异、客流量时间点分布、客流类型、客流规律等。

（四）市场评估

（1）城市经济指标：包括人口、国内生产总值、社会消费品零售总额。

（2）居民经济指标：包括人均可支配收入、人均消费支出、恩格尔系数。

（3）其他经济指标。

（五）竞争对手分析

竞争对手分析，即分析竞争者的经营情况，包括分析经营规模、产品结构，竞争者SWOT分析，分析竞争者的经济效益和发展计划等。

（六）自身分析

自身分析的主要因素包括商品因素、经营特征、经营规模、经营品种、广告及促销手段、经营业绩预测、物业管理、月租金、房产的适用性等。

四、商圈的划定

商圈的划定主要可以根据当地零售市场的销售潜力、运用趋势分析，包括分析有关部门提供的城市规划、人口分布、住宅建设、公路建设、公共交通等方面的资料，预测未来的发展变化趋势。还可以应用售后服务登记、顾客意向征询、用户信息网络等各种调查方法，收集有关顾客的资料，对现有网点的覆盖区域大小、形态和特征做出较为准确的判断，进而划定商圈。商圈的划定通常采用定性与定量分析相结合的方法。

定性分析是根据城市选点的位置、周围人口分布、城市规划、交通状况、是否为城市商业中心和流动人口状况等，进行综合分析划定商圈。另外，可以收集消费者的有关信息，如消费者的偏好，愿意到商店购物花费的时间、距离等，根据这些信息进行类比分析和综合分析，即可大体划定新建商店的商圈。而采用定量分析划定商圈的方法主要有以下两种。

（一）雷利法则

雷利法则也被称为零售引力法则，是由美国学者威廉·雷利（W. J. Reilly）提出的。雷利用了三年的时间，调查了美国150多个城市，在1931年发表了零售引力法则。雷利法则的基本内容是：在两个城镇之间设立一个中介点，顾客在此中介点上可能前往任何一个城镇购买，即在这一点上，两个城镇商店对此地居民的吸引力完全相同，这一点到两个城镇商店的距离是两个城镇商店吸引顾客的地理区域。

雷利认为，确定商圈要考虑人口和距离两个变量，商圈规模因为人口的多少和距离商店的远近而不同，商店的吸引力是由最邻商圈的人口和距离共同发挥作用的。其公式为：

$$D_{AB}=\frac{d}{1+\sqrt{P_B/P_A}}$$

D_{AB}代表A地区商圈的限度；d代表AB地区的距离；P_A代表A地区的人口；P_B代表B地区的人口。

计算： A城市人口有20万人，B城市人口有5万人，A城市和B城市之间的距离是30千米，则两城市的商圈代入公式为：

$$D_{AB}=20$$

$$D_{BA}=10$$

（二）赫夫法则

赫夫法则也叫哈夫模型。20世纪60年代，美国零售学者戴维·哈夫（D. L. Huff）提出了在城市区域内商圈规模预测的空间模型——赫夫法则。赫夫法则从不同地区商品的种类、顾客从家庭住所到购物场所花的时间及不同类型顾客对路途、时间的不同重视程度三个方面，对商圈进行了分析。赫夫法则考虑到网点的营业面积、顾客的购物时间、顾客对距离的敏感程度等，经统计计算可得出消费者从不同距离到目标店购物的概率，再根据企业的不同情况设立不同的概率标准，选择一定概率下的距离划定商圈范围。大商店比小商店更有吸引力，离目标顾客近的商店比离目标顾客远的商店更有吸引力。

某消费者选择一个商场的概率等于该商场对该消费者的吸引力除以可能选择的所有商场吸引力之和。

P_{ij}代表i地区居民选择此商场的概率；S_j代表商场设施j的规模；T_{ij}代表i地区到j商场的距离；n代表商场数目。用数学模型表示为：

$$p_{ij}=\frac{\dfrac{S_j}{(T_{ij})^{\lambda}}}{\sum\limits_{j=1}^{n}\dfrac{S_j}{(T_{ij})^{\lambda}}}$$

根据表3.2的数据信息，计算顾客到各商店的概率。

表3.2 数据信息

商店	时间距离（分钟）	规模（平方米）
A	30	9 900
B	20	6 000
C	10	300

可以直接代入公式，首先计算出A商店、B商店C商店的吸引力。

A商店的吸引力=9 900/30=330；A商店的概率=330/（330+300+30）=0.5；

B商店的吸引力=6 000/20=300；B商店的概率=300/（330+300+30）≈0.45；

C商店的吸引力=300/10=30；C商店的概率=30/（330+300+30）≈0.045；

得出结论：顾客去A商店的概率最大。

知识拓展：商圈重叠导致的选址错误

思政园地

《孟子·离娄章句上》第五节中阐述道："天下之本在国，国之本在家，家之本在身。"意思为：天下的基础是国，国的基础是家，家的基础是个人。在中国人的观念中，国家、家庭与个人是密不可分的整体。家国情怀是我国优秀传统文化的基本内涵之一，对增强民族凝聚力、提高文化自信、推进和谐社会建设等方面有重要意义。

任务工单

1. 计算X连锁店选址位置，A城与B城之间的距离为60千米，A城有10万人，B城有40万人，A城与B城之间有C、D、E、F四个点，分别到A城的距离为10千米、20千米、30千米、40千米。请问应在哪个点选址？

2. 根据所在地商圈的实际情况，对其中一个商圈进行准确的商圈分析。

____

____

____

温故知新

单项选择题

1.(　　)是指经营者在实地调查的基础上，对商圈的构成情况、特点、范围及影响规模变化因素进行研究分析，为选择店址、制订和调整经营方针与策略提供依据。

A. 商圈调查　　B. 选址分析　　C. 商圈分析　　D. 选址调查

2. 根据雷利法则，计算Q连锁店的选址位置，A城与B城之间的距离为30千米，A城有500万人，B城有200万人，A城与B城之间有C、D、E、F四个点，分别到A城的距离是5千米、10千米、15千米、20千米，请问应在(　　)选址。

A. C点　　B. D点　　C. E点　　D. F点

3. 供货来源属于商圈分析中的(　　)。

A. 选址研究　　B. 消费者研究　　C. 市场评估　　D. 客流量分析

4. 以下哪项不属于商圈内容分析中的自身分析？(　　)

A. 商品因素　　B. 经营特征　　C. 经营规模　　D. 消费者满意度研究

5. 以下哪项不属于商圈分析的作用(　　)。

A. 新设门店进行合理选址的基础　　B. 有助于加快资金周转

C. 有助于制订竞争策略　　D. 有助于制订促销策略

任务五　门店选址原则分析

小组任务

1. 如何准确地进行门店选址？

____

____

____

2. 优良店址具备什么样的条件？

____

____

____

知识精讲

门店选址原则分析包括门店选址的重要性、门店选址原则和优良店址的三个条件。

一、门店选址的重要性

微课：门店选址原则分析

门店筹建时，做好商圈分析是必不可少的，但最终目的是为了选定适合的设店地点。门店的开设地点是否有利，取决于吸引有限距离或地区内潜在顾客的多少，这也就决定了门店可以获得销售收入的高低，从而反映出开设地点作为一种资源的价值高低。

（一）门店的选址是一项长期的投资

门店无论是租赁还是购买，一旦确定就需要大量的资金投入，而且当外部市场或社会环境变化时，它不能像人、财、物等其他经营要素一样，可以灵活调整，它的特点是长期性、固定性。为了实现可持续发展，在对门店进行选址时，要深入调查、周密考虑、妥善规划、合理选址。

（二）门店的选址是对市场定位的选择

门店的店址在很大程度上决定了店铺的客流量、顾客的购买力、顾客的消费结构、店铺对潜在顾客的吸引力等。企业的店址选择得当，就意味着有地利优势。在同行业商店之间，如果在规模相当、商品构成和经营服务水平基本相同的情况下，好的店址必然会带来好的经济效益。

（三）门店的选址反映了企业的服务理念

不同商业模式或不同业态的门店，在选址时的侧重点是不同的。店址选择要坚持方便顾客的原则，以节省顾客的购买时间，并最大限度地满足顾客的需要，否则就会失去顾客的信赖与支持，企业也就失去了生存的基础。

（四）门店的选址充分体现了企业的经营战略与经营目标

不同的地区有不同的社会环境、人口状况、地理环境、交通条件、市政规划等，它们分别制约着其所在地区的顾客来源和特点，门店对经营的商品、价格、促进销售活动的选择。企业应有效结合经营目标、自身资源、竞争者状况、消费者需求，进行合理选址。

二、门店选址原则

（一）便利原则

无论何种业态，在选址的原则中首先要注重的是便利原则。便利包括顾客利用便利与企业货物配送便利两方面的内容。具体来说，一方面要方便顾客购物，满足顾客就近购买的需求，并且在地理位置上要方便顾客出入；另一方面要方便商品配送。门店要实现规模效应，如何降低运输成本、保证各门店的商品供应是十分关键的，要符合以下条件。

1. 交通方便

交通方便是指公交车站、地铁站附近人群流动性强，过往人流集中的地段，如果是交通枢纽，则该地段的商业价值更高。一般来说，顾客步行20分钟以内即可到达的门店是比较好的选择。

另外，考虑到企业的货物配送，在门店位置上的选择应尽可能地靠近运输线，这样既能节约成本，又能确保及时组织货物的采购与供应。同时，还要注意城市规划对交通设施的影响。

2. 聚集效应

方便随机购物人群聚集场所有商业街、影剧院、公园等，是门店开业的合适地点，因为这些地方容易吸引休闲娱乐的顾客。

（二）最大效益原则

衡量门店选址优劣的标准是门店的经营效益，因此门店的选址一定要有利于经营，并体现出最大效益原则，具体体现在以下几个方面。

1. 商业活动频率高的地区

一般的商业中心、闹市区等所谓的寸金之地，商业活动频繁，营业成绩容易提高；反之，如果在一些冷僻的街道开店，人烟稀少，营业成绩就很难提高 。

2. 人口密度高的地区

在人口密集的地方，顾客光顾门店的频率相对较高，生意自然就会好。这样的地段人口流量大，需求比较稳定，因此销售额比较有保证，并且容易培养忠实的顾客。

3. 客流量多的街道

门店处在客流量多的街道，进入门店购物的顾客就会多。

（三）发展原则

门店开发时，还要考虑今后连锁企业的发展需要，注重可持续发展。在选址时，要注意以下几个方面。

1. 利于特色经营

不同行业的商业网点设置，对地域的要求有所不同。门店在选址时，必须要对顾客的消费心理、行业特点、消费行为等因素进行综合考虑，才能确定门店的所在地点，以达到创立企业的特色和优势、树立企业形象的目的。

2. 利于新店开设，提高市场占有率

门店在选址时，不仅要分析当前的市场形势，还要从长远的角度考虑是否有利于扩大企业的规模，是否有利于开发新的门店，是否有利于提高市场占有率等问题。

三、优良店址的三个条件

（一）未来十年以上持续经营力

门店选址是一项长期投资，关系着企业经营发展的前途。当外部环境发生变化时，其他经营因素都可随之进行相应调整，以适应外部环境的变化。但是店址一旦确定，就难以变动了。所以，我们一定要具有发展的眼光，选址时不仅仅要研究现在，还要正确地预测未来。

（二）规模性的目标顾客群存在

任何门店都应把满足顾客需求作为宗旨，对任何一个门店来说，它的目标顾客群是会经常性地发生变化的。市政规划、交通更改等因素都会导致顾客的增加或减少，这也成为预测未来顾客群规模的一个重要依据。

（三）进出畅通的道路

优良门店店址的一个必备条件就是进出道路畅通。道路是否畅通不仅会影响商品的安全性，还会影响商品的运送时间和运输费用。什么是进出畅通的道路呢？与店铺相关的街道交通方便、道路宽阔、车辆进出自由，附近有车站，甚至有多个车站的，能吸引大量的顾客前来购物。如果门店附近有一个大的停车场，往往可以吸引远距离的顾客，从而扩大自己的商圈范围。

知识拓展：百年连锁餐饮店－全聚德

思政园地

优良门店选址原则中重要的一点是未来十年以上持续经营力，这也代表了门店的可持续发展。在可持续发展中，绿色发展更是占据了显著位置。绿色发展是国家“十四五”规划新发展理念的重要组成部分。国务院于2021年2月印发的《关于加快建立健全绿色低碳循环发展经济体系的指导意见》明确，到2025年，绿色低碳循环发展的生产体系、流通体系、消费体系初步形成。绿色消费涉及产品购买、使用和处置三个环节。在购买环节，绿色食品、节能汽车家电、环保材质产品等将成为消费潮流；在使用环节，共享单车、网约车等共享出行方式将得到进一步发展；在处置环节，绿色物流、二手商品交易平台等将有更大的发展空间。

任务工单

1. 某家水饺快餐企业于1996年在常州创立，目前在南京、上海、北京等100个城市有连锁门店300家，请问该企业选址合理吗？快餐企业这样开店合不合理？分析案例中的选址是否合适？

____

____

____

2. 肯德基北京前门店面积为1 400平方米，共3层，店内有500个座位，请问肯德基前门店选址合理吗？

____

____

____

温故知新

单项选择题

1. 方便顾客随机购物的人群聚集场所有商业街、影剧院、公园等，这些地方容易吸引休闲娱乐的顾客，是门店开业的较佳地点。这属于门店选址的（　　）原则。

A. 便利原则　　B. 聚集效应　　C. 发展原则　　D. 效益原则

2. 连锁门店选址的原则不包括（　　）。

A. 便利原则　　B. 最大效益原则　　C. 发展原则　　D. 方便商品配送原则

3. 优良店址不应该具备的条件是（　　）。

A. 未来十年以上的持续经营力　　B. 规模性的目标顾客群存在

C. 进出畅通的道路　　D. 选址顾客稀少的地区

4. 以下哪些区域选址符合最大效益原则？（　　）

A. 工厂附近　　B. 学校附近　　C. 人口密度高的地区　D. 客流量不多的街道

5. 门店选址作用不包括（　　）。

A. 门店的选址充分体现了企业经营战略与经营目标

B. 门店的选址是对市场定位的选择

C. 门店的选址反映了企业的服务理念

D. 门店的选址是一项短期的投资

任务六　门店选址策略设计

小组任务

1. 门店选址有哪些策略？机场和火车站附近为什么看不到火锅店呢？试分析肯德基、麦当劳在中国首家门店的选址。

____

____

____

2. 选址在错层分布的门店，应如何设计战术？

____

____

____

知识精讲

门店选址既要有宏观的思考，又要有对细节的追求。包括战略选址和战术选址两部分。

微课：门店选址策略设计

一、战略选址

战略选址也称大选址，是指在大框架上思考问题。在店铺运营过程中，终端店铺的选址是头等大事，一定要具备长远的眼光。

（一）成行成市策略

相关店铺的聚集有助于提高相同目标顾客的关注，人们一想到购买某商品就会自然而然地想起这条街，如北京的西单、王府井等。选择知名度高的品牌比较集中的商业区，顾客的购买目标很明确，既能提升店铺的形象，又有助于提高店铺人气。

（二）小城市开大店，抢占第一策略

人们往往能记住世界上最高的山，而对于第二高的山却很难记住。“第一原则”在营销中无处不在，如去屑洗发水大家就会想到海飞丝。这是因为海飞丝是第一个推出了去屑概念的。小城市具有资金优势，投入额不变的情况下，门店店铺会更大。同时，店铺的入口也相对更宽，使顾客能够轻松进入。

（三）大城市开旗舰店或多开店策略

大家会发现，同一品牌在同一条步行街会开五六家门店。大城市多开店策略迎合大城市的特点和顾客的购物心理，大城市店多，信息丰富，顾客喜欢比较同类商品后再进行购买。那么，什么是旗舰店呢？旗舰店是企业在营销过程中，设在某地最高级别的品牌形象展示店。一般是某商家或某品牌在某地区繁华地段规模最大、同类产品最全、装修最豪华的商店，通常只经营一类系列的产品或某一品牌的产品，比较常见的有化妆品品牌旗舰店、服装品牌旗舰店、家具品牌旗舰店、IT通信产品的旗舰店等。

二、战术选址

战术选址也称小选址，主要关注的是店铺具体位置的选择问题。选择好的位置，又能在好的位置上开大店，并且客户对称，是门店开发的最佳效果。具体分为以下三个方面。

动画：战术选址

（一）错层分布的门店位置处理

街上的错层店铺往往外面是马路，看ABCDEF门店时是错层的（图3.1），一旦有错层，位置的选择就特别关键。可以采取的策略包括：视觉拉动策略；动线卡位，强行改向；水到渠成，暗示引导。

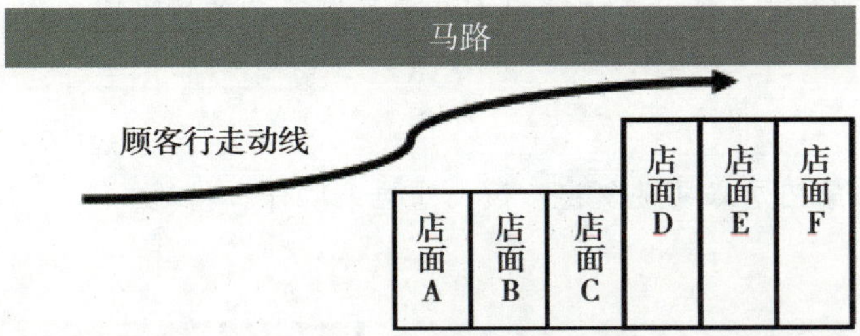

图3.1　错层分布的门店

思考：哪个店铺容易被忽视？

1. 视觉拉动策略

在错层的位置可以设置醒目、形象的广告牌，第一时间抓住顾客的视觉，让顾客产生联想和好奇，进而产生要进入这家门店看一看的想法。

研究表明：商业街上75%的顾客是闲逛型的，他们开始逛街时精力充沛，可能一家门店挨着一家门店地逛，但逛累了之后会挑着逛，所以这时通过一些有视觉冲击力的广告、灯光设计等吸引顾客的眼球，会极大地激发其入店兴趣。

2. 动线卡位，强行改向

在客流行进路线上设置休息坐椅、太阳伞，或放一些绿植等。第一，它们会改变顾客的行走动线，使顾客在座位或物体的阻挡下往偏向店铺的方向行走。第二，来来往往的顾客走累了，希望寻求一个休息、歇脚的地方，如果常有人在这里坐着或停下休息，店门口的人气会很旺，顾客也会看到广告牌、店头及部分陈列，如星巴克之前的太阳伞。

3. 水到渠成，暗示引导

采用心理暗示法和引导法，即在错层处的地面上用很粗的彩色笔或油漆画一个比较宽的箭头，或铺一块颜色鲜亮的、漂亮的地毯，当顾客走到这里，就会顺着地毯走进店里。例如，宜家家居在地上用黄颜色箭头标明顾客的行走路线，大部分顾客会按标明的路线行走。

（二）选择好“邻居”

选址时需要注重对“邻居”的选择，了解“邻居”门店的稳定程度及具体销售内容。好的“邻居”门店可以为自己带来客源。例如，餐饮店与超市，零食店与玩具店等。同时，有些“邻居”也会带来负面影响。例如，专卖店的邻居是特价两元店，电器店的邻居是二手电器转卖店等。

（三）台阶越少越好

讨论：台阶多对入店率有影响吗？

根据7-ELEVEN便利店调查得知：台阶在三级以下对入店率没有影响；三级以上的台阶，每多一个台阶，顾客入店率减少15%。

知识拓展：“报喜鸟”战略选址开店策略

思政园地

“远亲不如近邻”，这是中国人很早就认识到的一个朴素的生活道理。中国坚持与邻为善、以邻为伴，坚持睦邻、安邻、富邻，秉持亲诚惠容的理念，不断深化同周边国家的互利合作和互联互通，努力使自身发展更好地惠及周边国家。

任务工单

1. 图3.2中哪家门店容易被忽视？该门店应采取什么措施？

图3.2 生活中的错层分布门店

技能训练：选址分析方法练习

2. 以小组的形式对某一连锁店的选址进行调研，分析其存在的问题，并指出改进方法。

温故知新

单项选择题

1. 选择同类服装中知名度较高的品牌比较集中的商业区，顾客的购买目标很明确，既能提升店铺的形象，又有助于提高店铺人气，这属于（　　）策略。

A. 成行成市　　B. 多开店策略　　C. 集聚策略　　D. 造势策略

2. 下面哪项不属于战略选址？（　　）

A. 成行成市策略　　B. 大城市开旗舰店或多开店策略

C. 小城市开大店，抢占第一策略　　D. 动线卡位，强行改向策略

3. 下面哪项不属于错层分布的门店位置处理策略？（　　）

A. 动线卡位，强行改向　　B. 视觉拉动策略

C. 水到渠成，暗示引导　　D. 选择好“邻居”

4. 通过采用心理暗示法和引导法，引导顾客的策略是（　　）。

A. 视觉拉动策略　　B. 动线卡位，强行改向策略

C. 水到渠成，暗示引导　　D. 台阶越少越好

5. 第一时间抓住顾客的视觉，让顾客产生联想和好奇，进而产生要进入这家门店看一看的想法，这样的策略属于（　　）。

A. 动线卡位，强行改向策略　　B. 视觉拉动策略

C. 水到渠成，暗示引导　　D. 选择好“邻居”

任务七 门店选址技巧与程序分析

小组任务

1. 门店的选址技巧有哪些？

____

____

____

2. 门店的选址程序有哪些？

____

____

____

知识精讲

微课：门店选址技巧与程序分析

通过深入门店选址技巧与程序分析，可以规避选址错误。

一、根据经验选址的技巧

（一）黄金地段选址

在市区或繁华地段选址开设门店，不要因为房租高而退却，要认真分析投入资金所能带来的收益。高的租金增加了经营成本，势必会增加门店的经营压力和风险，所以必须仔细核算后再决定。

（二）繁华地段并不是唯一选择

并非所有的繁华地段都是开店的黄金地段，因为有的地方表面上看起来车水马龙，但不一定是聚客的好地方。这也正是不少在闹市的门店不如在小巷的门店生意繁盛的重要原因。选择符合开设门店构想的地址，不管位置是否在繁华区，只要能生意兴隆，就是好的位置。

（三）重视门店方位的选择

门店方位指门店正门的朝向，它与当地的气候有关，会受到朝向、日照程度、日照时间等因素的影响。例如，南方门店的正面最好不要向西，因为中午有数小时阳光直射门朝西的门店，门店内气温较高，顾客不愿入内。

（四）其他技巧

选择有预期性的地址，即选择不久的将来会由冷变热，而且目前还没有被看好的地址；选择靠近大公司、大企业街道的一边；选择靠近人口会增加的地区；选择经营方向相辅相成的门店做邻居。选择店址时，应重视门店所在建筑提供的销售、展示、储藏等设施是否符合经营要求。在同一街道两侧选择门店时，以客流量多、可见度高、交通不易堵塞的位置为佳。

二、根据地段选址的技巧

（一）商业街的选择

商业经营中，在某一条街道或地点集中经营同一类商品，则该街道或地点可称为商业街。顾客可以在此方便地购物，并得到相对优质的服务。

思考：所有商品都适合成行成市吗？

（二）拐角与三岔口的选择

两条街交叉或拐角处是理想的门店开设地，拐角处的优势是可以增加橱窗陈列面积，吸引路人，而且可以设置两个以上的入口，方便顾客入店，其中，交通流量大的一面可选作正门。

（三）临街的选择

门店选址应注意临街的选择。临街门店门面越大，陈列的商品越丰富，越容易吸引顾客的注意。

街边店的选址口诀

一看街道曲或直，二看人流左或右，
三察沿街店铺数，四量门前人行道，
五辨树牌是否挡。

三、根据区域选址的技巧

（一）在小巷内

在小巷内开设门店，最关键的是要使店铺具有独特的风格。这种风格既可以表现在店铺招牌、外观装饰的别具一格，也可以表现在经营品种丰富或经营方式和服务方式的创新。

（二）在学校附近

一般学校附近的门店经营业绩比较稳定。由于其服务对象是学生，所以店铺经营的商品要符合当今学生的“口味”，价位要相对低廉。但是，要注意寒暑假的客源问题。

（三）在办公区

办公区是指公司比较集中的地段，主要购物人群为上班族，他们的消费集中在中午用餐时及上下班的途中。因此，门店应离办公室近，或者设在上下班的路线上。

（四）在写字楼

写字楼里的门店一般经营美容、饰品、健身、高档用品，其目标顾客是白领阶层。因此，商品应具有特色。

四、选址步骤

（1）商场勘察与评定商圈等级。
（2）确定商圈焦点及销售驱动。
（3）评估能见度和可接近性。

（4）门店设计与选择可对比门店。
（5）营业额预估与提升营运水平。

五、选址程序

（一）确认前提条件

综合考虑各种相关因素，制订门店的选址标准。

（二）选准目标顾客

（1）分析目标顾客的日常行为。
（2）根据目标市场、服务对象，选择店址设置区域。
（3）根据企业经营规模和特点，测算企业投资回收率。

（三）制图

确定门店店址后，绘制出区域简图，标示出门店的朝向、竞争对手、客流量、客流方向、居民区等具体信息。信息越具体，综合考虑达到最优的机会就越大，可确保门店店址决策的正确性。

知识拓展：蚂蚁路径

（四）实施具体方案

确定基本区域后，应进行周密的市场调查，将选定的几个地点比较，最终做出选择。

思政园地

在门店选址的技巧与程序分析过程中，甚至在门店的经营过程中，都要保证“商德”的传承与发扬，如市无二价、童叟无欺、乐善好施等。乐善好施是中华民族的传统美德，2021年中国十大劳模人物——万佐成和熊庚香夫妇在肿瘤医院旁的小巷里经营油条摊位。每当收摊时，总有患者家属前来借锅灶炒菜，夫妇俩从不拒绝。随着越来越多的人求助，万佐成和其妻子就买了十多套厨具和煤球炉。因为设备给大家共用，所以这个厨房被亲切地称为“抗癌厨房”。作为连锁经营管理人员，同样需要乐于助人。

任务工单

1. 参照图3.3，分析在购物中心的地下一层，哪个店的生意较差？

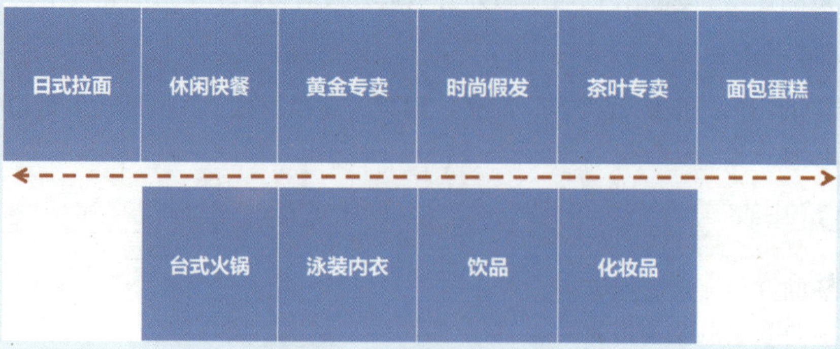

图3.3 购物中心地下一层店铺位置图

2. 15米宽的街道阻隔了某百货商店与肯德基、麦当劳，请问该百货商店的选址合理吗？

温故知新

单项选择题

1. 下面属于选址禁忌的区域为（　　）。

A. 写字楼　B. 办公区　C. 坡路　D. 文教区

2. 在小巷内开设门店，最关键的是（　　）。

A. 使店铺具有独特的风格　B. 价格低廉

C. 专业化经营　D. 开展促销活动

3. 南方门店的正面最好不要朝向（　　），因为中午有数小时会阳光直射门店。

A. 东　B. 南　C. 西　D. 北

4. 经营（　　）的门店宜选择在商业网点相对集中的地区，如地区性的商业中心或交通要道、交通枢纽的商业街。

A. 日常生活必需品　B. 周期性需求商品

C. 耐用消费品　D. 顾客特殊性需求商品

5. 以下哪项不是根据经验选址的技巧？（　　）

A. 黄金地段选址　B. 繁华地段并不是唯一选择

C. 门店方位的重视　D. 临街的选择

任务八　调查问卷与调研报告设计

小组任务

1. 如何准确设计调查问卷？

2. 如何撰写有效的调研报告？

知识精讲

撰写合格的商圈调研报告，设计合适的调查问卷，可获取有效信息。

微课：调查问卷与调研报告设计

一、调查问卷

（一）调查问卷的含义

调查问卷又称调查表或询问表，是以问题的形式，系统地记录调查内容的一种印件。问卷可以是表格式、卡片式或簿记式。

（二）调查问卷的设计原则

（1）有明确的主题。

（2）结构合理、逻辑性强。

（3）通俗易懂。

（4）控制问卷的长度（回答问卷的时间控制在20分钟左右）。

（5）便于资料的校验、整理和统计。

动画：调查问卷问题类型设计

（三）调查问卷的类型

1. 按问题答案划分

按问题答案划分，调查问卷可分为结构式、开放式、半结构式三种基本类型。

（1）结构式，通常也称为封闭式或闭口式。这种问卷的答案是研究者在问卷上早已确定的，由回答者认真选择一个回答划上圈或打上钩就可以了。一般会出选择题。

（2）开放式，也称为开口式。这种问卷不设置固定的答案，让回答者自由发挥。一般会出简答题。

（3）半结构式。这种问卷介乎于结构式和开放式之间，问题的答案既有固定的、标准的，也有让回答者自由发挥的，吸取了两者的长处。这类问卷在实际调查中运用得比较广泛。

2. 按调查方式划分

按调查方式划分，调查问卷可分为自填问卷和访问问卷。

（1）自填问卷是由被访者自己填答的问卷。

（2）访问问卷是访问员进行采访，并填答的问卷。

3. 按问卷用途划分

按问卷用途划分，可分为甄别问卷、调查问卷和回访问卷三种。

（1）甄别问卷是指在对被访者做一份正式的、完整的问卷调查之前，首先对被访者是否符合调查做筛选。例如，某化妆品品牌甄别消费者是否为目标顾客。

（2）调查问卷是问卷调查最基本的方面，也是研究的主体形式。

（3）回访问卷，又称复核问卷，是指为了检查调查员是否按照访问要求进行调查而设计的一种监督形式问卷。

（四）调查问卷的结构设计

调查问卷一般由标题、说明、主体、编码号、致谢语和实验记录六项组成。

1. 标题

每份问卷都有一个研究主题。研究者应开宗明义地定个题目，反映这个研究主题，使回答者一目了然，从而增强其回答兴趣。例如，将问卷命名为“学生干部推荐调查表”。

2. 说明

问卷前面应有一个说明。说明可以是一封告知调查对象的信，也可以是指导语，说明调查的目的、意义，以及填答问卷的要求和注意事项，同时还要填上调查单位名称和日期。问卷的说明在问卷开头，主要包括引言和注释，是对问卷的情况说明。引言应包括调查的目的、意义、主要内容，调查的组织单位，调查结果的使用者，保密措施等，引言以不超过300字为佳。

3. 主体

主体是问卷的核心部分，包括问题和答案。从形式上看，问题可分为开放式和封闭式两种。从内容上看，问题可以分为事实性问题、意见性问题、断定性问题、假设性问题和敏感性问题等。

4. 编码号

并不是所有问卷都需要编码号。在规模较大且需要运用计算机统计分析的调查，要求所有的资料数字化，与此相适应的问卷就要增加一项编码号内容。

5. 致谢语

致谢语是为了表示对调查对象真诚合作的谢意。研究者应当在问卷的末端写上感谢的话，如果前面的说明已经有表示感谢的话语，末端可省略。

6. 实验记录

实验记录的作用是记录调查完成的情况和需要复查、校订的问题，其格式和要求都比较灵活，调查访问员和校查者均需在上面签写姓名和日期。

（五）调查问卷的询问技巧

1. 合理提问开放性问题

设计开放性问题不宜过多。开放性问题设计得过多，会削弱收集数据的贡献性。例如，您对本便利店印象如何？被调查者会回答“好”、“一般”或“不好”。

2. 增加提问封闭性问题

设计封闭性问题时，可适当增加数量。使用选择题的方式，更便于被调查者填写。

3. 减少提问困窘性问题

如果困窘性问题设计得过多，被调查者会出现抵触情绪，不利于调查问卷的收集。

例如，关于私人的问题，或有碍声誉的问题：您的汽车是分期购买的吗？一共分多少期？您是否向银行抵押借款购股票？除了工作收入外，您还有其他收入吗？

4. 对象层次不同，设计问题不同

根据不同类型、不同层次的调查对象，区分设计调查的问题。如果想获取门店店长的情况、门店工作人员的情况及消费者的情况，应设计不同的调查问卷。

二、调研报告

（一）调研报告的含义

调研报告的设计者以研究为目的，根据社会或工作的需要，制订出切实可行的调研计划，即将被动的适应变为有计划的、积极主动的写作实践，从明确的追求出发，深入社会第一线，不断了解新情况、新问题，有意识地探索和研究，从而写出有价值的调研报告。

（二）调研报告的特点

1. 注重事实

调研报告的基础是客观事实。一切分析研究都必须建立在事实的基础之上，确凿的事实是调研报告的价值所在。因此，尊重客观事实，用事实说话，是调研报告的最大特点。写入调研报告的材料都必须真实无误，调研报告中涉及的时间、地点、事件经过、背景介绍、资料引用等都要准确真实。

2. 论理性强

调研报告的主要内容是事实，主要的表现方法是叙述。但调研报告的目的是从这些事实中概括出观点，观点是调研报告的灵魂。需要把调研的材料分析综合，进而提炼出观点。用科学的方法经过“去粗取精，去伪存真，由此及彼，由表及里”的过程，从事物发展的不同阶段中，找出起到支配作用的、本质的东西，把握事物内在的规律，运用最能说明问题的材料并合理安排，做到既要弄清事实，又要说明观点。这就需要在对事实叙述的基础上，进行恰当的议论，表达出主题思想。议论是“画龙点睛”之笔。

3. 语言简洁

调研报告的语言简洁明快，这种文体是充足的材料加少量的议论，不要求细腻的描述，只要用简明朴素的语言报告客观情况即可。由于调研报告也涉及可读性问题，所以语言有时可以生动活泼，适当采用群众性的生动而形象的语言。同时，注意使用一些浅显生动的比喻，以增强语言的形象性和生动性，但前提必须是为说明问题服务。

（三）调研报告的内容

调研报告的核心是实事求是地反映和分析客观事实。调研报告主要包括两个部分：一是调查，二是研究。调研报告的正文包括前言、主体和结尾三部分。在写作中要注意“凤头、猪肚、豹尾”，即开头漂亮、中间信息量大而全、结尾简短有力。

1. 前言

调研报告的前言应简要地叙述为什么对这个问题（工作、事件、人物）进行调查；调查的时间、地点、对象、范围、经过及采用的方法；调查对象的基本情况、历史背景及调查后的结论等。这些方面的侧重点由调研报告的设计者根据调研目的来确定，不必面面俱到。

2. 主体

主体是调研报告的主干和核心，是引语的引申，是结论的依据。这部分应主要写明事实的真相、收获、经验和教训，即介绍调查的主要内容是什么，为什么会是这样的。主体部分包括人物、事件、问题、具体做法、困难障碍等，内容较多，所以要精心安排调研报告的层次、结构，有步骤、有次序地表现主题。

知识拓展：沃尔玛中国——通过数字化创新高效赋能配送中心

3. 结尾

结尾是调研报告分析问题、得出结论、解决问题的必然结果。

思政园地

在实际的门店开发调查过程中，特别是调查问卷的收集整理中，一定要注重实事求是。事，即客观事物；是，即客观事物的内在联系。实事求是指从实际情况出发，不夸大其词，也不缩小事实，正确处理问题，如实反映情况，或按实际情况办事，也指按事实探求事物的规律，认识事物的本质。东汉著名史学家、文学家班固在编写《汉书》的时候，为刘德写了《河间献王传》，其中对刘德孜孜不倦的钻研精神给予了肯定。班固这样写道："修学好古，实事求是。从民得善书，必为好写与之，留其真。"

任务工单

1. 各小组设计调查问卷。

____

____

____

技能训练：调查问卷问题设计练习

2. 针对所调查的信息，各小组撰写调研报告。

____

____

____

温故知新

单项选择题

1.（　　）不是按问题答案划分的调查问卷类型。

A. 结构式　　B. 访问式　　C. 开放式　　D. 半结构式

2. 以下说法错误的是（　　）。

A. 调研报告的正文包括前言、主体和结尾三部分

B. 调研报告的核心是实事求是地反映和分析客观事实

C. 调研报告主要包括调查

D. 结尾是调研报告分析问题、得出结论、解决问题的必然结果

3. 调查问卷的原则不包括（　　）。

A. 主题明确　　B. 结构合理　　C. 通俗易懂　　D. 多设置开放式问题

4. 调查问卷的重要结构是（　　）部分。

A. 致谢语　　B. 编码号　　C. 开头　　D. 主体

5. 调查问卷按问卷用途划分，不包括（　　）。

A. 回访问卷　　B. 调查问卷　　C. 疑问问卷　　D. 甄别问卷

综合能力提升训练

多项选择题

1. 商圈一般由（　　）组成。

A. 核心商圈　　B. 外缘商圈　　C. 次级商圈　　D. 边缘商圈

E. 中心商圈

2. 影响商圈的内部因素是（　　）。

A. 店铺经营商品的种类　　B. 店铺的经营规模

C. 店铺的经营特征　　D. 人口流动性

E. 店铺的主体设计

3. 商圈的顾客来源可分为（　　）。

A. 家庭人口　　B. 居住人口　　C. 工作人口　　D. 流动人口

E. 上学人口

4. 战术选址包括（　　）。

A. 错层分布的门店位置处理　　B. 选择好“邻居”

C. 台阶越少越好　　D. 成行成市策略

E. 小城市开大店，抢占第一策略

5. 调研报告的特点包括（　　）。

A. 注重事实　　B. 前言　　C. 语言简洁　　D. 论理性

E. 主体

技能提升训练

实战题

为家乡所在地划分商圈，进行商圈调研，并撰写调研报告。要求观点明确、结论有数据支撑、选址特点鲜明、阐述理由充分、格式美观、无错别字。

任务评价表

评分标准	分值	自我评价	权重/%	组间评价	权重/%	教师评价	权重/%	得分
门店选址分析的知识点与技能点是否牢固掌握			20		30		50	
是否能根据所学知识，准确进行选址								
是否体现出现代服务意识								
是否积极参与；团队合作是否顺利；是否体现互助意识								
情景模拟是否具有创新意识								
合计								

填表说明：

1. 实际得分＝自我评价 ×20%+组间评价 ×30%+教师评价 ×50%。
2. 评价满分为100分，60分以下为不及格，60~74分为及格，75~84分为良好，85分及以上为优秀。
3. 最佳员工为本次活动中表现最优秀、贡献最大者。
4. 组间评价，本项目结束后由组长组织本组成员互评，并填入表格。

项目四　匠心传承凸特色——门店CIS设计

项目概要

知识目标

（1）描述企业核心价值观的影响因素、CIS的含义。

（2）准确识记连锁企业理念、识别设计的基本内容、企业行为识别含义、企业视觉识别含义。

（3）准确区分CIS构成要素；描述正确的企业理念。

（4）准确进行连锁企业行为识别、连锁企业视觉识别。

技能目标

（1）具备设计虚拟企业MI的能力。

（2）具备调研的能力。

（3）培养市场分析能力、理解能力。

（4）具备CIS设计的基本能力。

价值塑造

塑造要素	要素来源的主要内容
劳动教育	市场调研能力、观察力的培养
榜样引领	通过对袁隆平、郭明义精神的宣扬，培养正确的价值观
行为规范	避免脱实向虚、贪功冒进、虎头蛇尾，培养自律能力
爱岗敬业	爱岗敬业的培养
公平诚信	人与人之间的信任，企业信任感培养，公平诚信调查研究
守正创新	CIS报告的创新撰写，避免学术不端行为
团结协作	与他人合作完成相关任务

思维导图

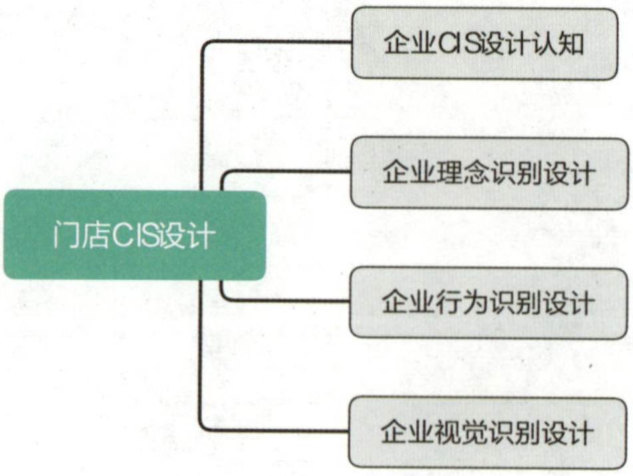

项目导入

胖东来企业文化

胖东来，被喻为“零售界的海底捞”，创建于1995年3月。经过20余年的发展，胖东来已成为河南商界具有知名度、美誉度的商业零售企业，拥有7 000多名员工、7家大型百货超市、1家大型电器专业卖场。胖东来旗下涵盖专业百货、电器、超市连锁企业。

胖东来的企业使命和价值不只是商业的经营，满足自身生存和发展的需求，而是通过商业的载体和平台，建设、践行和传播科学先进的文化理念，理性地研究和探寻有效的方法，改变奴性、实现个性。企业文化理念主要吸纳和借鉴东西方优秀的、人性的先进思想理念和生活方式，让更多人懂得信仰的价值和做人做事的标准，培养健全的人格，成就阳光个性的生命状态。

同时，胖东来致力于建立和完成一个科学的涵盖文化、体制、标准、系统的运营体系样板，为社会提供一种公平、真诚、健康的经营模式，启迪和带动更多企业走向更加健康、品质、轻松、自由、幸福的企业状态与生命状态，共同用理性、智慧的方法，为社会创造更多公平、民主、信任、友善、和谐的人文环境；理解和辅助国家的进步和发展，以法律和不违背人道主义为底线，实现人身、言论和行动自由，实现每个人享有平等的生命权、人格完整权及追求幸福的权利，实现人民对美好生活的向往和憧憬；为世界贡献价值，体现东方人的智慧和美丽。

——让企业更美好、让国家更美好、让世界更美好！

企业信仰：自由、爱。

企业目标：传播先进文化理念，培养健全人格。

企业准则：扬善、戒恶。

经营理念：发自内心的喜欢高于一切。

经营目标：保障民生、提供时尚、创造品质和幸福商业模式。

经营标准：专业的能力、先进的技术、科学的方法、健康的运营。

商品：安全、实用、实在、时尚。

环境：安全、品质、方便、文明。

人员：真诚、热情、专业。

服务：公平、个性、专业、主动。

系统：科学化、数字化、智能化、与时俱进。

企业培训：门店CIS设计

思考：胖东来企业成功的因素有哪些？

（资料来源：胖东来官方网店）

学习任务书

项目四	门店CIS设计	学时		班级	
组别		组长		日期	
组员					

续表

任务目标	1. 能为本组的门店设计CIS； 2. 根据客观情况，撰写合适的CIS
工作任务	1. 扫码观看门店CIS设计4个任务的微课，各小组讨论，并做出总结。 ______ ______ ______ 2. 各小组讨论拟开设门店的CIS。 ______ ______ ______ 3. 各小组列出学习本项目各任务时遇到的困难 ______ ______ ______

任务一　企业CIS设计认知

小组任务

1. 什么是CIS？

____

____

____

2. 哪些企业的CIS给你留下了深刻印象？

____

____

____

知识精讲

企业CIS设计为企业树立了一个良好的整体形象，从企业的服务理念，到企业的行为，以及企业给社会的视觉冲击，均给社会公众留下良好的形象。

微课：企业CIS设计认知

一、CIS的含义

CIS是英文corporate identity system的缩写，意思是企业的统一化系统，又称企业的自我同一化系统或企业识别系统。一个好的CIS，将成为协助企业长期开拓市场的有效武器。国际商业机器公司（international business machines corporation，IBM）在标识设计之初，其总裁托马斯·沃森认为，企业要设计具有视觉冲击力的形象标志，于是与设计师一起把公司标识浓缩为IBM三个英文字母，创造出富有美感的蓝色造型（图4.1）。CIS的正式兴起，应当以1956年美国计算机巨人IBM引领CIS的创举为标志。

图4.1　IBM标识

CIS共包括三个主要方面，分别是企业理念识别（MI）、企业行为识别（BI）和企业视觉识别（VI）。如果将企业识别系统CIS比喻成一支军队的话，企业理念识别是军心，是军队投入战争的指导思想；企业行为识别是军纪，是军队取得战争胜利的重要保证；企业视觉识别是军旗，是军队的形象标志。还有部分学者认为，除了MI、BI、VI外，还应包括企业空间识别（SI）、企业听觉识别（AI）和企业环境识别（EI）。

二、CIS的构成要素

动画：CIS构成要素

（一）企业理念识别

企业理念识别（mind identity，MI），是CIS的基本精神，是企业识别系统和生存发展的动力。例如，海尔的“真诚到永远”，沃尔玛的“永远让顾客买到最便宜的商品”。

（二）企业行为识别

一个企业有了理念后，该如何引导其行为呢？正如一个人，有了思想、有了梦想后，该如何讨诸实际行动呢？企业行为识别（behavior identity，BI）是CIS中的动态识别系统，可以理解为CIS的做法。

（三）企业视觉识别

企业视觉识别（visual identity，VI）是指在确定企业经营理念、企业战略范围和经营目标的基础上，运用视觉传达设计的方法，并根据同一经营活动相关的媒体要求，设计出系统的符号，以刻画企业的个性，突出企业精神的系统。

（四）企业空间识别

企业空间识别（space identity，SI）可以被当作VI的延伸，但其主要目的是在三维空间装潢规格化作业。空间识别与传统装潢设计最大的不同为，空间识别是系统性设计，而非定点式设计，适应连锁发展时，会碰到每个店面尺寸不一的问题。其规划项目包括：总则部分、管理原则、商圈确定、设计概念、空间设计部分、平面系统、天花板系统、地坪系统、配电及照明系统、展示系统、壁面系统、招牌系统、POP、管理部分、材料说明、施工程序、估价、协力厂商配合作业原则。

（五）企业听觉识别

企业听觉识别（audio identity，AI）是根据人们对听觉、视觉记忆比较后得到的一种CIS方法，是通过听觉刺激传达企业理念、品牌形象的系统识别。2011年，由著名音乐人“刘彪”研究完善了AI的系统性，并开始逐步推广到企业当中使用。很多产品的系列电视广告片，每版广告的背景音乐或主题音乐，甚至语音、语调、语感、语速都惊人的相似。作为观众或听众，只要一听到这种音乐或话语，甚至不必去看画面，就会想到大概又是某某商品在做广告了。由此可见，听觉刺激在公众头脑中产生的记忆和视觉相比毫不逊色，而且一旦和视觉识别相结合，将会产生更持久有效的记忆。

1. 主题音乐

主题音乐是企业的基础识别，主要包括企业团队歌曲和企业形象歌曲。前者主要用于增强企业凝聚力，强化企业内部员工的理念；后者则主要用于展示企业形象，向外部公众展示企业风貌，以此增强公众对企业信任感。

2. 标识音乐

标识音乐主要指用于广告和宣传中的音乐，一般是从大企业主题音乐中摘录出的高潮部分，具有与商标同样的功效。例如，麦当劳标志性的广告音效。

3. 主体音乐扩展

主体音乐扩展是从高层次出发来展示企业形象，通过交响乐、民族器乐、轻音乐等，对企业进行全方位展示。

4. 广告导语

广告导语一般是广告语中的浓缩部分，用很简洁的一句话来体现企业精神，以凸现企业个性。

5. 商业名称

商业名称要求简洁，能体现企业理念。例如，保健品企业名为“健康久久”，让人一听名称就对企业理念、经营业务有所认识。

（六）企业环境识别

企业环境识别（environment identity，EI），亦称环境统一化，是对人所能感受到的组织环境系统实行规范化的管理。

1. 内部企业环境识别

内部企业环境识别包括：门面是否标明企业名称、标志；通道是否美观、实用，是否有宣传设施；楼道、室内的指示系统管理；配套家具、设施的风格、质量、价格；智能化通信设施；空气清新度；安全设施。

2. 外部企业环境识别

外部企业环境识别包括：环境艺术设计；生态植物、绿地；雕塑、吉祥物；建筑外饰，如广告、路牌、灯箱；组织环境风格与社区风格的融合程度。

三、导入CIS应遵循的原则

微课：导入CIS应遵循的原则

（一）战略性原则

CIS的导入和实施是一个长期的过程，所以在设计CIS时，不应只把它当作简单的视觉设计问题或行为规范制订问题。CIS设计一旦完成，就要成为整个企业运作的重要依据，不能随意更改，对企业未来的经营方向起指导作用。因此，CIS设计立足于长远的规划，要从战略性角度来完成，在设计时眼光应具有前瞻性。CIS设计具有战略性，上至国家，小到个人都要有一套自身的指导思想和处世哲学，这是国家的立国之本、个人的生存之道。理念扎实，并且能贯彻执行，将会有助于目标的顺利达成。

（二）民族化原则

从CIS的战略发展可以看出，各国在进行CIS设计时，都应该具有自己的民族特色。企业形象民族化，能使企业在国际化经营中树立自己的民族特色。例如，“茶马云南”突出了以云南文化为特色的定位。

（三）个性化原则

CIS系统的特征是个性化。企业的理念、企业的标识，都要具有鲜明的个性。只有个性化，才能使公众对企业容易识别，形成牢固的记忆。首先是行业的个性化，即CIS设计必须体现行业特点。其次是个体个性化，即体现个体特点。每个企业都是唯一的、有个性的企业，不能与其他企业雷同。这样才能把自己与其他同类企业区分出来，在茫茫商海中脱颖而出。

（四）社会化原则

企业作为社会中的一分子，必须坚持企业根本利益与公众利益是一致的。企业的形象只有得到社会公众的认可，才能发挥它的效力。因此，企业形象策划应遵循社会化原则，使企业形象得到社会的认可，把企业的利益和社会利益结合起来，从而得到公众的支持、社会大众的认可，这样才能使企业得到良好的发展。

例如，世界著名企业可口可乐公司在公益事业上瞄准教育领域。1998—1999年两年的时间，可口可乐公司共投资1 500万元人民币，在中国兴建了50所希望小学，为贫困地区的100所农村小学各捐赠了一套希望书库。连锁企业对社会做出卓越贡献，社会也必然会给企业带来回报。可口可乐的品牌价值在2022年全球品牌排行榜中位居第七，达592亿美元。

（五）系统性原则

CIS是一个系统工程，CIS设计应从企业经营理念、企业经营宗旨、企业行为规范和视觉识别等方面进行全方位的系统设计，如果疏忽任何一方面，都将损害CIS设计的整体效果。

（六）同一性原则

CIS系统的实施是要将连锁企业的理念、文化、组织管理、经营方向、发展战略、生产规模、技术实力、产品、服务、社会责任等信息统一整理，再将这些信息与连锁企业的标准字、标准色等形象化信息结合，以各种形式对社会公众做同一性的传达，以获得社会的认可、信任和支持。

（七）规范性原则

企业的CIS设计必须符合规范。无论是理念设计、行为设计，还是视觉识别系统的设计，都必须规范化，一经确认就不能轻易更改。

（八）操作性原则

CIS设计要具备可操作性。只有具备了可操作性，CIS才能被广泛应用。如果CIS设计手册的内容只是华丽的词句，而没有实际的操作价值，那么CIS的导入就会成为纸上谈兵，也就失去了应用的价值，不能发挥CIS的效用。

知识拓展：2022年全球最佳百强品牌报告（前十名）

思政园地

振兴民族品牌，提升民族自信。任正非曾说："华为公司没有成功，只有发展。如果说当前我们有一点成绩的话，我愿意把这个归功于文化和哲学的成功，通过文化我们团结了一批认同华为的和华为认同的人，才使得华为能够持续发展。"优秀的企业文化包括员工具有广阔的视野、坚强的意志、胸怀他人的品格；树立以奋斗者为本，持续艰苦奋斗的开拓精神；永恒的自我批判，成功时不自满、失败时不气馁；员工应具有敬业精神、献身精神、责任心和使命感。作为大学生，应多了解优秀企业的企业文化，契合企业的需求。

任务工单

1. 各小组讨论自己印象深刻的CIS系统。

2. 各小组构思一家虚拟公司并命名，初步设计CIS。

温故知新

单项选择题

1. 不属于CIS子系统的是（　　）。

A. MI　　B. BI　　C. VI　　D. DI

2. CIS的正式兴起，应当以（　　）年美国计算机巨人IBM引领CIS的创举为标志。

A. 1955　　B. 1956　　C. 1957　　D. 1958

3. 企业在进行理念开发时，必须遵循的原则不包括（　　）。

A. 个性化原则　　B. 社会化原则　　C. 间接性原则　　D. 民族化原则

4. 各项管理制度、责任制度属于企业识别系统的（　　）。

A. 企业理念识别　　B. 企业行为识别　　C. 企业视觉识别　　D. 企业文化识别

5. 以下哪个选项不是企业识别系统的构成要素（　　）。

A. 企业视觉识别（VI）　　B. 企业文化识别（CI）

C. 企业理念识别（MI）　　D. 企业行为识别（BI）

任务二　企业理念识别设计

小组任务

1. 如何理解企业理念识别设计？

____

____

____

2. 有哪些令你印象深刻的企业理念识别？

____

____

____

知识精讲

在连锁企业中，沃尔玛和麦当劳可称得上是教科书级的企业理念代表。沃尔玛以“顾客第一、天天卓越”为企业理念，打造了零售业的“超级航母”。麦当劳以生产和销售为主，它带来了“汉堡文化”，是快餐行业争相效仿的典范。因此，连锁企业必须要设计自己的企业理念。

微课：企业理念识别设计

一、企业理念识别（MI）的含义

企业理念泛指企业经营的观念，或称指导思想，它属于思想、意识的范畴。企业理念是企业在开展生产经营活动中的指导思想和行为准则，包括经营信条、企业精神、座右铭、企业风格、经营战略策略、广告、员工的价值观。MI所针对和解决的是：如何构建符合企业整体发展战略要求的个性化价值体系；如何将企业精神文化与众不同地表现出来，得到内部员工的认可并遵循它的意志，规划、规范自己的行为，同时得到消费者和社会大众的认可。

二、连锁企业理念识别设计

连锁企业理念识别设计可以从“远景、经营宗旨、经营方针、经营价值观、企业精神”五个方面入手。

（一）连锁企业远景设计

连锁企业的远景是指连锁企业未来发展的远大目标和宏大规划，是企业生存发展的动力之一，也称连锁企业的愿景。例如，麦当劳公司的企业远景是“占领全球的食品业，并处于统治地位”。微软公司的企业远景是“要使每个家庭，每张桌子上都有一台电脑。同时，他们使用微软的软件”。因此，企业远景设计就是对企业未来发展的一种打算，也可以说企业远景是企业目标体系的最高层次。企业远景要从企业的目的和使命两个方面进行设计，企业目的就是明确为谁服务，企业的使命就是提供什么样的服务和怎么服务。第一，确认连锁企业目的。一般说来，有什么样的连锁企业目的，就会有什么样的发展理念。科学的发展理念会促使连锁企业发展得更好，而不科学的发展理念会使连锁企业走向失败。第二，明确连锁企业使命是指要将连锁企业的经营哲学具体化。良好地反映连锁企业的目标和责任。在连锁企业理念的指导下，连锁企业为生产经营活动的方向、目标与责任进行设计。

（二）连锁企业经营宗旨设计

连锁企业的经营宗旨是具体落实可行的，是企业经营活动的主要目的和意图，表明企业的思想和行为，是对企业现有的竞争等经营方式的思想内涵。企业要做到经营宗旨可操作，经营宗旨有目标。另外，还要注意的是经营宗旨不是一成不变的，要不断地改进和提升。有的企业以质量为经营宗旨，如海尔的质量标准是“高标准、精细化、零缺陷”。还有的企业以“振兴民族工业为己任”，如长虹的企业经营宗旨是“长虹以民族工业为己任”。因此，企业宗旨在设计时，要从企业对社会的影响力、贡献力、在市场或行业中的排位（如世界500强）、与企业关联群体（客户、股东、员工、环境）之间的经济关系来表述。

（三）连锁企业经营方针设计

企业的经营方针是指根据一定的经营思想和经营目标，处理生产经营过程中一系列重大问题所采取的谋略和原则。连锁企业的经营方针是连锁企业运营管理中的基本准则，是解决经营问题的战略和原则。制订连锁企业经营方针需要把握以下四点。

1. 从行业特点设计

连锁企业经营方针在设计时，要突出行业的特点。不同的零售业态，设计连锁企业经营方针时，要注重强调不同方面。连锁专业店、连锁专卖店、连锁超市在设计时，要强调服务热情、周到；连锁酒店在设计时，要强调舒适、温馨；运输行业在设计时，要强调准时与安全到达。

2. 要突出经营方针的引导性

连锁企业经营方针在设计时，要突出经营方针的引导性。经营方针属于经营宗旨在具体现实中的体现，可以说是连锁企业经营的行为规范。因此，在设计时应突出经营方针的引导性。

3. 要符合社会大众的期待

连锁企业经营方针在设计时，要符合社会大众的期待，要了解当今最新的社会大众诉求，符合当今的社会大众心理预期。不仅要站在连锁企业经营者的立场来设计，更要站在社会大众的立场来设计，或者在两者之间找到平衡点。这对于许多连锁企业，特别是服务行业的连锁企业来说是十分重要的。

4. 要注重企业的长期发展

任何连锁企业经营方针在设计时，都要注重企业的长期发展，任何企业都不希望自己像流星一样转瞬即逝。所以，连锁企业经营方针在设计时，应制订科学合理的方针。

（四）连锁企业经营价值观设计

经营价值观是指企业及其员工的价值取向，是企业在追求经营成功过程中所推崇的基本信念和奉行的目标。企业价值观就是企业决策者对企业性质、目标、经营方式的取向所做出的选择，是可被员工所接受的共同观念。连锁企业经营价值观的设计是连锁企业全员奉行的具体工作观念，主要包括目的观、竞争观、道德观、服务观、质量观、人才观等。

以下列举的是一些国内知名企业的核心价值观。

国家电网的核心价值观：服务党和国家工作大局、服务电力客户、服务发电企业、服务社会发展。

广发证券股份有限公司的核心价值观：知识图强、求实奉献。

海尔集团的核心价值观：着眼创新、注重品质、尊重个人，一切以顾客为中心。

海信集团有限公司的核心价值观：创造完美、服务社会；敬人、敬业、创新、高效。

红塔集团的核心价值观：人的价值高于物的价值；共同的价值高于个人的价值；消费者所看重的价值高于企业的利润价值。

华为技术有限公司的核心价值观：以客户的价值观为导向，以客户满意度作评价标准。

（五）连锁企业精神设计

在日常生活中，连锁企业精神提炼的思路一般是从爱国主义精神、集体主义精神、个人利益服从于集体利益、大众创业、万众创新精神、乐于奉献精神、自我牺牲精神中得来的。连锁企业精神在设计时，应遵循员工对本企业的形象、地位和风气的认知，体现出企业的优秀传统，以及员工对本企业的发展命运抱有的远大理想和期待。

知识拓展：质量是品牌的根本——海尔

思政园地

企业模范员工的价值观会起到良好的先锋模范作用，引领其他员工向模范员工学习。例如，郭明义在15年里，每天提前2小时上班；在16年间，为失学儿童、受灾群众捐款12万元；在20年来，55次无偿献血，挽救数十人的生命。他追求纯粹，做好事不求人知，矢志不渝地追求真善美。他坚信奉献使人快乐、助人使人幸福，数十年如一日地用自己的博大爱心、满腔热血铸就人间大爱，被誉为“爱心使者”“雷锋传人”。郭明义荣获第三届道德模范称号，当选全国总工会兼职副主席。

任务工单

1. 分组进行企业理念识别设计。

____

____

____

2. 分析以下企业哲学哪个提炼得最好。

"以科学捍卫公正"（国家司法鉴定中心）

"德报人类，力创未来"（德力西电器）

"共创、共进、共赢"（山东钢铁）

"诚启美好未来"（济南高新）

"朝气、和气、正气、大气"（中国石油西气东输）

"跨域陆海，追求无限"（中国石化大陆架油气）

"致远者·天瑞"（天瑞房地产）

"民熙物阜，丰裕城乡"（民丰银行）

____

____

____

温故知新

单项选择题

1. 美的公司的企业理念为："致力于成为国内家电行业的领导者，跻身全球家电综合实力前五强，使'美的'成为全球知名的品牌。"这句话说明的是（　　）。

A. 企业哲学　　B. 企业精神　　C. 企业价值　　D. 企业愿景

2. "如烟往事俱忘却，心底无私天地宽"。这句话说明了企业道德体系建设中的（　　）。

A. 忠诚　　B. 无私　　C. 勤劳　　D. 遵纪

3. CIS的灵魂与核心是（　　）。

A. MI　　B. VI　　C. OI　　D. BI

4. 凯马特曾是美国最大的打折零售商，但是1985年后，它开始尝试多元化经营，经营领域从零售百货转向自己陌生的服装、家电专业店业态。公司管理缺乏经验，连锁门店发展过快，软件和培训跟不上企业的要求，造成凯马特成本上升，加上沃尔玛的竞争，凯马特的市场份额逐渐萎缩。凯马特的失败，很好地说明了（　　）。

A. 规模经济是连锁企业一直追求的目标，所以扩张是连锁企业不断前进的表象

B. 规模扩大、利润摊薄的"反连锁现象"成为超市发展的"毒瘤"

C. 成本低是超市经营的最重要的战略选址

D. 保存企业实力，发展优势产品和产品群才是企业存在和发展的硬道理

5. 连锁企业经营方针设计不包括（　　）。

A. 要突出经营方针的引导性　　B. 不需从行业角度设计

C. 要符合社会大众的期待　　D. 要注重企业的长期发展

任务三　企业行为识别设计

小组任务

1. 如何进行企业行为识别设计？

2. 百年企业的行为识别是如何设计的？

知识精讲

微课：企业行为识别设计

连锁企业理念要得到有效的实施，需要科学构建和明确连锁企业的行为主体，不仅要确定门店的组织形式，建立健全的门店组织架构，合理划分各个部门，有效进行科学化管理，还要明确主体行为规范，使其行动严谨、有条理，并反映企业理念的要求，可识别度高。企业行为包括的范围很广，它们是企业理念得到贯彻执行的重要体现领域，包括企业内部行为和企业外部行为两个方面，各种行为只有在企业理念的指导下规范、统一、富有特色，才能被公众识别认知、接受认可。通过企业内部的制度、管理与教育训练，使员工行为规范化；企业在处理对内、对外关系的活动中，体现出一定的准则和规范，并以实实在在的行动体现出企业的理念精神和经营价值观。通过有利于社会大众和消费者认知、识别企业的有特色的活动，塑造企业的动态形象，并与理念识别、视觉识别相互交融，树立良好的企业形象。

一、企业行为识别的含义

企业行为识别（BI）是企业所有员工行为表现的综合，是企业制度对所有员工的要求及各项生产经营活动的再现。

二、企业行为识别的构成

（一）企业内部识别系统

企业内部识别系统包括企业内部营造、员工教育、员工福利、废物处理、环境保护对策、员工行为的规范化等。

（二）企业外部识别系统

企业外部识别系统包括市场调查、产品开发、服务水平、广告活动、公共关系、促销活动、公益文化活动等。

三、连锁企业行为识别设计

（一）连锁企业内部行为设计

1. 工作环境规范化

连锁企业内部的工作环境应规范化，不仅包括硬环境，还包括软环境。硬环境是指物理环境，如办公室环境、自然环境、营销环境等。软环境是指人文环境，如领导风范、精神风气、竞争环境等。

2. 人力资源管理活动

连锁企业内外的人力资源管理活动在不同国家、不同行业和不同企业会表现出不同特点。着手解决相关问题，探索不同管理模式的决定性因素，并找出内在的原因和影响因素是有重要意义的。企业在人力资源管理模式方面，要以培养为主，进行人力资源管理时，结合人的情绪将其系统化成为类型；在人力资源的使用方面，应采取选拔进入和内部晋升的模式；在人员激励方面，应达到物质保障和精神鼓励相结合。

3. 员工行为规范化

连锁企业的员工行为规范化包括员工的道德规范、仪容仪表与着装规范、举止规范、语言规范等。这些行为规范必须通过制订相应制度，编制员工工作手册，实施企业培训，不断督促实施，才能得以体现。日本的丰田汽车从整理（seiri）、整顿（seiton）、清扫（seiso）、清洁（seiketsu）、素养（shitsuke）五个方面，不断丰富员工行为规范化，从而提高生产质量，提升市场竞争力。因此，企业员工行为规范化必须要常抓不懈。

4. 内部文化活动

内部文化活动是指在一定区域、一定条件下，社区成员共同创造的精神财富及其物质形态，长期以来谋求精神文化生活实践的产物。精神性突出的活动等也算作精神文化建设的范畴，包括文化观念，价值观念，精神，道德规范，行为准则等。连锁企业的内部文化活动可以从文、体两个方面进行，文娱活动可以推进企业内部各部门关系建设，加强彼此了解，发掘优秀人才，并通过相关主题式的文化活动，强化员工主人翁意识，提升员工对企业的归属感。体育活动可以强健员工体魄，激发团队昂扬向上的精神，通过文化设计，让企业组织建设形成“铁板”一块，形成一个有凝聚力、有战斗力的团队。

（二）连锁企业外部识别活动设计

1. 客户业务交往行为规范

客户业务交往行为规范是指连锁企业的业务拓展人员在同客户交往的过程中，从塑造企业形象的角度出发，所需遵守的行为规范。在与顾客交往过程中，遵守时间、重视承诺、主动帮助，这些便是企业交往的基本行为规范，也是日常行为必须形成的社交素养，是成为一个优秀职业人的“底色”。

2. 制订服务规范

制订服务规范是指连锁企业应制订出符合规范的服务活动。服务规范可以参考国家标准，或地方标准。制订服务规范，不仅可以进一步明确服务流程、提升服务质量、强化服务意识，还可以进行服务创新、服务再开发。

3. 公共关系行为规范

连锁企业公共关系行为规范是企业行为系统的主要内容。任何一个企业都不是孤立的客观所在，企业必须与其他组织产生联系，与相关组织形成良好的互动关系。得到相关组织的认可，树立良好的企业形象，是形成良好外部关系的关键，这些都需要企业通过公共关系来建立。开展公共关系活动，不仅可以提高企业的知名度，还可以提高企业的美誉度。

4. 建立沟通网络

建立沟通网络是指一群人建立和保持联系，以便相互沟通的一种形式。几乎每个人在组织中都会参与到网络中，成为其中的一员。沟通网络有助于管理者获得信息，也有助于管理者和员工搞好人际关系。网络的核心是一些有实权的人物，这些人物可能是领导者，也可能是一些作用大的“影子人物”。沟通网络有正式和非正式两种。

（三）避免行为识别设计中的错误

在进行行为识别设计时，要避免以下四种错误。

1. 脱实向虚

行为识别就如“上善若水，至柔至刚”，它是无形的，一旦成为人的行为习惯之后，又独有刚性。很多企业却将行为识别做“虚”了，行为塑造“雷声大雨点小”，变成了喊口号、挂条幅，没有制度的支撑和掷地有声的执行，导致后续无力，匆匆散场。例如，企业要推崇“狼文化”，就在办公区域贴上各种各样的海报，但当前的关键绩效指标（key performance indicators，KPI）或目标与关键成果法（objectives and key results，OKR）机制并不足以激发员工的动力，成了“推崇狼文化，却给员工喂猫粮”，这样的行为重塑很难成功。

2. 贪功冒进

行为塑造的推动过程非常不易，比业务改变、产品改进难得多。企业是由老板、管理团队和员工共同构成的，每个人既受环境的影响，也在影响环境。如果员工没有充分理解“为什么要变”“变什么”，就很容易在执行的过程中跑偏。所以，行为升级需“预热”，贪功冒进不可取。

3. 虎头蛇尾

行为塑造是一个持久战，是持续迭代的过程。很多企业虎头蛇尾，将行为识别做成一个一次性的、表面的、满足感官需要的活动，也是一大误区。另外，千万不要“狼来了”，领导者只是“喊两嗓子”并没有付诸行动。这会给员工带来消极负面的印象——领导们“心里想的”和“嘴里讲的”并不一致。只有高层领导者愿意去探索，辅以讲故事、视频宣传等强有力的传播方式，坚持推进，让文化传播像“涟漪”一样逐层漾开，才会影响更多的员工。

知识拓展：公司员工行为规范

4. 照搬照抄

有些企业在做行为塑造建设时，照搬照抄中国传统文化中的“家文化”，或者直接复制西方标杆企业的文化体系。但是，企业的发展阶段、特质不同，文化适用的环境也不同。正如近现代中国绘画大师齐白石所说：“学我者生，似我者死”，行为识别可以借鉴、学习，但绝不能抄袭。

思政园地

优秀的企业行为识别设计表现在以下几个方面：第一，技术形象包括技术优良、研究开发力旺盛、对新产品的开发积极。第二，市场形象包括认真考虑顾客问题、对顾客服务周到、善于宣传广告、消费网络完善、很强的国际竞争力。第三，公司风气形象包括洁净、现代感、良好的风气、和蔼可亲的形象。第四，未来性形象包括未来性、积极形象，合乎时代潮流。第五，外观形象包括信赖感稳定性高、企业规模大。第五，经营者形象包括经营者具有优秀的素质。第六，综合形象包括一流的企业、想购买此公司股票、希望自己或子女在该公司工作。优秀的企业的行为识别设计，会使员工自觉遵守，并引以为豪。

任务工单

1. 以小组为单位进行企业行为识别设计练习。

____

____

____

2. 点评其他小组的企业行为识别设计。

____

____

____

技能训练：企业行为识别设计练习

温故知新

单项选择题

1. 连锁企业内部行为设计不包括（　　）。

A. 工作环境　　B. 企业内外的人力资源管理活动

C. 服务活动　　D. 员工管理行为

2. 以下（　　）属于企业外部识别系统。

A. 员工福利　　B. 公共关系　　C. 环境保护对策　　D. 员工行为的规范化

3. 以下（　　）不属于连锁企业外部识别活动设计。

A. 客户业务交往行为规范　　B. 制定服务规范

C. 公共关系行为规范　　D. 工作环境规范化

4. 以下哪项不是企业外部识别设计。(　　)

A. 客户业务交往行为规范　　B. 制订服务规范

C. 公共关系行为规范　　D. 建立电商网络

5. 行为识别就如“上善若水，至柔至刚”，它是无形的，一旦成为人的行为习惯之后，又独有刚性。很多企业却将行为识别做“虚”了，行为塑造“雷声大雨点小”，变成了喊口号、挂条幅，属于(　　)错误 。

A. 虎头蛇尾　　B. 贪功冒进　　C. 脱实向虚　　D. 照搬照抄

任务四　企业视觉识别设计

小组任务

1. 如何准确进行企业视觉识别？

____

____

____

2. 哪些视觉识别给你留下了深刻印象？

____

____

____

知识精讲

微课：企业视觉识别设计

随着社会现代化、工业化、信息化的发展，企业优化组合的进程逐渐加快，组织机构日趋复杂，市场竞争更加激烈。企业视觉识别设计以最直接的方式向公众传达了企业的价值理念，企业各层级和整体管理者也在适应社会和改善经营之道的过程中不断完善企业视觉识别系统。在企业视觉识别设计中，形、色、动向、速度等要素的综合作用使企业形象的视觉设计理念逐渐成形。另外，企业视觉识别所展现的信任感和职业道德转换成产品的附加值后，也促进了企业间的交流。企业视觉识别会使人产生强烈的视觉冲击力，更好地诠释了企业的理念。

一、企业视觉识别的含义

一套优秀的视觉识别设计系统在许多时候都能产生强烈的视觉冲击力，它能直观形象地表达企业的理念，极大地提升企业或产品的形象。企业视觉识别（VI）是企业所独有的一整套识别标志，它是企业理念外在的、形象化的表现。

二、企业视觉识别的要素

（一）基本要素

1. 标准字

标准字（logotype）是指经过设计后，专门用来表现企业名称或品牌形象的文字，通常为某种特殊字体或字体的变体。标准字是VI设计中的重要构成元素，许多设计项目都要与它组合，并加以发展和延伸。标准字代表着企业独特的品位，因此在设计中应区别于普通印刷字体，根据企业或品牌的个性而设计，使视觉信息的传达更有效、更具特色。一般要做到三点：易识性、独特性、延展性。标准字与标志一样，以很高的频率出现在各种传播媒体中，应用范围广泛。面对不同传播媒体的要求与限制，标准字必须具有相应的延展性，能适应各种场合和载体，将其形态很好地呈现出来。

2. 吉祥物

吉祥物（mascota）是指为了配合企业广告宣传而专门设计的品牌视觉形象元素，多为人物或动物、植物等的拟人化造型（图4.2）。吉祥物象征着企业的经营理念和特色，在宣传品牌文化方面比其他品牌形象要素更具优势。吉祥物以富有动感的形态吸引消费者的注意，拉近企业与顾客之间的距离，使品牌形象更具亲和力。吉祥物有两个方面的功能：一方面，它是企业标志在市场竞争中的演化和延伸。吉祥物的设计可以用来补充标志、标准字、标准色彩所塑造出来的企业形象，使其更加丰富、完整。另一方面，它也是企业识别的辅助性视觉要素，配合其他视觉识别系统要素，把企业理念通过拟人的手法表达出来，有利于个性化企业形象的确立。

图4.2 兔圆圆吉祥物

3. 标准色

标准色（standard colors）是指为塑造特有的企业形象而选定的特殊颜色体系，它可以是一个色彩、两个色彩，也可以是多个色彩。标准色运用在所有的视觉传达设计媒体（标志、广告、服装、建筑等）上，通过色彩具有的象征性，触动人们的情感，并引发人们关于品牌的联想。建立一个企业专属的色彩识别体系，有助于传达企业的经营理念和产品的内容特质。企业通过色彩的视觉传达，设定反映企业独特的精神理念、组织机构、营运内容、市场营销与风格面貌的色彩。标准色在开发时，应注意宗教、民族、区域习惯等忌讳的色彩。

4. 标志

标志（logo）是视觉识别的第一形象要素，是牵动所有视觉设计要素的主导力量，也是整合所有视觉要素的核心。标志代表了品牌的理念、文化、精神，也代表了商品、组织机构的独特性和荣誉。标志具有一定的象征性和特指性，贯穿企业整个活动过程和所有层级关系。标志通常包括图形标志、字体标志或由两者组合而成的标志。近年来，字体本身具有说明性，已有取代图形标志的趋势。

5. 企业专用字体

企业专用印刷字体是企业视觉形象设计基础系统的一部分。企业专用印刷字体也叫企业专用字体（corporate custom font），包括中文字体和英文字体，主要在广告文案、产品海报和企业的行文中使用。企业专用字体一般不用专门设计，只需在现有的计算机字库中选择与设计主体形象、风格相协调的字体。主要用于企业画册、宣传品等的专用字体不宜太花哨，应尽量使用常规的字体，如宋体、黑体、楷体等。统一的专用字体有助于形成一致的视觉符号，应用在传播媒体、产品包装等载体上，可以传达统一的企业形象。设计师可根据不同的情况，选择不同的印刷字体，但要与企业标准字保持协调，还要注意不同场合适宜不同大小的字体。

（二）应用要素

1. 事务用品

企业使用的名片、文件、信封及便条纸等都属于事务用品，可采取统一设计模式，内容以简洁、能代表公司的基本设计系统为主，纸张的运用上以降低成本为主。事务用品应用面广、扩散范围大、传播率高、使用时间长，在实际项目中，可以根据企业的经济状况和经营规模有选择地应用。好的办公用品设计可以传达企业的个性、品位与文化内涵，让人产生耳目一新的感觉，并在不知不觉中赢得大众的好感与尊重。

2. 传统媒介宣传

在日趋激烈的市场竞争中，媒介宣传对商业活动起着不可小觑的推动作用。通过多种形式的媒介对企业的形象及产品信息等进行有规划、有目的的宣传是树立企业形象、推动业务发展及最大限度地赢得客户、稳定客户的重要手段。借助媒介可以实现企业与消费者之间零距离的沟通，扩大企业知名度，树立良好的品牌信誉。传统媒体宣传方式主要包括海报、杂志、报纸、宣传册和灯箱广告等印刷类广告。这些宣传媒介在日常生活中扮演着不同的角色，发挥着不同的功效。

3. 新媒体

新媒体包括交互式网络媒体、手机移动媒体、终端（卖场、机场巴士等）互动视频等，是大众化消费时代出现的、面向广泛受众的传播媒介。新媒体设计为企业提供了传统媒介无法实现的宣传模式，并以精准的受众定位和良好的传播效果赢得了消费者和广告客户的肯定，受到了众多企业和消费者的青睐。新媒体具有连通性、互动性、分众性、强制性的特点和“预体验”的功能。

4. 产品包装

产品包装是企业形象设计的重要组成部分，是产品形象塑造与展示的重要媒介，对企业形象有直接的影响。包装的功能由最初的保护产品、显示性能及便于运输等，逐渐发展成塑造企业形象、推销产品、促进销售。产品包装设计可细分为外包装、内包装、单个包装、系列包装、吊签、贴签、说明书和合格证等，应根据产品的实际需要增减设计内容。

5. 公共关系赠品

公共关系赠品作为企业与外界联络感情的有效工具，是指企业在涉外活动中赠予目标人群的礼品，其种类繁多。公共关系赠品的设计要针对品牌自身特有的情感表达需求，传递出企业基本的视觉形象信息，并将丰富的企业文化融入其中。公共关系赠品主要包括贺卡、邀请函、台历、挂历、明信片、吉祥物及礼品盒等。由于赠品会随着企业的发展不断推陈出新，所以进行企业视觉识别设计时，以常见的几种赠品作为设计载体即可。

6. 服装配饰

服装配饰是品牌形象设计的重要组成部分，整洁、美观、富有个性的服装能使企业员工产生归属感与责任感，形成管理有序的企业氛围，同时对员工的行为和礼仪起到无形的约束作用。统一的服饰可以使企业形象具有强烈的整体感，并为来访者及企业内部人员的身份识别提供方便。企业可以通过服饰设计，对员工的身份、职务进行明确的标识。一般来说，行政类岗位的服装款式应庄重大方、色彩沉稳；后勤类岗位（厨师、警卫、保洁等）的工作服应简洁朴素、色彩明亮；销售类岗位的服装设计风格则相对活泼、色彩鲜艳……具体设计时，应按季节分为春秋装、夏装、冬装。企业视觉形象的基本设计元素应与服装的款式和面料相结合，以整体形象统一为原则。

7. 交通运输工具

交通运输工具是一种传播企业形象的流动性媒体，可以出现在多种环境中，具有活动范围大、传播面广、经济可靠、持续时间长等优点，对提高企业形象识别性有很大的帮助，是宣传企业形象的重要途径。由于其移动速度较快，所以在设计时应注意企业视觉形象元素简洁、直观，使人们能在短时间内快速接收到传播的信息。

8. 空间设计

企业视觉识别应用系统中的空间设计是指企业内部、外部以宣传企业形象为主要目的，同时具有特定功能的环境系统设计。它通过对企业视觉形象元素的合理应用，在视觉上对环境进行规划，帮助人们熟悉并了解其所处环境的属性，形成正确的空间认知。同时，由于空间形式的多元化和信息社会企业千变万化的发展，空间设计已经逐步由强调信息传递功能向体现企业内涵、突出行业特征等方面转变。

知识拓展：海尔VI

思政园地

企业视觉识别是企业理念外在化、形象化的标志。企业视觉识别设计时，要注重突出自身的个性，注重原创性，同时要抵制抄袭现象，把共识力转化为行动力。

任务工单

1. 各小组讨论成功企业的视觉识别。

____

____

____

技能训练：门店CIS设计练习

2. 设计自己企业的视觉识别。

____

____

____

温故知新

单项选择题

1. 以下属于企业视觉识别应用要素的是（　　）。

A. 标准字　　B. 吉祥物　　C. 企业标志　　D. 传统媒介宣传

2. 以下属于企业视觉识别基本要素的是（　　）。

A. 产品包装　　B. 公共关系赠品　　C. 服装配饰　　D. 标准色

3. 以下哪项是企业视觉识别的简称？（　　）

A. MI　　B. BI　　C. VI　　D. EI

4. 以下哪项能产生强烈的视觉冲击力，能直观形象地表达企业的理念，极大地提升企业或产品的形象？（　　）

A. 企业理念识别　　B. 企业视觉识别　　C. 企业行为识别　　D. 企业听觉识别

5. 以下哪项不属于企业视觉识别？（　　）

A. 企业名称　　B. 品牌标志　　C. 标准字　　D. 员工行为规范化

综合能力提升训练

多项选择题

1. CIS包括（　　）。

A. 企业理念识别　　B. 企业行为识别　　C. 企业视觉识别　　D. 企业听觉识别

E. 企业环境识别

2. 连锁企业视觉识别应用要素的具体内容包括（　　）。

A. 事务用品　　B. 产品包装　　C. 空间设计　　D. 公共关系赠品

E. 交通运输工具

3. 连锁企业外部行为设计包括（　　）。

A. 企业公共关系行为规范　　B. 服务活动

C. 领导形象规范　　D. 客户业务交往行为规范

E. 员工行为规范化

4. 企业行为识别设计中的错误包括（　　）。

A. 脱实向虚　　B. 贪功冒进

C. 虎头蛇尾　　D. 照搬照抄

E. 视觉识别

5. 建立CIS导入机构应遵循的原则有（　　）。

A. 战略性原则　　B. 民族化原则

C. 同一性原则　　D. 系统性原则

E. 个性化原则

技能提升训练

实战题

为自己的企业设计CIS，并撰写CIS报告。要求：原创、避免学术不端、格式美观、无错别字。

任务评价表

评分标准	分值	自我评价	权重/%	组间评价	权重/%	教师评价	权重/%	得分
门店CIS设计的知识点与技能点是否牢固掌握								
是否能根据所学准确进行CIS设计								
是否体现出了现代服务意识			20		30		50	
是否积极参与团队合作是否顺利；是否体现互助意识								
情景模拟是否具有创新意识								
合计								

填表说明：

1. 实际得分 = 自我评价 ×20%+ 组间评价 ×30%+ 教师评价 ×50%。
2. 评价满分为100分，60分以下为不及格，60~74分为及格，75~84分为良好，85分及以上为优秀。
3. 最佳员工为本次活动中表现最优秀、贡献最大者。
4. 组间评价，本项目结束后由组长组织本组成员互评，并填入表格。

项目五　守正创新避雷同——门店外部设计

项目概要

知识目标

（1）确认连锁门店店面的含义和外部设计的要素；理解连锁门店外部设计原则；熟知连锁门店外观的类型。

（2）识记连锁门店店面的功能；明确店面风格的类型；掌握店面风格设计策略。

（3）区分店名设计的原则；学会运用店名及其字体和颜色的设计方法。

（4）明确店标的含义与作用；确认店标和招牌的分类；解决招牌位置的选择；学会招牌的设计。

（5）理解连锁门店橱窗的作用；熟悉橱窗的设计与制作要求；确认橱窗设计的主要因素；界定各种橱窗陈列方式，并做出正确的选择，识记门店周边的设计要点。

技能目标

（1）能对连锁门店外部整体设计有清晰、全面的认识。

（2）能清晰描述店铺外观布局的原则和风格。

（3）能遵循门店命名的原则对门店进行命名。

（4）能进行橱窗的设计。

价值塑造

塑造要素	要素来源的主要内容
守正创新	在门店各个部分的设计过程中秉承的理念
团结协作	与他人合作完成相关任务
顾客中心的理念	贯穿设计全过程
诚信	设计门店店名和店标要诚信，避免雷同
精益求精	学习知识、技能操作、实地调研的过程都需要精益求精

思维导图

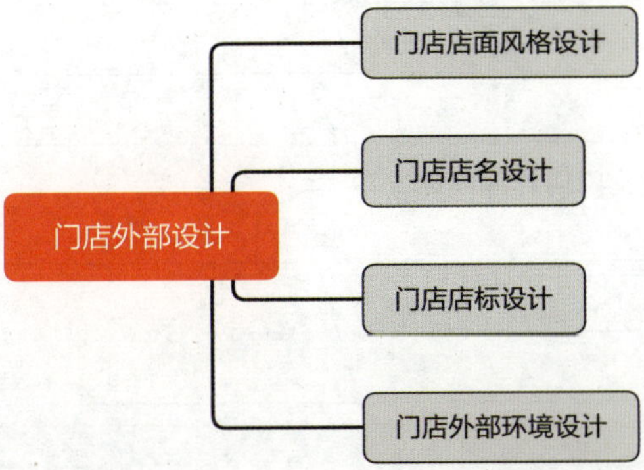

项目导入

福奈特的店面形象设计

众所周知，法国和意大利是世界时装的发源地，但很少有人知道他们对服装的清洗与护理技术也是世界一流的。福奈特（FORNET）就是源于法国的高质快速干洗系统（图5.1）。福奈特是法语组合词“EORNET”的中文音译。“FORT”是指有力、非常；“NET”是干净、整洁的意思；组合起来表示非常干净。为了读音方便，省略了“T”字母。无论在哪里，福奈特都向顾客表达着一种美好的意愿——为了干净。

图5.1　福奈特标识

福奈特已经遍布全国20多个省、自治区、直辖市，其马蹄莲标志已经在消费者心中根深蒂固。“FORNET”品牌色的创意来源于太平洋小岛未被污染的海水颜色，给人以清新、纯净的感受。字母“O”中富有动感的橘黄色，深浅搭配，赋予了标志主体生命与活力。店面中大量的玻璃装饰，意在体现其通透的视觉效果。福奈特的每个加盟店都采用前店后厂的店面布局，采用通透式经营的工作车间。这种看得见、摸得着的明档操作，加上高档而干净的设计风格，让顾客能随时感受福奈特的魅力。

企业培训：门店的设计

（资料来源：王吉方.连锁经营管理[M].北京：首都经济贸易大学出版社，2013）

思考：福奈特的店面形象设计给你留下了什么印象？

学习任务书

<table>
<tr><td>项目五</td><td>门店外部设计</td><td>学时</td><td></td><td>班级</td><td></td></tr>
<tr><td>组别</td><td></td><td>组长</td><td></td><td>日期</td><td></td></tr>
<tr><td>组员</td><td colspan="5"></td></tr>
<tr><td>任务目标</td><td colspan="5">1. 能为本组的拟开设门店进行外部设计；
2. 能根据客观情况，撰写合适的门店外部设计方案</td></tr>
<tr><td>工作任务</td><td colspan="5">1. 扫码观看门店外部设计4个任务的微课，各小组讨论，并做出总结。

2. 各小组讨论门店外部设计方案。

</td></tr>
</table>

续表

工作任务	3. 各小组列出学习本项目各任务时遇到的困难 ____________________ ____________________ ____________________

任务一　门店店面风格设计

小组任务

1. 请谈一谈你对连锁门店外部设计有哪些了解。

____

____

____

2. 门店风格设计的思路是什么？

____

____

____

知识精讲

店铺风格不仅可以展示店铺形象、品位，而且可以提升顾客的购物体验，从而吸引不同圈层的顾客。同时，店铺风格也是进行差异化竞争的关键因素。店铺风格的选择需要考虑市场需求、顾客消费偏好等要素。

微课：门店店面风格设计

一、连锁门店店面的含义

连锁门店的店面，广义上是指门店的迎街面，通常又称门面。对于大多数零售店来说，店面又是计量门店大小的单位，有一定的长度和跨度。狭义的店面是指连锁门店的正面入口，是顾客进入门店的主要通道。对于规模大的门店来说，入口往往不止一个，有的并排设计好几个门，有的几个方向都有入口，但所有的入口都有迎街的特点。如何吸引顾客及过路人的注意，就成了店面设计的主要目标。

二、连锁门店外部设计要素

门店外部设计主要是指对店铺或卖场本身所有的实体外观，包括店名、店门、店标、招牌、橱窗、外部环境等要素的设计。

（一）建筑式样和入口设计

一个连锁门店的建筑式样在一定程度上能够反映其所售商品的档次。大型品牌连锁门店的建筑式样一般以恢宏见长，小型专卖店则以纤巧取胜。连锁门店店门关系到顾客的入口，是引导顾客出入门店的重要连接口。入口设计得别具匠心，才能吸引顾客产生进店的欲望。

（二）招牌设计

招牌主要是针对店名、店标设计的表现。富有创意的连锁门店招牌可以使门店更加醒目，也可以很好地向顾客传达门店的经营理念。

（三）橱窗设计

橱窗是连锁门店的眼睛，是以商品为主体、装饰画面及布景道具为陪衬背景，在特定的空间里巧妙运用商品、道具、灯光、色彩、文字说明、画面等介绍宣传商品的综合陈列舞台。橱窗通过展示富有代表性的商品，来反映门店的经营特色。在橱窗设计中有三点应注意：切忌杂而全，要富有典型性；要随流行主题、季节主题的变化而变化，不可千日一面；橱窗设计应注意比例均衡、协调，给人以美感。

三、连锁门店外部设计原则

（一）展现统一性

没有统一的形象，就没有连锁经营。整体协调、统一的购物环境对塑造企业形象非常重要。连锁门店外部设计需要用统一的设计思想、设计标准对门店外部展现进行精心设计，分布在各地的连锁卖场都必须运用统一的识别系统。只有这样，连锁门店才能真正“连”起来，才可能形成竞争优势。

（二）突出经营特色

店面设计必须符合自身的行业特点，从外观和风格上使人一目了然地了解门店的经营特色。这是门店外观设计的基本要求。

根据门店经营的范围、档次，以及光顾门店的顾客的类型和特点，充分体现门店的经营特色，使顾客一看到门店的外观，就能产生较深刻的印象和进店的欲望；使顾客一进店，就能感觉到特有的气氛，产生购买欲望。因此，连锁门店的设计必须着眼于增强对顾客的吸引力，突出门店特色，使自己与众多竞争对手有较大区别。

一个门店的外观造型特色，最好能围绕门店所经营的主要商品，或者针对商品的营销特色去展开设计和构想，主要原则就是要使顾客从商店的外观，就能体会到或猜测到门店经营的范围，使之在商品的营销活动中，起到宣传门店经营品牌和招揽顾客的作用。

（三）醒目、刺激顾客

开设门店的目的是让顾客消费，消费的前提是进入门店，进入门店前必须先关注门店，关注门店的前提是门店给顾客以刺激，使其看到外观后，驻足观望并产生进入的欲望。醒目、刺激顾客的手段很多，新颖的店名、简洁明快的标识、颜色醒目的装饰物等都是不错的选择。例如，台湾一家零售店在店前设置了一个高约一米的塑像，其造型以该店老板为原形，进行了漫画式的夸张，这个塑像每天都在店门口“笑容可掬”地迎来送往，吸引了不少顾客。另外，醒目的外观设计还需要注意以下几点。

1. 装饰宜简洁，色彩要协调

装饰不宜采用过多的线条分割和色彩渲染，以免使顾客产生视觉疲劳；色彩要统一协调，不宜采用生硬的、对比强烈的色彩。例如，白、蓝、黄等比较常见的颜色不会用在时尚服装店面装饰上。白色一般用于正装，黄色一般用于童装，而时尚服装店面应该选择黑色、大红色、灰色、亮白色、银色等一些比较年轻化和时尚气息比较浓的颜色。协调的店铺主体颜色不应超过三个，而且应与店铺经营风格相关联。

2. 与周围环境要协调

外观设计要与周围商业设施相区别，给顾客以鲜明醒目的印象，但也要注意造型与色彩的整体效果，不宜与周围商业环境反差过大。若外观设计风格过于迥异，反而会使顾客难以接受，从而影响销售。

（四）方便顾客，服务大众

门店外观设计必须坚持以顾客为中心，满足顾客的各种需求，这也是现代营销思维的核心所在。连锁门店不同于大型的购物广场，休息、消遣、娱乐等功能居于次要位置，但是丰富、优质的商品，方便、快捷、专业的服务，对于连锁门店尤为重要。这就要求在门店设计的方方面面都要符合顾客的购物特点和规律，这是门店经营的基本点之一。以方便顾客为例，可从以下几个方面理解。

（1）从交通往来角度：方便顾客寻找、到达和离开店铺。

（2）从交通工具停放角度：有宽畅的停车场，车辆出入畅通无阻，而且收费合理。

（3）从进入店铺角度：出入口标识清晰，店门外不能有任何障碍物，让顾客能顺利、方便地进入店铺。

（五）注重安全性

门店是人口密集的地方，也是货物、资金、设备集中的地方，一旦出现安全事故，后果不堪设想。因此，进行店铺外观设计时不能降低对安全事故的防范意识，如发生倒塌、火灾、地震等情况，应采取有效的应急措施。

（六）具有艺术性

美并不等于豪华。美首先应是一种和谐。购物环境作为顾客辨认商店的途径，在布置上应有创意，并且具有独特的面貌和出奇制胜的效果。善于捕捉顾客的视觉，从而引起其注意，产生强烈感染力，而这就需要遵守艺术的规律。

（七）关注经济性

连锁门店外部设计应尽可能降低单位面积投资，保持合理的投资比例。在进行可行性研究时，要认真地测算，使其既符合现代经营的需要，又必须留有发展余地。

四、门店外观的类型

连锁门店的经营业态和经营方式多种多样，其店面外观也不尽相同。一般来说，店面外观有三种类型。

动画：门店外观的类型

（一）全封闭型

全封闭型的店铺面向街道的一侧应使用有摆设的橱窗或有色玻璃封闭起来，入口比较少。经营宝石、金银器等贵重商品的连锁专卖店宜采用这种类型，因为到这里购物的顾客被限定为一部分人，需要顾客安静、愉快地选购商品，不需要所有人从外面看到店内情况。

（二）半开放型

半开放型的店铺入口数量适中、玻璃明亮。从街道上，顾客能一眼看到店内情况，然后被引入店内。这种店铺外观的吸引力是至关重要的，应通过橱窗布置，使橱窗对顾客具有吸引力，尽可能无阻碍地把顾客引导到店内。经营化妆品、服装、装饰品等商品的百货商店采用这种类型比较合适。购买这类商品的顾客都预先有购买商品的计划，其目标是买与自己的兴趣爱好一致的商品，突然跑进特定商店的例子是很少的。一般是顾客从外边看到橱窗，对商店经营的商品产生了兴趣才进入店内，因而开放度不要求很高，应使顾客在店内可以安静地挑选商品。

（三）全开放型

全开放型的店铺是把店铺的前面，即面向街道的一侧全开放。没有橱窗，顾客出入方便，而且没有任何障碍。在我国南方地区，全开放型店铺很常见，而北方则少一些，这是由于南北两地的气候条件决定的。这种店面类型适合出售食品、水果、日杂等日用品商店。去超市购买这类商品的顾客并不关心橱窗陈列，而是希望直接见到商品和价格，所以不必设置陈列橱窗，应多设开放入口，使顾客可以自由地出入商店，没有任何障碍。陈列柜台也应做得低一些，使顾客在马路上就能很容易地看到商店内部和商品。

随着零售行业的竞争日渐加剧，店面个性化特色越来越发挥出它的重要作用。店面的风格指的是店铺个性化特色的外在表现。研究店铺风格主要从店面内部布局和外观店面设计的角度考虑，本书主要研究店面风格的功能和店面风格设计策略。

五、店面风格的功能

（1）店面风格反映经营管理者的经营理念。一个保守的企业经营者，是不可能把自己的店面装饰得太过前卫。

（2）店面风格反映店铺经营产品的类别。工业五金类产品与眼镜店、化妆品产品的店面风格是大不一样的。

（3）店面风格反映企业经营的文化底蕴。例如，我国许多老字号品牌由于多年的经营，其无形资产价值不可低估，其关键在于文化在起作用。所以，它们的店面仍然保持传统的特色，就是文化的继承，也是经营特色的反映。

（4）店面风格反映企业经营的不同阶段和经营范围。在一个区域经营的店铺，它的店面风格不可避免地具有当地风格。而跨国集团的经营店面一般情况就是应该标准化，能够为全球大多数消费者所接受，为各地的不同文化所接纳。

六、店面风格的类型

店面的风格指的是店面个性化的外在表现。随着零售行业的竞争日渐加剧，店面的个性化越来越重要。个性化的门店风格具有强化人们对店铺识别和记忆的功能，能展示企业经营的文化底蕴和经营理念，激起人们的购物欲望，对购物活动产生积极影响，并建立良好的销售形象。和谐完美的购物环境能愉悦人们的心理，进而起到促销作用。常见的店面风格可以分为五类。

（一）平铺直叙式风格

平铺直叙式风格是最常见的店铺店面风格类型。在日常生活中，人们经常路过一些店铺，但对其店面没有任何印象，这是该店面设计没有特色的结果。

（二）抒情夸张式风格

抒情夸张式风格的店面相对较多，多用于青少年产品的店面设计或新潮时尚产品的店面设计。其功能是烘托气氛、产生联想、愉悦心情，从而引起人们的好奇，并产生进去看看的想法。例如，日本有一个店铺取名“名古屋”，而日本有个城市就叫名古屋，这个店铺和城市有关系吗？只有进去看看才知道，那么就有了消费的可能。

（三）兼收并蓄风格

兼收并蓄风格的店铺比较少，因为兼收并蓄有可能丧失特色。例如，主营乡村风格商品的店铺却用现代化的灯光设备进行店面设计安装。

（四）前卫时尚风格

前卫时尚风格的店铺也比较少，主要是青少年产品的店铺，其目的是突出店面和产品的个性。例如，军体用品店面用绿色和军人形象作店铺设计；眼镜店的店面用的是玻璃钢门窗，里外通透，既体现行业特色又时尚无比。

（五）科技风格

科技风格的店面风格现在比较常见。在连锁店里，国美、苏宁等都是代表。字体方面得体大方、文字简洁，文字以蓝色为主，体现科技元素；小门大店面，充分利用店面广告作用，体现以市场为导向的经营理念；取消橱窗，运用玻璃幕墙，里外透明，体现了企业的阳光服务本质。

通过以上的风格类型介绍，可理清店面设计的大体脉络。在实际应用中，可以研究分析商店及其周围环境，根据设计定位来确定设计的思路。

七、店面风格的设计策略

（一）重视经营必须重视门脸

门脸是企业经营的外在表现，顾客首先看到是门脸，正是由于门脸具有吸引力，顾客才会产生进入店铺的兴趣。进入店铺后，店内布局的效果会对顾客购买产生影响。所以，店面风格设计的好坏，直接关系到店铺对顾客的吸引力。

（二）以目标顾客的审美观进行设计

每一个店面都有自己的目标顾客，以目标顾客的审美观进行店面设计，本身就是保持个性的体现。这既是店铺对顾客进行调查、与顾客进行沟通的结果，也是对顾客的尊重。

（三）根据经营内容的行业特点进行设计

由于经营内容的不同，店面形式也必然不同。例如，设计快餐店时，若以钟表首饰店的精致典雅外观作为设计依据，显然是不适宜的。另外，经营规模、面积上的差异，同样也将决定店铺外观的不同形式。规模不大的店铺只求一种雅致、精巧的外观气氛；若是具有一定规模的购物中心或超级市场，则需要呈现华贵气派、宏伟大方的形象。人们平时受到文化的影响，往往对某些现象有着基本相同的看法，对行业的认识也有相同的特点。例如，化妆品连锁店的店面应该体现清爽的风格，而鞋店风格应庄重、踏实和简洁。

（四）根据顾客的年龄进行设计

年龄不同、心理不同，欣赏、观察事物的角度也不同，因此必须根据年龄进行设计。例如，销售婴儿商品的门店，外观设计要温馨；销售青少年商品的门店，外观设计应活泼；销售中年商品的门店，外观设计应庄重、大方，不能用太艳丽的色彩；销售老年商品的门店，外观设计应庄重、凝练。

（五）店面设计要有独创性和唯一性

由于店面是顾客识别店铺的重要标志，因此店面必须和别的店面有明显的差异，要有个性，并且个性是内外统一的。另外，店面设计的独创性和唯一性同经营的区域有关系。若想在全国发展连锁店铺，则店面必须在全国具有差异性和唯一性；若想成为全球企业，店面设计必须具有全球范围的适应性和差异性。这里的适应性是指店面的风格在世界各地能被接受。

知识拓展：喜茶的外部风格设计

思政园地

以顾客为中心是以买方（顾客）的要求为中心，其目的是从买方（顾客）的满足之中获取利润，这可以被认为是一种“以用户为导向”或称“市场导向”的经营观念。顾客理念的核心是以顾客为中心，组织依存于其顾客。因此，组织应理解顾客当前和未来的需求，满足顾客要求并争取超越顾客期望。服务人员在与顾客交往时，自始至终都应保持愉快、亲切的服务态度，任何时候都不应以生硬和冷漠的服务态度接待顾客；任何原因都不应成为服务人员发脾气、使性子、耍态度和失礼貌的理由。在门店外部设计的各个方面也需要秉承顾客中心理念，充分考虑目标顾客需求，关注顾客审美，体现对顾客的尊重。

任务工单

1. 调查你了解的连锁门店，结合连锁门店设计的原则，分析其外部设计的合理性。

2. 自选一家熟悉的门店，分析其门店风格的个性化特色。

温故知新

1.(　　)是店铺个性化特色的外在表现。

A. 橱窗设计　　B. 店面风格　　C. 招牌文字　　D. 店名设计

2.(　　)是最常见的店铺店面风格类型。

A. 抒情夸张　　B. 兼收并蓄　　C. 平铺直叙　　D. 前卫时尚

3. 国美和苏宁的店铺风格属于(　　)。

A. 抒情夸张　　B. 兼收并蓄　　C. 科技风格　　D. 前卫时尚

4. 顾客一看到门店的外观，就能产生较深刻的印象和进店的欲望；顾客一进店，就能感觉到特有的气氛，产生购买欲望。这一条体现的是门店外部设计的哪个原则？(　　)

A. 统一性　　B. 突出经营特色　　C. 刺激顾客　　D. 方便大众

5.(　　)型的店铺面向马路的一侧，用有摆设的橱窗或有色玻璃封闭起来，入口比较少。

A. 全封闭　　B. 半开放　　C. 全开放　　D. 半封闭

任务二　门店店名设计

小组任务

1. 连锁门店店名设计需要遵循哪些原则？

2. 连锁门店店名命名有哪些方法？

知识精讲

连锁门店的店名十分重要，一个具有高度概括力和强烈吸引力的名称，对顾客的视觉和心理都起着重要影响，它不仅能给人以美的享受，而且能吸引顾客、扩大销售，起到第一“推销员”的作用。作为门店，起名也是一个大学问，名字要雅，有潮流感，能打动顾客的心。一个好的店铺名必须适合其目标顾客的层次，适合其经营宗旨和情调，这样才能为店铺树立美

微课：门店店名设计

好的形象，增强对顾客的吸引力。古代商号都很注重使用寓意吉祥、顺利的字眼，所以那时的店铺大都冠以顺、广、泰、祥一类的字眼，为的是讨个舒心、吉利。现代经营也十分讲究给自己的店铺起个言简意赅、寓意舒心、富有特色的店名。

一、店名设计的原则

（一）易读、易记

易读、易记是店名设计最根本的要求。店名只有易读、易记，才能高效地发挥它的识别功能和传播功能。如何使店名易读、易记呢？这就要做到以下五点。

1. 简洁

店名简洁、直观，易于和顾客进行信息交流，而且店名越短，就越有可能引起顾客的遐想，其含义更加丰富。绝大多数知名度较高的零售店店名都是非常简洁的，多为2—3个音节，如“好又多超市”等。

2. 独特

店名应具备独特的个性，力戒雷同，避免与其他零售店店名混淆。如日本索尼公司（SONY），原名为“东京通信工业公司”，本想取原来名称三个字的第一个字母组成的TTK作名称，但产品将来要打入美国，而美国的这类名称多如牛毛，如ABC、NBC、RCA、AT&T等。公司经理盛田昭夫想，为了企业的发展，产品的名称一定要风格独特、醒目、简洁，并能用罗马字母拼写。另外，这个名称无论在哪个国家，都必须保持相同的发音。为遵循上述想法，盛田昭夫查了不少字典，发现拉丁文中“SONUS”是“SOUND”（英文意为“声音”）的原型；同时，“SONNY”一词非常流行，是“精力旺盛的小伙子”“可爱的小家伙”之意，正好有他所期待的乐观、开朗的含意。但是，他又考虑到该词如果照罗马字母的拼法，发音正好与日文中的“损”字相同，这将引发不利的产品联想。突然，盛田昭夫灵机一动，将“SONNY”的一个字母去掉，变为“SONY”。“SONY”既是“SOUNS”的谐音，又有“SONNY”之意，简直太棒了。于是，盛田昭夫将“SONY”作为公司生产的所有产品的注册商标，并将公司名称由“东京通讯工业公司”改为“SONY公司”，这一名称很快被人们记住。

3. 新颖

新颖是指店名要有新鲜感，赶上时代潮流，创造新概念，如“柯达”（KODAK）一词在英文字典里根本查不到，本身也没有任何含意，但从语言学来说，“K”音如同“P”音一样，能够给人留下深刻的印象。同时，“K”字的图案标志新颖独特，人们第一次看到它，精神常为之一振，这就更进一步加深了顾客对KODAK的记忆。

4. 响亮

响亮是指店名要易于上口，难发音或音韵不好的字，都不宜用作店名。例如，“健伍”（KENWOOD）音响原名为“特丽欧”（TRIO），改名的原因是TRIO音感的节奏性不强，前面“特丽（TR）”的发音还不错，到“O”时，读起来便头重脚轻，将先前的气势削弱了好多。改为KENWOOD后，效果就非常好。因为KEN与英文中的CAN（能够）有谐音之妙，而且朗朗上口，读音响亮。WOOD（茂盛森林）又有短促音的和谐感，节奏感非常强，二者组合起来，确实是一个非常响亮的名字。

5. 高气魄

高气魄是指门店名要有气魄，起点高、具备冲击力及浓厚的感情色彩，给人震撼感。例如，珠海的海蓉贸易公司为了使其生产的服装打入国际市场、参与世界竞争，公司决定改名。通过对几个方案的比较，最后决定用“卓夫”作为产品和公司的名称。“卓夫”是英语“CHIEF”的音译，英文含义为首领、最高级的（名词或形容词）；中文含义为“卓越的大丈夫”。中英文合二为一，演绎出一种高雅、俊逸、不同凡响的风格。正如设计者所言：“作为产品，它是高级、高档、质量的象征；作为企业，它是卓越、领先、超众的代表。”

（二）暗示门店经营属性

门店店名应该暗示经营产品的某种性能和用途。店名越是描述某一类产品，就越难向其他产品延伸。因此，店主为门店命名时，勿使用店名过分暗示经营产品的种类和属性，否则将不利于企业的进一步发展。但是，在服装行业，如果服饰店经营的是某一类型服装，面向的是固定的某一圈层顾客，则可以面向顾客而取名，使他们知道店的类型。

（三）启发店铺联想

启发店铺联想是指店名要有一定的寓意，让消费者能从中得到愉快的联想，而不是消极的联想，也就是讨个吉利的名字。但要注意，有时从一种语言看来，它是吉利的，而在另一种语言中，就会有消极的意义。出现这种情况时，如果想进入该地区的市场，就必须改名。

“金利来”远东有限公司创办人曾宪梓曾经专门谈及他的产品“金利来”的确定经过。曾宪梓先生认为，要创名牌，先要选好名称。金利来原来叫金狮，一天，他将两条金狮领带送给他的一个亲戚，但亲戚却满脸不高兴。因为亲戚认为“狮”和“输”读音相似，当天晚上他一夜未睡，为改金狮这个名字绞尽脑汁。终于，将GOLDLION（金狮）的意译和音译相结合，即GOLD意为金，LION音读利来。这个名字很快就被大家接受，戴领带的各阶层生意人多，谁不希望“金利来”呢?

（四）支持店铺标志物

标志物是指店铺中可被识别，但无法用语言表示的部分。当店名能够刺激和维持店铺标识物的识别功能时，店铺的整体效果就加强了。

标志物是零售店经营者命名的重要目标，需要与零售店店名联系起来。例如，当人们听到李宁牌的运动服时，立刻会想到世界体操冠军李宁健康优美的身姿，这样，李宁品牌在消费者心目中就留下了深刻的印象。

（五）适应市场环境

零售店店名对于相关人群来说，可能听起来合适，并会产生使人愉快的联想，因为他们是从一定的背景出发，根据某些偏爱的特点来考虑的。但是，一个以前对它一无所知的人第一次接触这个名字，会产生怎样的心理反应呢?这就要求零售店店名要适应市场，更具体地说，要适合该市场上消费者的文化价值观念。零售店名不仅要适应目前目标市场的文化价值观念，而且也要适应潜在市场的文化价值观念。

文化价值观念是一个综合性的概念，它包括风俗习惯、宗教信仰、价值观念、民族文化、语言习惯、民间禁忌等。不同的地区具有不同的文化价值观念。因此，零售店经营者要想使零售店进入新市场，首先必须入乡随俗，有个适应当地市场文化环境并被消费者认可的名称 。

不同的国家和地区，在文化上有很大的差异。例如，同样的植物或动物，具有不同的象征意义：仙鹤在中国与日本都被视为长寿的象征，而在法国则被看成是蠢汉的代表；菊花在意大利被视为国花，但法国人却认为菊花是不吉利的象征。

鉴于此，连锁门店店名的设计者应本着适应性原则，在为门店命名时，要把眼光放远一点，给门店起一个在全世界都被认可的名字。

（六）符合法律保护

连锁门店经营者还应该注意，绞尽脑汁得到的门店店名一定要及时注册，受到法律的保护。要使零售店店名受到法律保护，必须注意以下两个方面。

1. 连锁门店店名是否有侵权行为

经营者要通过有关部门，查询是否已有相同或相近的零售店店名被注册。如果有，则必须重新命名。

2. 连锁门店店名是否在允许注册的范围以内

有的零售店店名虽然不构成侵权行为，但仍无法注册，难以得到法律的有效保护。例如，1915年以前，德国法律规定仅有数字内容的门店名称是不可注册登记的。零售店连锁门店经营者应向有关部门或专家咨询，询问该店名是否在法律许可注册的范围内，以便采取相应的对策。

二、店名命名的方法

2009年4月1日起，《个体工商户名称登记管理办法》正式实施，个体户将可以用阿拉伯数字、路名等来取更有个性的店名。但不能使用政党名称、党政军机关名称、群众组织名称、社团组织名称及其简称、部队番号命名，而且“八一”“110”“119”“12315”这些可能对公众造成欺骗或误解的数字组合也是不得使用的。另外，“中国”“中华”“全国”“国家”“国际”这些字词，以及汉语拼音、字母、外国文字、标点符号也不允许用在店名中。一般来讲，门店命名常用的方法有以下三种。

（一）人名命名

用人的名字命名，如历史人物、小说人物及现代名人等。这种方法常用于成立较早、历史较长的店铺。人名作为店名与众不同，会让人感到熟悉和亲切，如“老舍茶馆”，就是以著名作家“老舍”来命名的。

（二）数字命名

以数字作为店名，能让人易记、易识。可以将数字和历史、电话区号、吉利数字结合起来，如“时尚酒吧1912”“2046旗袍店”“体育西路1号餐馆”等。

（三）其他命名

连锁门店除了用人名和数字命名外，还可以利用动植物和字词组合进行命名。另外，有的门店以经营特色进行命名，也就是将门店的经营特色用名称进行表达和强化，从而方便消费者认知、记忆等。还有的门店以货品的质量、方便程度等进行合名，如物美超市、百佳超市、美佳超市等。

店铺的命名可以通过多种途径进行征集和筛选，如发动企业内部员工为本企业命名、委托专业公司或向社会有奖征集企业名称等。

三、连锁店名字体与颜色设计

连锁店取了店名后，就应该进行标志字的设计。连锁店名字体也称连锁店的标志字，拉丁语为Logotype，原来是印刷用语，原意是指两个以上文字组成一个固定的整体，因此店名字体也称组合字体。连锁店名字体是其店面识别系统的构成要素之一，有时还是店铺标志的一部分，它是将企业经营活动中的规模、价值观念、经营理念，通过可读性、说明性、鲜明性、独特性的组合字体，在目标市场上进行传播，以达到识别的目的。与普通字相比，连锁店名字体在书写方面除了造型外观上的差异以外，更存在文字间的配置关系的不同。它强调连锁企业的个性形象与整体风格。

（一）连锁店名字体特征

连锁店名字体具有以下特征：识别性、造型性、易读性、系统性。店名字体作为一种符号，是连锁店铺识别系统的组成部分，能表达丰富的内容。设计专家发现："由细线构成的字体"易让人联想到香水、化妆品、纤维制品；"圆滑的字体"易让人联想到香皂、糕饼、糖果；"角形字体"易让人联想到机械类、工业类用品。由此可见，不同字体的含义各不相同，连锁店经营者有必要在店名字体上下功夫。例如，"雪碧""芬达"就将店名字体的比例、形状处理得精致美观，尤其是雪碧中"碧"字的一点，是柠檬形象的高度抽象；芬达中"达"字的一点，是橙子叶子的高度象征，非常醒目、传神。

（二）连锁店名字体类型

无论是英文店名字体，还是汉字店名字体，均可粗分为印刷体、美术体和书写体三类。如果略加细分，可分为更多类，见表5.1。

表5.1 连锁店名字体分类

字体	汉字	英文
印刷体	宋体、黑体	古罗马体、现代罗马体、无饰线体
美术体	象形、立体、彩色、附加装饰	象形、立体、彩色、附加装饰
书写体	正楷（大楷、小楷）、隶书、篆书（大篆、小篆）、碑书、草书（大草、小草、狂草）	草书体、自由手书体

（三）连锁店名字体的性格属性

连锁店名字体的性格属性可分为粗犷、豪放型，如方饰线体、新魏碑等；庄重、典雅型，如古罗马体、卡洛林体、仿宋、黑体等；潇洒、飘逸型，如意大利斜体、行书等；纤巧、秀丽型，如草书、隶书等；古拙、稚气型，如正圆形的罗马体等。按字体的演进分类，又可分为：古典型，其特征为典雅、多装饰，如古歌德体；现代型，其特征为符号化、单纯化、简洁有力，如无饰线体。不同的店铺定位、风格、属性都需要不同的字体来搭配。例如，高端大气的品牌，可以选择优雅、精致的有饰线体，以彰显品质；而休闲、时尚的品牌则适合选择清新、简洁的无饰线体，符合潮流。

（四）连锁店名字体颜色的设计

大多数店名字体被放置在店面标志图案的突出位置，所以对其色彩的处理应采取与标志图案主色调对比调和的方法。例如，采取补色调和、明暗调和、纯色调和等，以取得明快、强烈的视觉效果。有的连锁门店经营者在店名字体上搞“文身”式的装饰，或者拼命在标志图案的底色上加彩增色，结果使消费者眼花缭乱，也就失去了店名的整体感和易读性。

连锁门店经营者要认真研究企业店名字体与底色之间的关系，使它们协调一致，以增强店面标识系统整体的视觉效果。经验证明，店名的字或字母数量越多，色饰成分应该越少。店名字体的色彩要增强文字的表现力、美感与阅读的舒适度。

标志底色与店名字体色的理想搭配见表5.2。

表5.2　标志底色与店名字体色的理想搭配

底色	文字色	底色	文字色
黄色	黑色	绿色	白色
白色	绿色	黑色	白色
白色	红色	黄色	红色
白色	青色	红色	绿色
黑色	黄色	绿色	红色
红色	白色		

（五）店名字体的设计程序

为了设计出新颖别致的连锁企业店名字体，设计人员必须遵循一定的程序，将设计的经验与理论知识结合起来。大量实践证明，店名字体的设计可以分为四个阶段，即调查分析、确定造型、配置笔画和编排制图。

1. 调查分析

在设计店名字体之前，应对现在使用的企业名称、自有品牌名称等字体进行分析，分析它们是否符合店名字体的基本设计要求，它们之间是否有统一性和规律性，并将这些资料进行归纳，作为设计店名字体的依据。一般来讲，调查分析要从以下几个方面展开。

（1）店名字体是否符合所处行业的特征。

（2）店名字体是否与经营产品的特征一致。

（3）对外宣传中所用的店名字体是否统一。

（4）现有的店名字体是否具有独特风格和新颖形态。

（5）店名字体是否符合市场消费者的审美情趣。

（6）店名字体是否有现代感。

（7）店名字体是否符合美学原则。

（8）店面字体是否与企业的名字、自有品牌相符。

（9）店名字体是否能充分体现企业的经营理念。

（10）店名字体是否有利于开展市场营销活动。

（11）店名字体是否能体现企业营销活动特征。

（12）店名字体是否合理，具体包括店名字体的外形特征分析、店名字体的线型分析、店名字体的编排方式分析、店名字体的色彩分析。

2. 确定造型

根据调查所得材料，在确定连锁企业的经营特征、目标市场特点后，就要确定店名字体的造型。例如，正方形、扁形、长方形、自由形、斜形等。店名字体的外形要与经营商品的特征一致，也要反映企业经营理念。

店名字体确定以后，可在其中划分若干个字格，斜线作为辅助线，以配置店名字体的笔画。常见的字格有米字格、十字格及四字格等。

3. 配置笔画

为店名字体配置笔画，首先要画出布局，在打好间架之后，依据结构布局进行全面的调整，以求空间的合理与均匀；再根据确定的字架，画出文字的实际结构，对不均匀之处进行修改和调整。

4. 编排制图

在完成店名字体设计工作后，必须按照规范的制图法，制作出大小规模不同的式样字，以适应企业开展广告推广、产品促销、包装标示、公共宣传活动的需要。

店名字体的标准化制作，是指确保在经营活动中，店名字体传播保持统一性、标准化的有效手段。在连锁企业营销活动中，可以按标准图的大小尺寸来放大或缩小店名字体，以适应实际需要。对店名字体进行标准作图，具体包括对店名字体的空间、形态、角度配置及笔画等内容设置明确的尺寸标准，以确保效果的统一性。标准作图的方式有以下两种。

（1）方格法。以等分线划出方形格子，然后将店名字体放在其中，注明高度、宽度、角、圆心等关系和位置。如果店名字体比较简单，可进行重点标注；如果字体复杂，则要尽量标注详细一些，关键部分更要仔细标注。

（2）直接标示法。直接将尺寸标示在线框外。这种方法往往用于字体非常复杂且方格无法标示清楚的店名字体。

在设计店名字体过程中，往往将上述两种方法结合起来使用，从根本上控制字体图形、形象图形、辅助图形的整体造型及其细部处理。这就使店名字体的图形规范，既精致又数量化，便于应用操作，防止错位变形。

知识拓展：优秀店名的特征

思政园地

在河南省某村庄经营了十几年小超市生意的梅女士，忽然收到位于千里之外的“大企业”——某连锁商业集团股份有限公司的一纸诉状。对于这起事先没有任何沟通的官司，她感到震惊。2010年，她从原店主那里接手这家超市，关于所谓的商标事宜，她不太懂，仅仅是沿用了原来的门头。在工商局注册的营业执照上，也没有写该公司名称。梅女士称，自家超市面积不超过60平方米，顾客也就是村子里的五六百口人，每天营业额不超过一千元，她根本不知道还有一个同品牌名的大超市，更谈不上故意去侵犯对方的商标权。其实该商标主要用于超市，而梅女士经营的也是超市，并用了标识，易让消费者混淆，误认为梅女士经营的超市就是享有商标权的注册人所经营的超市，所以梅女士经营的超市构成商标侵权，该连锁商业集团股份有限公司有权要求梅女士承担侵权责任。

经营者应树立品牌意识，通过商标检索工作，避开他人商标权的专用区域，打造属于自身的特色品牌，只有这样才能防止踏入侵权的雷区。同时，本案例仅支持了权利人的维权合理开支，充分体现了商标的生命和价值在于实际使用的立法精神。未实际使用的注册商标，其实并未在市场流通中发挥市场识别作用，因商标使用而承载的商誉更无从谈起，从而缺乏商标保护的实质性利益。因此，经营者应重视品牌商业化运营及实际使用。

任务工单

1. 假设你将在你所在学校内开设一家便利店，请你为这家便利店设计店名，并说明你的设计理由。

____

____

____

2. 请为自己的虚拟门店设计店名。

____

____

____

温故知新

单项选择题

1. 一个好的店铺名必须适合其（　　）的层次，适合其经营宗旨和情调，这样才能为店铺树立美好的形象，增强对顾客的吸引力。

A. 店面设计　B. 经营产品　C. 目标顾客　D. 消费群体

2.（　　）原则是店名设计最根本的要求。

A. 暗示经营属性　B. 易读、易记　C. 启发联想　D. 支持标志物

3.（　　）指门店名要有气魄，起点高、具备冲击力及浓厚的感情色彩，给人震撼感。

A. 高气魄　B. 响亮　C. 简洁　D. 独特

4. “老舍茶馆”是利用（　　）的方法进行命名的。

A. 数字命名　B. 经营特色命名　C. 简洁　D. 人名命名

5.（　　）的标准化制作，是确保在经营活动中，店名字体传播保持统一性、标准化的有效手段。

A. 店名颜色　B. 店名风格　C. 店名造型　D. 店名字体

任务三 门店店标设计

小组任务

1. 为什么要对连锁门店的店标进行设计？

2. 请你谈一谈如何进行店标设计？

知识精讲

门店除了店面以外，还包括店标。好的店标不仅能帮助门店吸引顾客，而且能加深门店在消费者心中的印象。

微课：门店店标设计

一、店标的概念与作用

店标是指商品店面标识系统中可以被识别，但不能用语言表达的部分，是店面标识的图形记号。随着企业的成长，店标的价值也在不断增加。曾有人断言："即使一把火把可口可乐的所有资产烧光，可口可乐凭借其商标，也能重新起来。"店标是企业品牌的可视化形象，具有长远眼光的企业，都十分重视店标的设计。

门店店标作用体现在以下三个方面。

（1）店标能够引发消费者产生门店联想，尤其能使消费者产生有关商店经营商品类别或属性的联想。

（2）店标能够促使消费者产生喜爱的感觉。例如，米老鼠、快乐的绿巨人、康师傅方便面上的胖师傅及麦当劳等。这些标识都是可爱的、易记的，能够引起消费者的兴趣。而消费者都倾向于把某种感情从一种事物传递到与之相联系的另一种事物上。因此，由于连锁企业店标而使消费者产生的好感，在某种意义上可以转化为积极的商店联想，这非常有利于连锁企业经营者开展市场营销活动。

（3）连锁门店店标是公众识别门店的指示器。风格独特的连锁门店店标是帮助消费者记忆的利器。检验连锁门店店标是否有独特性的方法是认知检测法，也就是将被测连锁门店店标与竞争门店放在一起，让消费者辨认。辨认花费的时间越短，说明标识的独特性越强。一般来讲，风格独特的门店标识会被很快找出来。

二、店标的分类

店标的分类有助于人们加强对店铺的认识，更有助于设计者根据各地的文化设计符合民族特色或通用特点的标识。它通过一定的图案、颜色来向消费者传递某种信息，以达到使消费者识别商店、促进消费的目的。

（一）根据标识的形态划分

根据标识的形态，可分为表音式标识、表形式标识和图画式标识。

1. 表音式标识

表音式标识就是表示语言音素及其拼合的语音的视觉化符号。大小字母、汉字、阿拉伯数字、标点等人们日常使用的文字或语素等都是标识。表音式标识特点是简洁明了、歧义性低，但过于普遍，个性不突出，标识能力低。因此，连锁门店经营者要在表音标识的构形上花心思，使其造型新颖、别致，颜色醒目、突出。表音式标识又分为连字标识、组字标识和音形标识三种。

（1）连字标识，即音素、字母、汉字连接而成的相对完整的词语或句子。这种连锁企业店标意义明确，很难产生歧义，但标识能力弱，给人留下的印象不突出。使用时要加些背景图案、装饰盒、形象性文字等变化。

（2）组字标识，即取企业名称的字头字母组成表音标识。这种标识的图案性较强，简洁而表现力强，可利用字母的变形和排列来加强标识性，但有歧义性。由于它图案性较强，很容易与表形标识结合起来，以取得更好的视觉效果。

（3）音形标识，即表音标识和表形标识的组合。表形的要素可以是抽象的，也可是象征的；表音的要素可以是连字，也可以是组字。通常，组字和抽象结合的较多，其表现力强，印象性和辨识性也较高，同时也可避免歧义性。

2. 表形式标识

表形式标识是指通过几何图案或形象图案来表示标识。表形式标识靠形而不靠音，因而形象性非常强。通过适当的设计，能以简洁的线条或图形来表示一定的含义，同时利用丰富的图形结构来表示一定的比喻意义。其缺点是没有表音式标识，不利于消费者将连锁企业店标与连锁企业的名称联系起来。因此，在使用表形式标识时，最好能配以企业名称。

表形式标识的设计要求充分抓住事物的本质、感觉特征、运动规律及几何图形自身的组合结构规律，充分研究几何图形的点、线、面、单形、复形的形态组合和几何骨骼组织。几何形态不是呆板的，而是在变化中寻求动感、丰富和灵活，具备美的韵味，形有限而意无穷，表现出无限的生命力。表形式标识又可分为抽象标识、形证标识和象形标识三种。

（1）抽象标识，即用非象形图案或几何图案来表达一定事物的某种意义或概念。这种标识设计最重要的是处理好线条。线条的短长、粗细、直斜等，均能影响消费者的心理。

（2）形证标识，即抽象标识与象形标识结合，在抽象中加象形，使标识从整体上削弱呆板的感觉，使其显得生动活泼，含义也易于理解。

（3）象形标识，即直接表达企业特征的符号性标识。其特点是形象生动活泼、含义清楚、歧义少。因其来源于生活，所以能给消费者留下深刻的印象。

3. 图画式标识

图画式标识，即直接以图画形式来表达企业特征的标识。早期有些商店标识用图画来表示，后来逐渐简化，逐步向象形标识靠拢。这种标识的特点是画面复杂，不利于传播。例如，常见的麦当劳和肯德基就是图画标识，它们利用英文字母M和人物头像作为标识，达到了很好的市场效果。

（二）根据标识内容划分

根据标识内容，可将其分为名称性标识、解释性标识和寓意性标识。

1. 名称性标识

连锁门店店标就是商店名称，直接把门店名称的文字、数字用独特的字体表现出来。这类连锁门店店标通常将名称的第一个字母或字艺术化地放大，以使其突出、醒目。这类标识的设计要注重色彩问题，以增强其标识性。例如，苏宁易购（图5.2）和国美电器等。

图5.2 苏宁易购标识

2. 解释性标识

解释性标识是指针对名称包含的事物、动植物、图形等作为标识。解释性标识又可分为图案标识和符号标识两种。

（1）图案标识，即以一定的图案来解释名称的标识。例如，彪马中那只勇猛无比、威风凛凛的美洲豹；骆驼牌香烟上的那只在浩瀚无垠的沙海里昂首阔步的骆驼；等等。图案标识的特点是形象生动、真实，但其表达的含义常产生歧义。

（2）符号标识，即用特定的符号作为连锁企业店标。这种标识大多来自简单的几何图形组合。符号标识可以由门店的名称演变而来，也可以与门店名称无直接关系。门店名称转化的符号标志与商店名称有直接关系。与门店名称无直接关系的符号标识，有时也可称为寓意性标识，它是企业门店经营理念的一种图形表达，但对广大消费者而言，它只是某产品的代表符号。

3. 寓意性标识

寓意性标识是指以图案的形式，将门店名称含义间接表达出来的标识。这种标识根据文字、图形等组合因素不同，又可分为名称字母标识、名称线条式标识和图画标识三种。

（1）名称字母式标识，即在门店名称前面、后面或中间加上一个字母，以构成独特的连锁门店店标。

（2）名称线条式标识，即门店名称周围艺术化地加上一段线条的标识。这种标识充分利用了几何图形的内在美感，能增加连锁企业店标的艺术性，也能强化标识的视觉效果。

（3）图画标识，即对门店名称进行加工和提炼，然后以图画的形式将其表现出来的标识。

三、店标设计的原则

微课：门店店标的设计原则

（一）简洁、鲜明

连锁店标识不仅是消费者辨识门店和品牌的标志，也是提高门店知名度的一种手段。店标的设计在图案和名称上必须简洁醒目、易于认知、易于理解和记忆，并且具有特色鲜明、新颖的设计风格。具有独特的面貌和出奇制胜的视觉效果的标识感染力更强；带有美感的图案，会给顾客带来赏心悦目的感觉，从而达到标识鲜明的效果。

与其相反，有许多小型店铺在店标的设计上过于混乱，线条繁杂曲折，让人眼花缭乱，不得要领，非常不利于发挥它的标志功能。因此，在设计门店店标时，要正确贯彻简洁、鲜明的原则，巧妙地使点、线、面、体和色彩结合起来，以达到预期的感觉。下面是一些图形所代表的特征。

（1）直线：果断、坚定、刚毅、有力量感。

（2）曲线或弧线：灵活、丰满、美好、优雅、优美、抒情、纤弱、犹疑、有柔和感。

（3）水平线：安定、寂静、宽阔、理智、大地、天空、有内在感。

（4）垂直线：崇高、肃穆、无限、宁静、激情、生命、尊严、永恒、权力、抗拒变化的能力。

（5）斜线：危险、崩溃、行动、冲动、无法控制的感情与运动。

（6）螺旋线：升腾、超然、脱俗之感。

（7）圆形：圆满、简单、结局，给人以平稳感和控制力。

（8）圆球体：完满、持续的运动。

（9）椭圆形：妥协、中和、不安定。

（10）等边三角形：稳定、牢固、永恒。

连锁门店店标设计应多用直线、曲线、圆形、三角形、流线型等。

（二）独特、新颖

连锁门店店标体现的是企业独特的个性、品质、风格和经营理念，在设计上必须别出心裁，使标记富有特色，个性显著。例如，同仁堂的店标——圆形双龙图案，圆形代表中草药剂的丸字，同仁堂字两边是艺术化的双龙，龙体为草叶形，似龙似草，寓意为龙和中草药同是中华民族的传统文化，双龙头中间的圆形既寓意同仁堂为中华民族医药宝库中的璀璨明珠，又寓意同仁堂产生的中药如珍珠般宝贵。整体图案既简洁鲜明，又寓意深刻。

又如，马兰拉面的标识为红色的大碗，碗上有拼音“malan”字样，碗的上方两只手又似牛角，与碗形成牛头图案。专业设计使之构图具有鲜明的现代感，再辅以绿色色块，以产生绿叶扶红花的效果，同时大红大绿的应用又体现出中华民族审美的特色。

（三）准确、相符

连锁门店店标的寓意要巧妙，又要准确，而店名与店标要相符。在设计店标时，要巧妙地赋予寓意，形象地暗示，使之耐人寻味，这样的店标才有利于扩大门店的知名度。例如，三只耳火锅，店标就是“聂”字，与店名三只耳相辅相成，使人印象深刻。该原则是指店标的寓意要准确，商店名称与标识要相符。

（四）优美、精致

优美、精致是指店标设计要遵循七条基本的美学原理：和谐、平衡、成比例、对比、对称、律动、强调。这些是美的基本形式，但并不是意味着非要符合这些基本要求。符合美学原理的同时，也要注意造型的均衡性，使图形给人一种整体优美、精致的感觉；保持视觉上的均衡，并在线、形、大小等方面做造型处理，使图形能兼具动感及静态美。

（五）稳定、适时

连锁店店标要为顾客熟知，就必须长期使用、长期宣传，在消费者心中扎下根，但也要不断改进，以适应市场形势的变化。

例如，日本花王公司的月亮标识，随着时代巨轮的转动，也在不断地演进。自1890年诞生至今，其共有七次重大的变化，从演进的轨迹来看，月亮标识越来越现代化，越来越符合现代人的心理感受。

四、连锁门店招牌设计

（一）招牌的种类和位置选择

1. 招牌的种类

（1）广告塔。广告塔，即在门店建筑顶部树立广告牌，以吸引消费者，宣传自己的店铺。

（2）横置招牌。横置招牌，即装在门店正面的招牌，是门店的主力招牌，通常对顾客吸引力很强。如果增加各种装饰（如霓虹灯、荧光照射等），会使其展示效果更加突出。

（3）壁面招牌。壁面招牌，即放置在门店正面两侧的墙壁上，将经营的内容传达给两侧的行人的招牌。通常为长条形招牌或灯箱式招牌。

（4）立式招牌。立式招牌，即放置在门店门口的人行道上的招牌，用来增加门店对行人的吸引力。通常可以用灯箱或商品模型、人物造型等来做招牌。

（5）遮幕式招牌。遮幕式招牌，即在门店遮阳篷上施以文字、图案，使其成为门店招牌，从而起到遮掩日光、风雨，以及宣传的功效。

2. 招牌的位置选择

门店招牌应有良好的位置选择，这样才能充分发挥其宣传作用。招牌本身设计的大小、色彩是影响位置设置的主要因素。一般研究认为，人的眼睛与地面的垂直距离为1.5米左右时，以该视点为中心上下25度或30度的范围为人类视觉的最佳区域，因此在此区域内放置招牌效果更佳。

（二）招牌设计的要求

一般店面都是设置一个条形的门店招牌，醒目地显示名称及主营商品。而在繁华的商业区里，消费者往往首先看到的是大大小小、各式各样的门店招牌，寻找实现自己购买目标或值得逛游的商业服务场所。因此，具有高度概括力和强烈吸引力的门店招牌，对消费者的视觉冲击力和心理暗示是很强大的。

门店招牌底板所使用的材料，一般是木质和水泥、薄片大理石、花岗岩、金属不锈钢板、薄型涂色铝合金板等。其中，木质经不起长久的风吹雨打，易裂纹，油漆易脱落；水泥招牌则施工方便、经久耐用、造价低廉，但形式陈旧、质量粗糙，只能作为低档商店的招牌；石材门面显得厚实、稳重、高贵、庄严；金属材料门面显得明亮、轻快，富有时代感。有时，随着季节的变化，还可以在门面上安置各种类型的遮阳箔架，这会使门面清新、活泼，并沟通了商店内外的功能联系，无形中扩展了商业面积。

门店招牌在导入功能中起着不可缺少的作用与价值，它应是最引人注目的地方，所以要采用各种装饰方法使其突出，如用霓虹灯、射灯、彩灯、反光灯、灯箱等来加强效果，或用彩带、旗帜、鲜花等来衬托。总之，格调高雅、清新，手法特别、新奇往往是成功的关键因素之一。

门店招牌文字设计日益为商家所重视，一些以标语口号、隶属关系和数目字组合而成的艺术化、立体化和广告化的门店招牌不断涌现。门店招牌文字设计应注意以下几点。

（1）店名的字形、大小、凸凹、色彩、位置的考虑，应不妨碍门的正常使用。

（2）文字内容必须与本店所销售的商品相吻合。

（3）文字尽可能精简，内容立意要深，又要顺口，易记、易认，使消费者一目了然。

（4）美术字和书写字要注意大众化；中文或其他文字的美术字的变形不要太花、太乱、太刻意；书写字不要太潦草，否则，不易辨认，又会在制作上造成麻烦。

门店招牌文字使用的材料因店而异，规模较大，要求考究的店面，可使用铜质、凸出空心字，闪闪发光，有富丽、豪华之感，效果是相当好的；定烧瓷质字永不生锈，反光强度好，作为招牌效果尤佳；塑料字有华丽的光泽，制作也简便，但时间一长，光泽减退，塑料老化，受冷、受热、受晒又易变形，因此不能长久使用；木质字制作也方便，但经过长久的日晒雨淋，易开裂，需要经常维修上漆。门店招牌设计，除了注意在形式、用料、构图、造型、色彩等方面给消费者以良好的心理感受外，还应在命名方面多下功夫，力求言简意赅、清新不俗、易读易记、富有美感，使之具有较强的吸引力，促进消费者的思维活动，达到理想的心理要求。

知识拓展：连锁门店标识的设计要点

思政园地

创新是民族进步的灵魂，是一个国家兴旺发达的不竭动力。时代发展，呼唤创新。创新已经成为世界主要国家发展战略的重心。在激烈的国际竞争中，唯创新者进，唯创新者强，唯创新者胜。实施创新驱动发展战略，推动以科技创新为核心的全面创新，让创新成为推动发展的第一动力，是适应和引领我国经济发展新常态的现实需要。实体零售正处于变革期，更要呼唤改革创新的时代精神。

任务工单

1. 专卖门店的形象、名称和商标密切相关。近年来，许多人在选择店名时陷入一种误解，片面追求新颖和时髦，而忽视店名与商店本身的内在联系，给人不伦不类的感觉，如“大哥大”“富豪”“绅士”等。有一家高档餐厅的橱窗上甚至写着“家常便饭”，让人感到茫然。分析上面的店面设计，找出其中存在问题，并说明理由。

技能训练：门店店名与店标设计练习

____

____

____

2. 选择一家熟悉的门店，分析其门店店标。

____

____

____

温故知新

单项选择题

1.(　　)是指商品店面标识系统中可以被识别，但不能用语言表达的部分。

A. 店名　　B. 店标　　C. 门脸　　D. 门店风格

2. 连锁店标识不仅是消费者辨识门店和品牌的标志，也是提高(　　)的一种手段。

A. 品牌知名度　　B. 顾客忠诚度　　C. 门店知名度　　D. 顾客回购率

3. 设计店标用的(　　)图形，表现升腾、超然、脱俗之感。

A. 螺旋线　　B. 水平线　　C. 垂直线　　D. 直线

4.(　　)就是表示语言音素及其拼合的语音的视觉化符号。

A. 表形标识　　B. 表音标识　　C. 名称性标识　　D. 图形标识

5.(　　)即放置在门店正面两侧的墙壁上，将经营的内容传达给行人的招牌。

A. 横置招牌　　B. 壁面招牌　　C. 广告塔　　D. 遮幕式招牌

任务四　门店外部环境设计

小组任务

1. 如何设计门店外部环境？

2. 根据经验，门店外部设计应有哪些内容？

知识精讲

门店的外部环境设计应考虑门店橱窗设计、停车场设计、门店周边设计。

微课：门店外部环境设计

一、门店橱窗设计

门店的橱窗越来越成为店铺中不可或缺的部分。现如今，不同类型的店铺在不同的时期都会推出不同的橱窗，较小的零售店铺橱窗多以展示商品销售信息为主，大型连锁门店的橱窗则经过一定的艺术创作，以达到引起关注，甚至引起轰动的效果。但无论是什么类型的橱窗，都是店铺当中留给陈列设计自由创作空间最大的地方。橱窗设计的过程也是将橱窗内的商品或主题内容进行重新创造与设计的过程。

（一）门店橱窗的作用

1. 与顾客沟通的桥梁

由于橱窗位于店铺最易让顾客看到的位置，因此橱窗几乎是店铺当中，最能有效演示或展示商品的区域。当然，橱窗不仅用于演示商品，有时也可根据品牌或设计师的需要展示不同的内容。例如，陈列几件艺术品、展示活动的装置或真人表演等。但不管橱窗展示什么内容，总的来说，橱窗的最大作用在于与消费者沟通。陈列设计师对橱窗的创作，就是要把它当成一个沟通的桥梁。通过对橱窗的设计与布置，将需要展示或交流的信息传递给消费者。许多奢侈品牌的橱窗很少见到商品促销或打折的信息，反而以各种富有艺术创意的橱窗展现在消费者面前，这种展示方法更注重展示品牌魅力与文化。

2. 品牌与店铺的广告

橱窗就如一个位置固定的广告，而且比起其他的广告形式，它离顾客更近且费用低廉。品牌广告往往体现品牌信息与品牌文化，橱窗设计师可以通过对橱窗风格的长时间把控，使受众经过信息接收后对品牌类型及风格形成深刻的印象，并能使品牌在消费者的心中占有一席之地。

3. 店铺销售信息的窗口

销售信息是橱窗当中较为常见的内容，橱窗通过展示销售信息，让顾客及时了解店铺内待销商品的情况。例如，换季降价打折信息、新品上市信息等。这样的橱窗直接刺激消费者的购买欲望，并且能很快促进商品的销售。

（二）门店橱窗的设计要求

（1）橱窗陈列要反映出零售商店的经营特色，使媒体受众看后就产生兴趣，并想购买陈列的商品。

（2）季节性商品要按目标市场的消费习惯陈列。相关商品要相互协调，通过排列的顺序、层次、形状、底色及灯光等，来表现特定的诉求主题，营造一种气氛，使整个陈列成为一幅具有较高艺术品位的主体画。

（3）要有一定的“艺术美”。橱窗实际上是艺术品陈列室，通过对广告产品进行合理搭配，来展示商品美。它是衡量商业经营者文化品位的一面镜子，是体现商业企业经营环境文化、经营道德文化的一个窗口。它是门店的“脸谱”，顾客对它的第一印象决定着顾客对门店的态度，进而决定着顾客的进店率。

（三）门店橱窗的制作要求

1. 背景要求

背景属于橱窗广告制作的空间，在形状上，一般要求大而完整、简单，避免小而复杂的繁琐装饰。颜色尽量用明度高、纯度低的统一色调，即明快的调和色，如粉色、绿色、天蓝色。如果广告宣传商品的色彩淡而一致，也可用深颜色作背景，如黑色。总之，背景颜色的基本要求是突出商品，不能喧宾夺主。

2. 道具要求

道具包括布置商品的支架等附加物。支架的摆放越隐蔽越好，现在常用有机和无机玻璃作支架。如果是服装用的道具模特，其裸露部分，如头脸、手臂、腿等部位的颜色和形状，也不一定同真人一样，可以是简单的球体、灰白的色彩，或者干脆不用头脸，这样反而比真人似的模特更能突出服装特色及服装本身。

商品的摆放要讲究大小对比和色彩对比，其构图及背景色彩，都可以先在纸上画出平面或立体效果，以突出广告商品为原则，同时注意形式上的美感。商品名称、企业名称或简洁的广告用语，可以安排在台架上，亦可悬挂起来或直接粘贴在橱窗玻璃等突出的部位。一个橱窗最好只做某一个厂家的某一类产品广告。

3. 灯光要求

光和色是密不可分的，按舞台灯光设计的方法，为橱窗配上适当的顶灯和角灯，不但能起到一定的照明作用，而且能使橱窗原有的色彩产生戏剧性的变化，给人以新鲜感。对灯光的一般要求是：光源隐蔽、色彩柔和，避免使用过于鲜艳、复杂的色光。尽可能在反映商品本来模样的基础上，给人以良好的心理印象。例如，食品橱窗广告，用橙黄色的暖色光，更能增强人们对所做广告的食品的食欲；而家用电器橱窗陈列，则用蓝、白等冷色光，能给人一种高科技和贵重的心理感觉。值得注意的是，现代橱窗陈列的布置更加强调其立体空间感和空间布置的肌理对比。例如，由于商品的摆放多集中于橱窗的中下部分，上部空间往往利用不足，此时便可以利用悬挂装饰物的办法增加其空间感。另外，装饰物、背景和橱窗底面的材料也应充分讲求与广告商品的肌理做对比。例如，电冰箱橱窗陈列应以皮、毛类材料作背景，颗粒材料作底面，更能突出电器产品表面的金属质地感。

橱窗陈列设计可利用滚动、旋转、振动的道具，给静止的橱窗布置增加动感，或者利用大型彩色胶片制成灯箱，制作一种新颖的画面等。总之，现代橱窗广告制作随着科学的发展、设置思想的更新，从形式、内容等方面不断充实，其醒目程度日益提高。但是，如果在设计制作上只注意形式上的变化，忽略了广告宣传的目的而造成喧宾夺主的后果，这样的橱窗设计仍然是不会成功的。

二、停车场的设计

门店都有自身的商圈范围，大型超级市场的商圈半径可达5~10千米。因此，连锁门店必须提供一定大小的停车场，以吸引远处的顾客前来消费。停车条件是现代化综合性百货商场、大卖场、仓储商场的基本条件之一。从某种意义上说，现代社会是汽车社会，小汽车已经成为人们出行的主要交通工具，开车购物已经成为许多消费者采用的购物方式，停车设施是消费者选择购物场所的重要参考因素。如果开连锁店，尤其是大型连锁店，如购物中心、百货商店等业态，需要考虑停车的问题。购物场所一般设有停车场和配套的停车设施，很多超级市场、仓储式市场由于在规划时停车问题考虑不周，影响了消费者到店的人次。因为没有方便的停车设施，消费者多会转而光顾其他商场。目前，在我国的大中型城市私家车数量不断增加，原来的店铺门口停车场很小，所以车辆的停放问题相当突出。

（一）停车场类型

1. 平面停车场

平面停车场包括平地停车场、地下停车场（自走式、机械式）和屋顶停车场（自走式、机械式）。

2. 立体停车场

立体停车场包括停车楼（自走式）和停车塔（机械式）。连锁企业可根据自身销售场地的大小，决定停车场的面积。一般每30平方米的销售场地配备一个停车位。根据有关资料，停车场距离卖场的范围一般为100~180米。

（二）车位具体模式

停车场车位的设置要尽量采取直线型。目前，普遍存在的斜面式停车位并非最好选择，如果不是受地形限制，要避免这种斜面式停车位。直线型停车位不仅可以节约占地，而且便于出入。

（三）停车场设计要求

1. 停车场规模设计

停车场的大小要视连锁店的面积而定，大多以占店铺面积的15%~30%为宜。大型购物中心、超级购物中心、仓储会员店可以适当增加停车场面积。例如，红星美凯龙家庭装修装饰建材超市、北京沃尔玛会员店等的停车面积都在几万平方米。当然，具体规模还应根据具体情况而定。

2. 停车场位置选择

停车场的位置必须保证顾客进出方便。顾客可以便利地进入卖场，购物后能轻松地将商品转移到车上。具体要求是：除了进出口要分开之外，还要保证进出口直接面向街路，并且有足够的宽度，宽度一般为5~6米；车辆出入口应避开十字路口；主停车场与卖场入口在180°范围内，用箭头和副线展示，并排定停车顺序。出入口应由专人负责管理和收取费用。

3. 停车费用问题

运用商业化运作，还是免费提供停车？现在，很多的大中城市已经出现了停车经济，停车问题也已经是城市经济和城市经营的重要内容。

停车场商业化收费收多少费用合适？如何划分收费时间段？在我国大中城市，收费每小时5元以上的有不少，也有一小时收1元的，还涉及白天、晚间的收费问题。

专家认为，门店停车问题的解决有以下两种方式：一种是纳入法制化轨道。国家物价部门根据地理位置、商场等级、车位数量给予一个指导价，然后由连锁门店参照执行。另一种是停车场和门店合作。根据消费者的购物数量决定收费标准，如购物多少元以上免费，或购物多少元以上收基本费用。也就是说，买的商品越多，停车场给的优惠越多。

4. 停车数量问题

停车场全天累计停车数量，一般为最大停车能力的3~5倍。如果消费者在门店停留的时间平均为1小时，停车场1天累计停车数量为最大停车能力的5倍；如果消费者滞留的时间为2小时，1天累计停车数量为最大停车能力的3倍。如果卖场营业时间从上午9时至晚上19时，全天累计停车数量为5 000辆，则停车场的最大停车能力不小于1 500辆。

5. 停车设施

购物场所无论大小，都需要有停车设施，但因其规模不同，停车设施的内容也不相同。

三、门店周边设计

（一）门店与周边道路的关系

门店一般设在交通要道处，或位于大型社区的中心地带。它和道路的关系主要有以下几点。

（1）门店的车辆不能影响社会公共车辆的运行。

（2）消费者到达门店要方便，国外许多门店设在高速公路的出口处。

（3）停车场出入口不设在主干道上，这是大城市规划的基本要求。

（4）门店前应有较多的公共交通站点，以保证有一定的客流。

（二）门店周边绿化的设计

门店周边绿化的设计关系到整个店铺的环境情况。门店周边绿化存在的形式主要是树木、花坛、草坪等。树木设计包括树种的选择、分布。楼前应为落叶树，如槐树；楼后为常绿针叶林，如松树。花坛、草坪的设计主要包括面积、形状、草种类型等，设计得好，可以起到美化门店形象的作用。公共绿化系统一般由点、线、面、环四大类组成。店铺周边绿化可借鉴此类布局特点设计。

知识拓展：如何营造连锁门店良好的氛围？

思政园地

诚信是企业长远发展的基石，更是连锁企业必须践行的行为准则，诚信经营在任何时候都是企业安身立命之本。诚招天下客，誉从信中来，连锁门店要以诚信擦亮品牌，以诚信赢得口碑，不断强化社会责任意识和规则意识，全方位提升诚信经营水平。立得住、行得稳，才能真正赢得消费者青睐，实现长久稳健发展。

任务工单

1. 连锁门店的氛围营造非常重要，给顾客呈现一种尊重、亲切、舒适、热情的购物氛围，是顾客中心理念的重要体现。请你谈谈在门店外部环境设计中，应该如何营造以顾客为中心的氛围？

技能训练：门店外部设计练习

2. 根据你掌握的知识和经验，找一家你熟悉的门店，分析其外部环境设计，并指出优缺点。

温故知新

单项选择题

1. 停车场全天累计停车数量，一般相当于最大停车能力的（　　）。

A. 1~2倍　　B. 2~3倍　　C. 3~4倍　　D. 3~5倍

2. 连锁企业可根据自身的销售场地大小，决定停车场的面积。一般是每（　　）的销售场地配备一辆车。

A. 25平方米　　B. 30平方米　　C. 35平方米　　D. 40平方米

3. 停车场规模与卖场规模有一定的比例关系，大多以（　　）为宜。

A. 15%~20%　　B. 20%~30%　　C. 15%~30%　　D. 25%~30%

4. 下列哪一项不是橱窗设计的作用？（　　）

A. 与顾客沟通的桥梁　　B. 品牌与店铺的广告

C. 店铺销售信息的窗口　　D. 门店销售数量的提升

5. 在门店与周边道路的关系中，以下哪项不正确？（　　）

A. 门店的车辆不能影响社会公共车辆的运行

B. 消费者到达门店很方便，国外许多门店设在高速公路的出口处

C. 停车场出入口设在主干道上

D. 门店前应有较多的车站，以保证有一定的客流

综合能力提升训练

多项选择题

1. 店面的外观类型有（　　）。

A. 全封闭型　　B. 半封闭型　　C. 开放型　　D. 敞开型

E. 半敞开型

2. 店面的风格类型有（　　）。

A. 平铺直叙式风格　　B. 抒情夸张式风格

C. 兼收并蓄风格　　D. 前卫时尚的风格

E. 体现科技风格

3. 门店店面风格设计策略包括（　　）。

A. 重视经营必须重视门脸　　B. 以目标消费群的审美观进行设计

C. 根据服务内容的行业特点设计　　D. 根据消费者的年龄进行设计

E. 根据竞争者进行设计

4. 店名设计的原则包括（　　）。

A. 适应市场环境原则　　B. 易读、易记原则

C. 暗示门店经营属性　　D. 启发店铺联想

E. 支持店铺标志物

5. 店标设计的原则包括（　　）。

A. 简洁、鲜明　　B. 独特、新颖　　C. 准确、相符　　D. 优美、精致

E. 稳定、适时

技能提升训练

实战题

为自己的虚拟门店进行外部设计，要求分别从店面风格、店名、店标、外部环境进行设计，阐述理由充分、格式美观、无错别字。

任务评价表

<table>
<tr><th>评分标准</th><th>分值</th><th>自我评价</th><th>权重/%</th><th>组间评价</th><th>权重/%</th><th>教师评价</th><th>权重/%</th><th>得分</th></tr>
<tr><td>门店外部设计的知识点与技能点是否牢固掌握</td><td></td><td></td><td rowspan="5">20</td><td></td><td rowspan="5">30</td><td></td><td rowspan="5">50</td><td></td></tr>
<tr><td>是否能根据所学准确进行门店外部设计</td><td></td><td></td><td></td><td></td><td></td></tr>
<tr><td>是否体现出了现代服务意识</td><td></td><td></td><td></td><td></td><td></td></tr>
<tr><td>是否积极参与；团队合作是否顺利；是否体现互助意识</td><td></td><td></td><td></td><td></td><td></td></tr>
<tr><td>情景模拟是否具有创新意识</td><td></td><td></td><td></td><td></td><td></td></tr>
<tr><td>合计</td><td colspan="8"></td></tr>
</table>

填表说明：

1. 实际得分＝自我评价 ×20%+组间评价 ×30%+教师评价 ×50%。
2. 评价满分为100分，60分以下为不及格，60~74分为及格，75~84分为良好，85分及以上为优秀。
3. 最佳员工为本次活动中表现最优秀、贡献最大者。
4. 组间评价，本项目结束后由组长组织本组成员互评，并填入表格。

项目六　以客为尊赢美誉——门店内部设计

项目概要

知识目标

（1）识记通道设计的原则与卖场动线形式。
（2）准确识记连锁店铺卖场设计的原则与要求。
（3）区分货位布局的要点与卖场布局方式。
（4）准确识记磁石理论及应用、通道设计的模式、顾客动线的要求。
（5）区分照明设计、声音设计及色彩设计的要点。
（6）准确判断POP广告的类型及特点。

技能目标

（1）能够清晰全面地认知连锁门店内部设计。
（2）有效提升学生调查分析能力。
（3）恰当地对门店进行货位布局。
（4）准确区分磁石点，准确设计直线式通道和回型通道。
（5）合理设计顾客行走动线。
（6）有效进行室内气氛营造。
（7）合理设计合适的POP广告。

价值塑造

塑造要素	要素来源的主要内容
劳动教育	通过实际的货位布局调查研究，加强劳动教育
美学教育	室内气氛营造及POP广告的美学欣赏
责任意识	在卖场通道设计中树立职业认同感与责任意识
爱岗敬业	门店通道设计中培养爱岗敬业的精神
无私奉献	在门店内部设计中的无私奉献
工匠精神	在卖场通道设计中的工匠精神
团结协作	与他人合作完成相关任务

思维导图

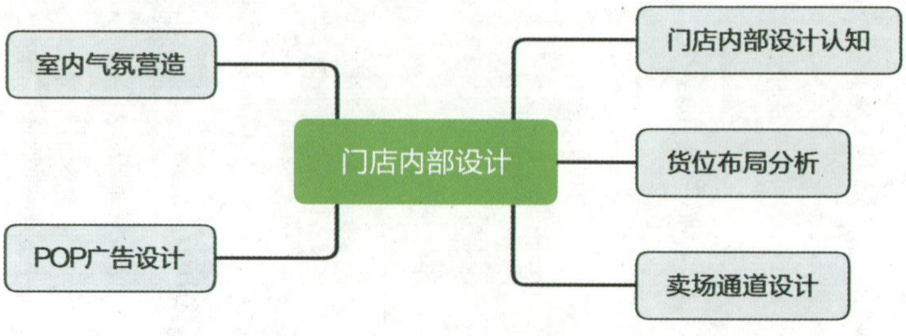

项目导入

宜家的动线设计——“危险的仙境”

当消费者踏入宜家门口，就会被“导线”默默地引导着走完所有角落。消费者从入口进去就被唯一的一条曲折回转主路依次引入客厅家具、客厅储物室等各个主区域，直到一个不落地走完，才抵达出口。但细心的消费者会发现，为了确保一些消费者在购物中想快速离开或快速抵达感兴趣的区域，每个主区域间有一些较隐蔽的辅助捷径作为辅动线。此外，在宜家里，指示清晰明了的指引牌随处可见，墙上、地上、各种货架上，甚至连购物车都会有清晰的退换货指示牌。除指引牌外，其每一个商品都会详细地标注尺寸，包括样板间也会标注面积的大小，让顾客可以快捷购物。宜家以这种独特的店面路线设计和购物指引，让顾客看完了所有商品，虽然中途避免不了有种走迷宫的感觉，但顾客找到东西的快乐被“延迟”了，最后买到东西时的快感会是原本“计划购物”的好几倍。而对宜家来说，高达“60%”的购买品本不在消费者原本想买的清单之内，但是却选购了，那宜家的目的就达到了。

这种动线设计在宜家内部被称为“危险的仙境”，意思就是看起来很美，但不知不觉会花掉消费者手中的钱。据了解，宜家高层曾经给动线设计人员下达死命令，要求其设计一条让消费者看上去没那么远，但实际上并不短的动线，让消费者愉快地走完全场。

企业培训：门店内部设计

（资料来源：赵向阳. 宜家的“秘密”[J]. 中国连锁，2014）

思考：宜家动线设计有何可取之处？

学习任务书

项目六	门店内部设计	学时		班级	
组别		组长		日期	
组员					
任务目标	1. 能为本组的拟开设门店进行内部设计； 2. 能根据客观情况，撰写内部设计报告				
工作任务	1. 扫码观看门店内部设计5个任务的微课，各小组讨论并做出总结。 ________ ________ ________ 2. 各小组讨论并撰写门店内部设计报告大纲。 ________ ________ ________				

续表

工作任务	3. 各小组列出学习本项目各任务时遇到的困难 ____________________ ____________________ ____________________

任务一　门店内部设计认知

小组任务

1. 列举一个让你印象深刻的门店，并描述其内部设计是什么样的。

____

____

____

2. 调查我国知名门店的内部设计有哪些共同点。

____

____

____

知识精讲

在当今连锁行业受到冲击的情况下，实体店的利润被蚕食。那么，实体店想要能吸引顾客前往，内部设计尤其重要。商品是无声的“推销员”，有效的商品陈列是从合理的卖场布局开始的。卖场布局涉及商品、设施、操作三者如何实现最佳配合的问题。通过新颖、活泼、更具吸引力的卖场设计和合理的布局，可以直接或间接地提高连锁企业门店的营业效率。

微课：门店内部设计认知

一、连锁店铺卖场概述

连锁店铺卖场是店铺出入口以里的所谓的“消费通道”。这里所说的连锁店铺卖场多以零售业和餐饮业为主。

二、连锁店铺卖场设计的意义

卖场环境的好坏直接影响顾客的购买欲望。连锁店铺的卖场环境设计直接影响顾客的购买行为，也会影响连锁店铺的销售业绩。

讨论：你认为门店哪几个要素比较重要？

调查显示卖场环境设计要素对顾客购买行为的影响占比大致为：商品容易取放占15%；开放式、容易进入占25%；商品丰富占15%；购物环境清洁明亮占14%；标价清楚占13%；服务人员态度占8%；价格便宜占5%，其他占13%。可以看出，开放式、容易进入占比较高，因此连锁店铺卖场设计要注意其开放性，使消费者容易进入。

三、连锁店铺卖场设计的原则

（一）便利顾客，满足需求

设计连锁店铺卖场时首先要了解顾客的生活方式，满足顾客需求，并有效提升顾客的生活品质。了解当地老百姓的生活方式，因为老百姓的生活方式与卖场的定位十分相关。

如今，顾客逛门店已经不是一种纯粹性的购买活动。顾客将去实体门店购物看作是一种集购物、休闲、娱乐及社交为一体的综合性活动，是一种新型的生活方式。因此，连锁门店既要拥有充足的商品，还要创造一个适宜的购物环境，使顾客享受到贴心的服务。

（二）突出特色，利于经营

连锁门店内部环境的设计应依照经营商品的范围和类别，以及目标顾客的习惯和特点来确定，以别具一格的经营特色，将目标顾客吸引到连锁门店来。在当今个性化的年代，各门店要突出自己的个性，门店的个性就是门店的独特味道。例如，胖东来的设计理念是“以顾客方便为首选”。

（三）提高效率，增长效益

连锁门店内部环境设计得科学合理，能够使整个门店的采购、销售、库存、运输各个环节配合紧密，以节约劳动时间、降低劳动成本、提高工作效率，从而增加连锁门店的经济效益和社会效益。

（四）利于选购，实现双赢

丰富的商品会刺激顾客的购买欲望。但是，如果商品有限，也可以通过一些陈列技巧使其看起来更丰富。另外，独特的陈列手段能赋予商品立体感。商品色彩的巧妙搭配，同样会增添顾客对商品种类丰富的印象，激发消费者对商品的购买欲望。一个卖场的布局设计的好与坏直接影响其销售量。营造一个好的卖场环境，不仅能增强顾客的购买欲望，还能吸引更多的顾客。例如，永辉超市、沃尔玛将可供对比的商品陈列在一起，使顾客获取更丰富的商品信息。

四、连锁店铺卖场设计的要求

卖场设计的规划一旦确定下来，就确定了卖场内顾客流动路线和内部工作人员的工作方式，从而直接关系到卖场工作效率的高低。其中，最关键的是顾客、现场营业人员的活动路线和店铺形象塑造。顾客与现场营业人员的活动路线，直接关系到能否最大限度地方便顾客发现商店品种的安排和结构。能否最大限度地发挥商品的吸引力，直接影响商品的销售量和利润率。如果工作人员的活动路线设计不合理，则会降低劳动效率，导致费用上升。

（一）便于挑选心仪商品

在快节奏的今天，良好的动线设计能使顾客短时间内购买到心仪的商品，以满足顾客的诉求。

（二）营造轻松购物环境

良好的气氛能营造轻松的购物环境。顾客的购物体验良好，门店的知名度和美誉度就会有效提升。

（三）激发顾客购物兴趣

连锁店铺卖场设计合理，会使顾客满足感得到提升。卖场动线设计巧妙，可以极大地提升顾客兴趣。

（四）利于培养忠诚顾客

顾客的内心得到了满足，就会增加对门店的喜爱程度，成为忠诚顾客。宜家家居的最佳顾客动线是成功的案例，地面上的箭头指示着顾客的行走动线。

知识拓展：仙踪林休闲餐饮店

思政园地

诚信是胖东来一以贯之的经营理念。在假货盛行的 20 世纪 90 年代初期，胖东来就秉持着“真品换真心”的理念，一律不售假货。胖东来从来不隐藏自己的经营诀窍。其管理案例、经营理念，甚至各个岗位的实际操作标准都详细地公布在官网上。此外，为了确保待客真诚，胖东来会给投诉的顾客奖励500元。

胖东来超市在内部设计时，处处体现着为顾客着想的理念。在胖东来超市，商品 7 日内调过价的，顾客可以申请退差价；所有商品 7 天内无条件退货，甚至吃了一半的食品都可以退。在胖东来超市，内部设计有随处可见的提示牌，上面会告诉你食物怎么吃、吃后要注意什么，东西怎么用等。生鲜产品称重时，称重员会帮助查看蔬菜是否新鲜，如果土豆上有疤，会提醒顾客更换；如果鸡蛋被碰碎，服务员会主动要求更换。

任务工单

1. 为各组的门店进行内部设计。

____

____

____

2. 各小组讨论知名度、美誉度较高的门店的设计。

____

____

____

温故知新

单项选择题

1. 日本零售专家田岗信夫认为："连锁门店布局策略就是从一点出发，然后成线，而后成（　　），最后达到规模化经营的目的。"

A. 网　　B. 面　　C. 体　　D. 域

2.（　　）不是连锁店铺卖场设计的原则。

A. 便利顾客，满足需求　　B. 突出特色，利于经营

C. 利于选购，实现双赢　　D. 出入口分开设计

3. 以下（　　）不属于营造轻松购物环境。

A. 营造良好的气氛　B. 便于挑选心仪商品　C. 激发顾客购物兴趣　D. 利于培养忠诚顾客

4. 以下哪项不是便利顾客，满足需求的体现。（　　）

A. 契合顾客生活方式　　B. 满足顾客需求

C. 有效提升顾客的生活品质　　D. 以门店的设计为首要因素

5. 以下哪项不属于连锁店铺卖场设计的要求。（　　）

A. 便于挑选心仪商品　　B. 营造轻松购物环境

C. 激发顾客购物兴趣　　D. 不利于培养忠诚顾客

任务二　货位布局分析

小组任务

1. 你印象深刻的门店的货位布局是什么样的？

2. 选取几个不同零售业态进行货位布局的调查。

知识精讲

当一名顾客进入门店后，他首先接触的是什么？是门店的货位布局，它是顾客对一个门店形成"第一印象"的主要依据，展示了门店的基本结构。

微课：货位布局分析

一、货位布局的原则

连锁门店是一个以顾客为主角的舞台，在新零售时代，根据我国实际情况，得出货位

布局的原则如下。

（一）顾客容易进入

如果顾客不愿进入，门店一切的努力都没有意义。只有顾客进入了，才是生意的开始，才创造了营业的客观条件。

（二）让顾客在店内停留得更久

一项市场调查显示，到商店购买预先确定的特定商品的顾客只占总顾客的25%，而75%的顾客会随机购买和冲动性购买。因此，商品丰富、品种齐全，使顾客进店就能看见并取到商品至关重要。

（三）明亮、清洁的卖场

明亮、清洁的卖场为顾客创造了良好的购物环境。顾客往往会把明亮、清洁的购物环境与新鲜、优质的商品联系在一起。

（四）顾客流量最大化

货位布局时，要遵循客流量最大化的设计原则。

（五）逻辑性和战略性定位

无论是直营门店，还是特许加盟门店，逻辑性和战略性定位都会影响门店的发展方向。

（六）商品交叉陈列

商品交叉陈列摆放，会促进连带销售，极大地激发顾客的购买欲。

二、货位布局的要点

（1）交易次数频繁、挑选性不强、色彩造型艳丽美观的商品，适宜设在出入口处。例如，化妆品、日用品等，使顾客进门就能购买；某些特色商品布置在入口处，可以起到吸引顾客、扩大销售的作用。

（2）贵重商品、技术构造复杂的商品，以及交易次数少、选择性强的商品，适宜设置在多层建筑的高层或单层建筑的深处。

（3）关联商品可邻近摆设布置，以达到方便选购和促进连带销售的目的。

（4）按照商品性能和特点来设置货位。

思考：能将鞋油和面包一起陈列吗？

（5）将冲动性购买的商品摆放在明显的位置，以吸引顾客。

（6）可将客流量大的商品与客流量小的商品组合起来，相邻摆放。

（7）按照顾客的行走规律摆放货位。我国很多消费者习惯沿逆时针方向行走，进门店后自右向左观看。可将连带商品顺序排列，以方便顾客购买。

（8）选择货位还应考虑是否方便搬运、卸货，如体积笨重、销售量大、续货频繁的商品应尽量设置在储存场所附近。

三、门店卖场面积的划分与卖场布局方式

门店卖场布局是指按照消费者购买习惯与购买规律，将卖场面积进行科学的划分，按商品的大小进行有序排列形成的商品组合体。

（一）卖场面积分配方法

1. 陈列需要法

陈列需要法是一种传统的面积分配方法，是连锁店根据某类商品所必需的面积来确定。适宜采用此方法分配面积的有服装店和鞋店。

2. 利润率法

利润率法是商店根据消费者的购买比例及某类商品单位面积利润率来确定。适宜采用此方法分配面积的有超市和书店。

（二）门店卖场布局方式

门店卖场布局方式共四种，分别为格子式布局、岛屿式布局、自由流动式布局、店中店式布局。

1. 格子式布局

格子式布局是传统的门店布局形式。商品陈列货架与顾客通道都成矩形，而且主通道与副通道宽度各保持一致，所有货架相互成并行或直角排列。这种布局很常见，采用标准化货架，顾客很容易寻找货位，但自由浏览会受到限制。

格子式布局的优点如下。

（1）创造一个严肃而有效率的气氛。

（2）通道依据客流量需要而设计，可以充分利用卖场空间。

（3）由于商品货架的规范化安置，顾客可轻易识别商品类别及分布特点，便于选购。

（4）易于采用标准化货架，可节省成本。

（5）有利于营业员与顾客之间的愉快合作，简化商品管理及安全保卫工作。

格子式布局的缺点如下。

（1）商场气氛比较冷淡、单调。

（2）当拥挤时，易使顾客产生被催促的不良感受。

（3）室内装饰方面创造力有限。

2. 岛屿式布局

岛屿式布局是指将营业场所中间布置成各不相连的岛屿形式，在岛屿中间设置货架陈列商品。此布局方式适用于百货商店或专卖店。主要陈列体积较小、价值较高的商品。

岛屿式布局的优点如下。

（1）可充分利用营业面积，利用建筑物特点布置更多的商品货架。

（2）采取不同形状的岛屿设计，可以装饰和美化营业场所。

（3）环境富于变化，可增加消费者的购物兴趣。

（4）满足消费者对某一品牌商品的全方位需求，对品牌供应商具有较强的吸引力。

岛屿式布局的缺点如下。

（1）由于营业场所与辅助场所隔离，不便于在营业时间内临时补充商品。

（2）存货面积有限，不能储存较多的备售商品。

（3）现场用人较多，不便于柜组营业员的相互协作。

（4）岛屿两端不能得到很好的利用，会影响营业面积的有效使用。

3. 自由流动式布局

自由流动式布局以方便顾客为出发点，将商品最大限度地呈现在顾客面前。综合了格子式布局和岛屿式布局的优点。此布局方式适用于百货商店、专卖店业态。

自由流动式布局的优点如下。

（1）货位布局十分灵活，顾客可以随意穿行于各个货架或柜台。

（2）卖场气氛较为融洽，可促使顾客冲动性购买。

（3）便于顾客自由选购，不会产生急迫感，从而增加顾客的滞留时间和购物机会。

自由流动式布局的缺点如下。

（1）顾客难于寻找出口，难免心生怨言。

（2）顾客拥挤在某一柜台，不利于分散客流。

（3）不能充分利用卖场，会浪费场地面积。

（4）这种布局方便了顾客，但对商店的管理要求却很高，尤其要注意商品安全的问题。

4. 店中店式布局

现在国内的百货商店在不断改革经营手段，符合现代顾客要求。许多商场引入各种品牌专卖店，形成“店中店”形式。

店中店式布局的优点如下。

（1）顾客可一次性买齐钟爱的品牌商品。

（2）每家店均有明确定位，符合现代顾客要求。

店中店式布局的缺点如下。

（1）建筑安全成本较高。

（2）商品陈列占用面积较大。

知识拓展：
便利店的卖场布局

思政园地

门店货位布局在不利的境地中更应懂得如何创新。某企业是后起之秀，进入卖场比同行业产品晚得多，所以没有得到好的位置，但是产品不得不进入卖场销售。无奈之下，死角的位置也要了。但是一个月下来，销售情况不乐观。在数次考察后，该企业销售经理与卖场沟通，在陈列区一头设置落地卡通POP，卖场同意了，于是幽默的卡通POP就立在了陈列区的一头，上面有醒目的工笔字：“往前走12米，必有收获！”许多消费者见此，果真往前走12米，到达了货品陈列区，促销人员见有顾客，就赠送小礼品，介绍产品，结果该企业成为每月销售量同类产品之首。这个案例表明，合理改变顾客的行走动线有很多方式，在货位布局时，要时刻尝试创新。

任务工单

1. 分组讨论卖场各种布局方式的优缺点。

____

____

____

2. 调查并分析自己家乡或学校所在地的综合性超市的货位布局。

____

____

____

温故知新

单项选择题

1. 现在国内的百货商店在不断改革经营手法，许多商场引入各种品牌专卖店，这是(　　)布局。

A. 自由流动式　　B. 岛屿式　　C. 店中店式　　D. 格子式

2. 商店根据消费者购买比例来设定卖场面积分配方法的是(　　)。

A. 陈列需要法　　B. 利润率法　　C. 销售百分比法　　D. 目标任务法

3. 图6.1所示的是哪种货位布局方式？(　　)

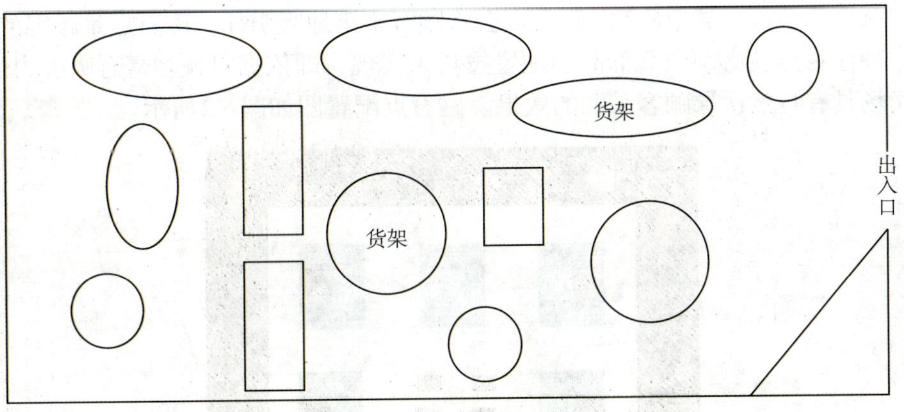

图6.1　某商店货位布局图

A. 自由流动式布局　　B. 岛屿式布局　　C. 店中店式布局　　D. 格子式布局

4. 以下哪个选项不属于连锁企业门店货架的布局类型。(　　)

A. 格子式　　B. 岛屿式　　C. 折线式　　D. 自由流动式

5. (　　)方式的缺点是岛屿两端不能得到很好的利用，会影响营业面积的有效使用。

A. 自由流动式布局　　B. 岛屿式布局　　C. 店中店式布局　　D. 格子式布局

任务三　卖场通道设计

小组任务

1. 什么是磁石理论？

____

____

____

2. 什么样的卖场通道能够吸引顾客？如何巧妙设计顾客行走动线？

____

____

____

知识精讲

畅通的卖场通道可以使消费者走遍整个卖场，使整个卖场无货品陈列死角。

微课：卖场通道设计

一、磁石理论

生活中的磁铁能吸引铁、钴、镍等金属。门店设计中讲的磁石点，是指卖场中最能吸引顾客注意力的地方。类似磁铁，磁石点会将顾客牢牢地吸引住。磁石点是顾客的注意点，要创造这种注意点就必须依靠商品的配置技巧来实现，即依据对顾客富有吸引力的商品配置，使卖场具有自然诱导顾客采购的效果。磁石点配置图如图6.2所示。

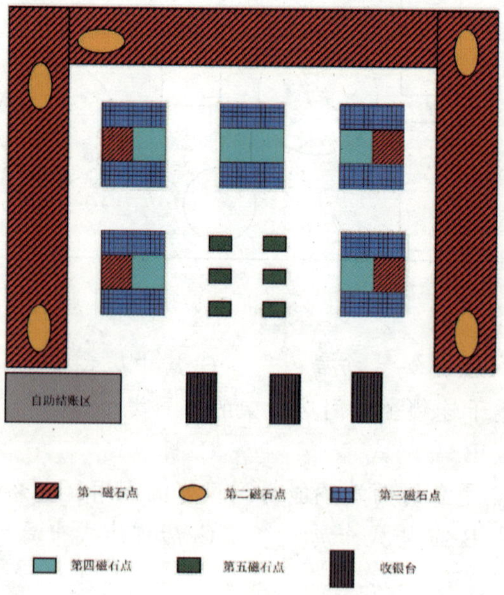

图6.2　磁石点配置图

（一）第一磁石点

第一磁石点位于卖场中主通道的两侧，邻近门店的入口和出口位置，是顾客的必经之地，也是商品销售最主要的地方。此处配置的商品包括以下三种。

1. 主力商品

主力商品是指所完成销售量或销售金额在门店销售业绩中地位举足轻重的商品。例如，超市中的食品。

2. 购买频率高的商品

消费量大、消费频度高的商品是绝大多数消费者随时要使用的，也是时常要购买的。例如，超市中的快销品。

3. 采购力强的商品

例如，在超市中蔬菜、肉类、牛奶、面包、豆制品等日配品，这些商品应放在第一磁石点内，以增加销售量。

（二）第二磁石点

第二磁石点位于主通道外侧，邻近卖场边缘、距离入口处较远。第二磁石点穿插于第一磁石点的中间处于主通道末端、电梯出口、道路拐角处等能起诱导顾客在店内通行的位置。在第二磁石点所作的商品展示，更多的是通过提案式的商品陈列，来表现商家的主张或顾客的诉求。在陈列内容上，更注重店内主力商品的宣传，以求更好地推动销售。此处配置的商品包括以下三种。

1. 最新的商品

消费者总是不断追求新奇。十年不变的商品，就算品质再好、价格再便宜也很难销售。新商品的引进伴随着风险，因此将新商品配置于第二磁石点中，能吸引消费者走进门店最深处。

2. 具有季节感的商品

具有季节感的商品必定是富有变化的，这样能吸引消费者注意。

3. 明亮、华丽的商品

明亮、华丽的商品能提升第二磁石点的亮度。第二磁石点间隔一段时间就要进行调整，保证其基本特征。

（三）第三磁石点

第三磁石点位于主通道内侧、卖场中部、离收银区域较近、离入口与出口处较远的地方，包括端头，即门店中央陈列货架两头的端架位置。端头与消费者接触率高，容易促使消费者产生购买行为。端架是卖场中消费者接触频率较高的地方，因此第三磁石点配置要激发顾客购买欲望。此处配置的商品包括以下几种。

（1）特价商品。很多消费者喜欢浏览门店特价商品信息。

（2）高利润商品。注意高利润的商品不一定都是高价格的。

（3）季节性商品。

（4）购买频率较高的商品。

（5）促销商品。顾客在各门店时购物时，会感觉门店端架商品（见图6.3）物美价廉，这就是第三磁石点陈列得恰当的效果，因此一定要重视端架的陈列。

图6.3 端架商品

（四）第四磁石点

第四磁石点的位置是卖场中副通道两侧，充实整个卖场。商品配置时，展示货架上的单项商品（见图6.4）。此处配置的商品主要包括以下三种。

（1）热门商品，包括网红爆款等商品。

（2）有意大量陈列的商品。

（3）广告宣传的商品。

图6.4 货架陈列的商品

（五）第五磁石点

第五磁石点位于收银区域前的中间卖场，展示促销品，可根据各种节日，组织大型展销、特卖的非固定性区域，以堆头（见图6.5）为主。堆头是指在展示区、过道和其他区域作落地陈列的商品，不受体积大小限制，可以扩大品牌的陈列面与消费者的接触面，需要认真规划。根据展销主题不同，进行不断变化，达到促进销售的良好效果。

图6.5　堆头

二、通道设计的原则及模式

门店的通道设计是否合理、能否吸引顾客入店是门店卖场设计的第一关。

门店的通道分为主通道和副通道。主通道是引导顾客行动的主线，而副通道是指顾客在店内行动的支线。超市内的主副通道不是根据顾客的随意走动来设计的，而是根据卖场商品的配置位置与陈列来设计的。良好的通道设置能引导顾客按设计的自然走向，走遍卖场的每个角落，同时让顾客接触到各种商品，使卖场空间得到有效利用。

（一）通道设计的原则

1. 足够的宽度

所谓足够的宽度，是指要保证顾客提着购物筐或推着购物车能与同行的顾客并肩而行或顺利地擦肩而过。一般来说，营业面积大于600平方米的门店，主通道宽度应大于2米；副通道的宽度应在1.2~1.5米；最小的通道应大于0.9米，即两个成年人能够同向或逆向通过（成年人的平均肩宽0.45米）。小规模门店的主通道宽度一般要大于0.9米。不同规模超市通道宽度的设定值见表6.1。

表6.1　不同规模超市通道宽度的设定值

单层卖场面积／平方米	主通道宽度／米	副通道宽度／米
300	1.8	1.3
1 000	2.1	1.4
1 500	2.7	1.5
2 000	3.0	1.6
>6 000	4.0	3.0

对于大型货仓式零售超市来说，为了保证更大顾客容量的流动，其主通道和副通道的宽度可以基本保持一致。同时，也应适当放宽收银台周围通道的宽度，以保证顾客排队收银的通畅性。

2. 笔直

卖场通道要避免迷宫式的布局，尽可能地设计成笔直的单向道。在顾客购物的过程中，尽可能依货架排列方式，按照商品不重复、顾客不回走的设计方式布局。

3. 平坦

通道地面应保持平坦，处于同一层面上。有些门店是由两个建筑物改造连接起来的，通道中有上下楼梯，有中二层、加三层之类的情况，令顾客不知何去何从，显然不利于门店的商品销售。

4. 少拐弯

门店通道的设计应尽可能直而长，尽量减少弯道和隔断，并利用商品的陈列，使顾客不易产生厌烦感，不知不觉地延长在店内的逗留时间。有时需要借助连续不间断的商品陈列线来调节。

5. 通道要比卖场明亮

通常通道上的光照度起码要达到1 000勒克斯。尤其是主通道，相对空间比较大，是客流量最大、利用率最高的地方。

6. 没有障碍物

通道是用来引导顾客多走、多看、多买商品的。在通道内不能摆放一些与陈列商品或特别促销无关的器具或设备，以免阻断卖场的通道，损害购物环境的形象。要充分考虑到顾客走动的舒适性和非拥挤感。

7. 不能留有“死角”

在设计通道时，还应注意不能给卖场留有“死角”。“死角”是顾客不易到达的地方，或者顾客必须折回才能到达其他货位的地方。顾客光顾“死角”货位的次数明显少于其他地方，非常不利于商品销售。“死角”要如何吸引顾客呢？可以活用器材，合理利用每个空间。

（二）通道设计的模式

1. 入口设计

微课：通道设计的模式

入口一般设在顾客流量大、交通方便的一边。通常入口较宽，出口相对窄。入口比出口大约宽1/3。可以根据出入口的位置来设计卖场通道，设计顾客流动方向。零售店铺的入口与卖场内部配置关系密切，在布局时应以入口设计为先。在入口处为顾客配置购物篮和购物车，购物篮和购物车的数量应为高峰客流量的1/10~3/10。

在零售店铺的卖场内，入口处最好陈列对顾客具有较强吸引力的商品。这样不仅可以发挥招徕作用，而且能增强卖场对顾客的吸引力。需要注意的是，入口应设在右侧。

因为使用右手的人较多，而以右手做主要动作的人，注意力集中在卖场的右侧，由右侧开始动作，从卖场右侧进店以后，以左手拿购物筐，右手自由取出右侧壁面的陈列商品，放入左侧的购物筐。以此动作来前进，然后左转弯。如果从左侧的入口进店，左侧的壁面陈列的商品用左手很难取出，所以对顾客来说，能自由使用右手的卖场，会成为顾客的第一卖场。

2. 零售店铺的出口设计

零售店铺的出口必须与入口分开，出口通道宽度应大于1.5米。出口处应按每小时通过500~600人为标准，来设置收款台。如今，在超市可设置自助收银区域，顾客可省去排队等候的时间，仅配置1~2名指导工作人员即可，这样极大节省了人力成本。出口附近可以设置一些单位价格不高，但销售量高的商品，如口香糖、饼干、饮料等，供顾客付款时选购。

3. 直线式通道设计

直线式通道又称单向通道，这种通道的起点是卖场的入口，终点是零售店铺的收款台。顾客依照货架排列的方向单向购物，以商品陈列不重复、顾客不回头为设计特点，能使顾客在最短的线路内完成商品购买行为。

4. 回形通道设计

回形通道又称环形通道，这种通道布局以流畅的圆形或椭圆形从右向左环绕零售店铺的整个卖场，使顾客能依次浏览商品。在实际的运用中，回形通道分为大回形通道和小回形通道两种。

（1）大回形通道。大回形通道适合营业面积大于1 600平方米的零售店铺。顾客进入卖场后，从一边沿四周回形浏览后，再进入中间的货架。要求卖场一侧的货位一通到底，中间没有穿行的路口（见图6.6）。

（2）小回形通道。小回形通道适合营业面积小于1 600平方米的零售店铺。顾客进入零售店铺后，沿一侧前行，不必走到头，就可以很容易地进入中间货位（见图6.7）。

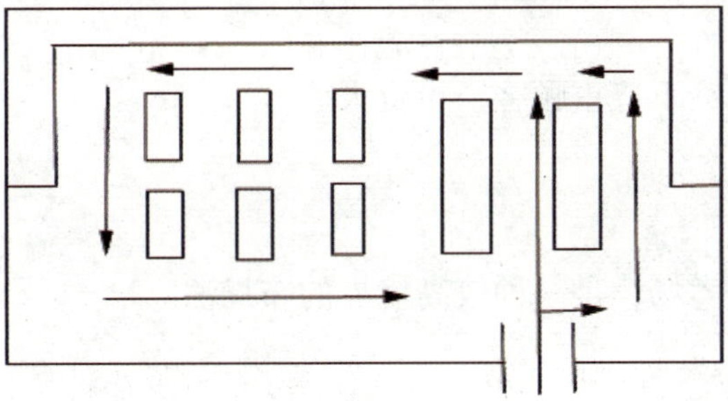

图6.6　大回形通道设计

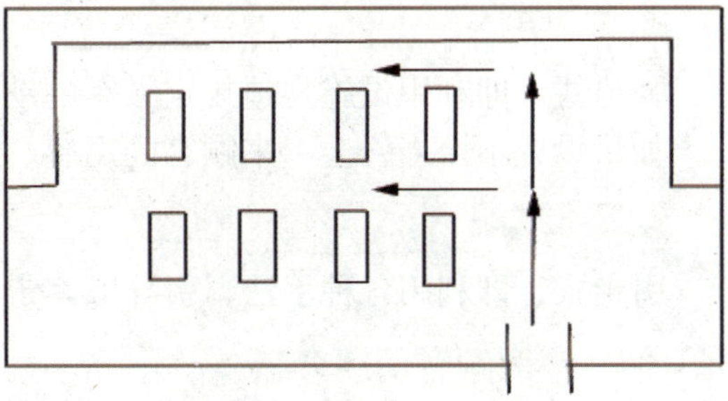

图6.7　小回形通道设计

三、顾客动线分析

（一）顾客动线分析的含义

在百货商店或超市购物的顾客，基本上是按照“进入店内—走动—在商品前停留—审视—购物”的顺序选购商品的。

微课：顾客动线分析

调查显示，在进入超市的顾客中，有近半数的顾客只走店内通道的

30%，所以研究顾客在店内的活动路线至关重要。

顾客动线是指顾客在店内的流动路线，又称“客导线”。顾客动线的现实意义在于，店方可以有计划地引导店内顾客的流动方向。

一般来说，店铺经营成果主要由两个因素决定：一是来店的顾客数；二是顾客的平均购买单价，又称为客单价。以门店的销售系统为准，其公式为：

店铺销售额=客流量×停留率×购买率×购买件数×商品单价

客单价=动线长度×停留率×注目率×购买率×购买件数×商品单价

客单价=商品平均单价×每位顾客平均购买商品个数

（二）顾客动线的要求

（1）充分利用商场空间，合理组织顾客流动与商品配置。

（2）顾客从入口进入后，在商场内步行一圈，离店之前必须通过收银台。

思考：为什么要通过收银台呢？

（3）避免出现顾客只能止步往回折的死角。

（4）尽可能地拉长顾客在商场内的滞留时间，以创造销售机会。

（5）采取适当的通道宽度，以方便顾客环顾商场，观察商品。

（6）尽量避免与商品配置流动线交叉。

动画：顾客动线设计类型

（三）卖场动线的形式

1. 漫走式

漫走式，即不利用设施强行规定顾客的动线，比较随意、自由、轻松，投资小。

虽然顾客漫走时会感到很随意，但是门店应合理设置顾客的行走动线，使顾客尽可能多地浏览商品。

2. 强迫式

强迫式，即利用设施强迫规定顾客的动线，不尊重顾客，投资大。

如果设置不恰当，会引来顾客的反感。

3. 引走式

引走式，即利用各种手法，引导顾客走遍卖场，是一种较高境界的布局法。

（四）不同顾客动线分析

门店可以根据实际情况来设计主流动线、配置主力商品。设计主流动线要从中央陈列架的物理性配置、商品群的配置和主力品种的配置等方面来考虑。主力商品的配置要遵循引导顾客到门店最深处去选购商品或尽量延长顾客流动线的原则。一般情况下，让顾客环绕主要通道选购或围绕中央陈列架选购，能够帮助商店取得更高的销售额。例如，大型综合超市经营的商品有几十种分类，各类商品的功能不同，顾客的需求重点也不同，卖场设计的诉求重心也就不同。以顾客的购买习惯为准，可将商品分为两大类：一类是计划性、习惯性购买商品，多为必需品；另一类是非计划性和随机性购买商品，如小吃、家

知识拓展：赛特购物中心的通道设计

居休闲用品、服装等，顾客往往在看到该类商品后才能被激起购买欲望。

思政园地

卖场通道的设计应以方便顾客为主，在设计时要真正做到以人为本。例如，星巴克门店一般选择在写字楼、商业中心及旅游景区附近。星巴克的门到点餐台之间的空间是不放置桌凳的，该空间可以供人们排队等候点餐或进出。星巴克前台对等待点单的顾客进行的是横向排队的引导。横向排队的优点：首先，横向排队能减缓消费者等待点单时产生的焦虑情绪；其次，横向排队与纵向排队相比，能够增加与消费者沟通的方便性。星巴克门店中这些提高消费者购买效率、增加消费者消费方便程度的设计，都是其空间设计中人性化设计的体现。我们在门店内部设计时，要注意采取方便顾客的人性化设计。

任务工单

1. 利用所学知识，为图6.8所示蓝色区域卖场设计通道，并在图上作图，标注尺寸，说明设计思路。

图注：虚线左侧蓝色部分为卖场区，黄色区域为办公区，我们需要在蓝色部分的卖场区设计通道。其尺寸分别为24.5米和12米，需看清门和窗的位置、数量。作图时要认真、细心。

技能训练：顾客动线设计练习

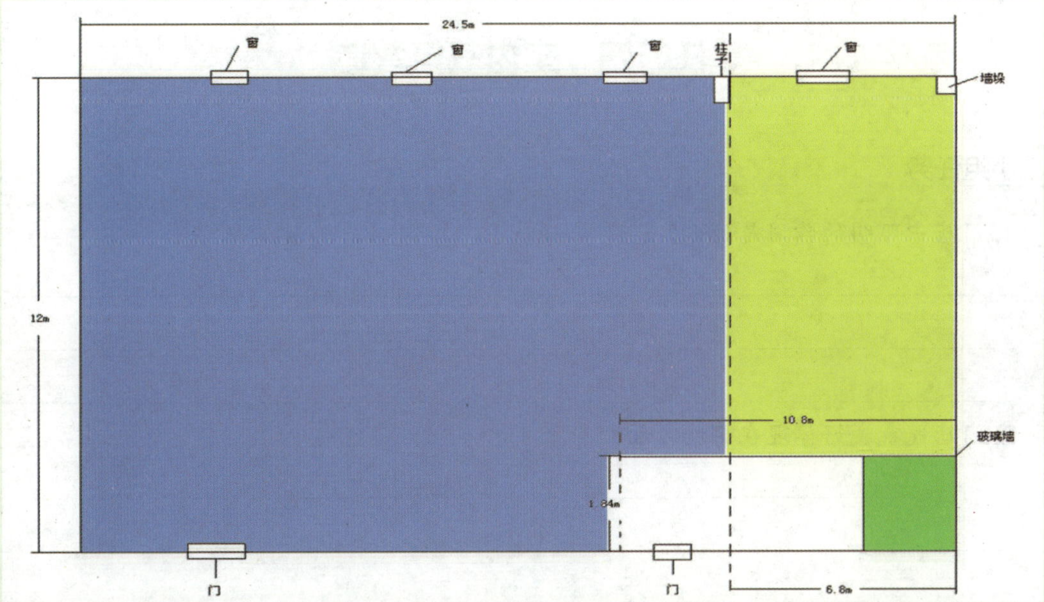

图6.8 设计自己的卖场通道

____

____

____

2. 为营业面积为2 000平方米的超市设计门店布局。

温故知新

单项选择题

1. 磁石理论中展示观感强的商品为（　　）。

A. 第一磁石点　　B. 第二磁石点　　C. 第三磁石点　　D. 第四磁石点

2. 用来展示购买频率高的商品的磁石点是（　　）。

A. 第一磁石点　　B. 第二磁石点　　C. 第三磁石点　　D. 第四磁石点

3. 以下哪个选项不是卖场动线的形式。（　　）

A. 漫走式　　B. 强迫式　　C. 开放式　　D. 引走式

4. 在零售店铺通道设计中，入口处比出口处大约宽（　　）。

A. 1/2　　B. 1/3　　C. 1/4　　D. 1/5

5. 营业面积大于600平方米的门店中，主通道要有一定的宽度，主通道应大于（　　）。

A. 1米　　B. 2米　　C. 3米　　D. 4米

任务四　室内气氛营造

小组任务

1. 门店中照明的作用是什么？

2. 门店气氛良好体现在哪些方面？

知识精讲

门店内营造良好的气氛可以吸引消费者注意，进而使消费者产生进入门店的想法。

微课：室内气氛营造

一、照明设计

门店可以通过照明设设计，到展现门店个性、传达商品信息、展现商品魅力、吸引顾客进店，并产生购买兴趣的效果。

（一）照明的基本类型

1. 基础照明

基础照明（见图6.9）是为了确保整个门店获得基本的亮度，如天花板上的荧光灯、吊灯、吸顶灯。

图6.9　卖场内环境基础照明

2. 重点照明

重点照明也称商品照明，是为了突出商品品质，增强商品的吸引力而设置的照明。具体可分为聚光照明、陈列器具内照明等。重点照明要求光线直接照射在需要强调的商品上（见图6.10），达到重点突出、环境独特、层次丰富、缤纷多彩的艺术效果。例如，在珠宝首饰店里，用光线柔和的特殊照明，突出商品的雍容华贵，发挥视觉效果。重点照明的亮度是基础照明的3~6倍。

图6.10　卖场内部商品照明

3. 装饰照明

装饰照明是门店为求得装饰效果或强调重点销售区域而设置的照明。装饰照明可以美化环境、渲染购物气氛。

4. 指示照明

指示照明（见图6.11）是指用于指示目标、路线、货位的照明。

图6.11 指示照明

（二）卖场照明的基本要求

（1）卖场基础照明（500~600勒克斯）。勒克斯（Lux）是照度单位。照度的物理意义是照射到单位面积上的光通量。

（2）走廊、通道照明（400~500勒克斯）。

（3）重点陈列品照明（见图6.12）（1 200~1 500勒克斯）。

图6.12 重点陈列品照明

（4）橱窗陈列品照明（见图6.13）（2 000勒克斯）。在照明设计中，也不要过于暗淡，光线不要平均使用，注意灯光色彩使人产生的心理效果。

图6.13 橱窗陈列品照明

二、色彩设计

（一）色彩冷暖

色彩可以对消费者的心理产生影响。从视觉科学上讲，彩色比黑白更能刺激人的视觉神经，引起消费者的注意。

红色、黄色、橙色，被认为是暖色，多在表现希望、温暖、热情、亲近等感觉时使用。例如，餐馆使用这三种颜色，可以对顾客的心情产生影响，使他们感到温暖、亲切。

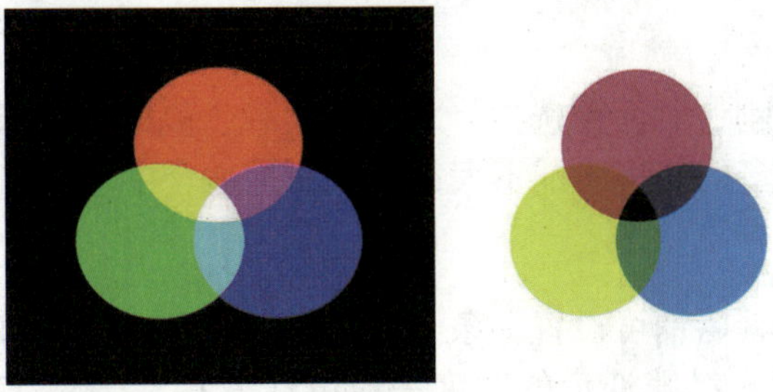

图6.14　色彩认知

知识拓展：不同的色彩感觉与美学欣赏

（二）色彩语言

通过不同商品各自倾向的色彩语言，顾客更容易辨识商品并产生亲近感。例如，食品门店的暖色、电器门店的冷色等。

（三）消费者的色彩感觉

人们对色彩的感觉来自物理、生理、心理三个方面。消费者对不同色彩的感觉是不同的。

三、声音设计

如果门店背景音乐的音量过大，会导致人与人在交流时不得不提高音量，使人产生急躁感、不安感，从而无心购物。

门店播放柔和且节拍慢的音乐，消费者会感觉良好，更愿意停留；播放快节奏的音乐，会使消费者在商店里停留的时间缩短，进而使购买的商品减少，造成购买率下降。

四、气味设计

门店的气味对创造最大限度的销售额来说是至关重要的。如果气味异常，可能引起消费者的反感，商品的销售数量不会达到预期；气味正常，会吸引消费者购买商品。

（一）与所售商品相协调

人们的嗅觉会对某些气味做出反应，所以仅凭嗅觉就可知道某些商品的滋味，如巧克力、新鲜面包、橘子、玉米花和咖啡等，会散发出香甜的气味。气味对愉悦心情也是有帮助的，它与所售商品相协调，会促进顾客的购买。

（二）控制不愉快气味

正如有令人不愉快的声音一样，门店内有时也会有令人不愉悦的气味，这种气味会把顾客赶走。如地毯的霉味、香烟的烟味、强烈的染料味、腐败的臭味、汽油味、洗手间的气味等。

（三）控制气味强度

如果门店内出现不好的气味，应当用空气过滤设备降低它的浓度。化妆品店中香水的香味也不能过于浓烈，否则会引起反感。

五、地板及收款台设计

（一）地板

地板在图形设计上有刚、柔两种选择。木地板柔软、隔寒、光泽好，但是易弄脏、易损坏，对于顾客进出次数多的零售店铺不大适合，而是适合中、高档商品的零售店铺。

（二）结账通道

在条件许可的情况下，店铺可设置一条“无购物通道”，作为无购物顾客的专门通道，以免对出入口处造成拥挤。结账通道的宽度一般设计为1~1.2米，长度一般为6米，扣除收银台2米外，收银台与最近的货架之间的距离至少在4米以上，才能保证有足够的空间让顾客排队。

（三）排队时间

在新零售时代下，自助收银结算会为消费者节省大量的排队时间。在小型超市、便利店，由于顾客停留时间短，所以付账时间较快；在百货商店，一般让顾客等候时间不宜超过8分钟，否则会使顾客产生烦躁的情绪。

思政园地

在营造门店室内气氛时，要注重给顾客留下舒适的感觉。室内气氛营造是指从顾客的角度出发，营造出良好的感觉体验，使顾客拥有美的享受，可以通过良好的视觉、听觉、嗅觉、触觉、味觉等实现。例如，通过门店美观的陈列，工作人员整齐的着装、合适的妆容，灯光的良好配合，色彩的有效搭配，令人舒服的音乐，与门店所售商品协调的气味，调试好温度、手感的商品等，营造出令人愉悦的购物环境。

任务工单

1. 金属音乐、摇滚音乐、轻音乐、爵士音乐中，哪个适合在门店播放？

____

____

____

技能训练：门店内部设计练习

2. 以小组为单位，实地调查附近门店的气氛。

____

____

____

温故知新

单项选择题

1. 连锁门店的基础照明和重点照明的照度分别为（　　）。

A. 100~500勒克斯和1 000~1 200勒克斯　B. 200~300勒克斯和600~700勒克斯

C. 500~600勒克斯和1 200~1 500勒克斯　D. 700~800勒克斯和1 500~2 000勒克斯

2. 橱窗重点陈列是卖场内普通陈列照度的（　　）。

A. 8倍　B. 4倍　C. 5倍　D. 2~3倍

3. 在连锁企业门店中，顾客等待时间一般不能超过（　　）分钟。

A. 5　B. 6　C. 7　D. 8

4. 让顾客感到愉快的音乐，一般都是旋律简单、节奏欢快的乐曲，因此卖场要经常放一些（　　）。

A. 金属音乐　B. 摇滚音乐　C. 轻音乐　D. 爵士音乐

5. 门店刚开始营业时，先播放几分钟（　　），效果会比较好。

A. 幽雅恬静的乐曲　B. 流行音乐

C. 安抚性的轻音乐　D. 明快、热情、带有鼓舞色彩的乐曲

任务五　POP广告设计

小组任务

1. 什么是POP广告？

____

____

____

2. 成功的POP广告是什么样的？

____

____

____

知识精讲

设计合适的POP广告可以起到树立和提升企业形象的作用。

一、POP广告的含义

微课：POP广告设计

POP广告是许多广告形式中的一种，它是英文point of purchase的缩写，意为“购买点广告”，简称POP广告。POP广告的概念有广义的和狭义两种：广义的POP广告，是指所有在商业空间，购买场所，零售商店的周围、内

部及在商品陈设的地方所设置的广告物。如商店的牌匾，店面的装潢和橱窗，店外悬挂的充气广告、条幅，商店内部的装饰、陈设、招贴广告、服务指示，店内发放的广告刊物、广告表演，以及广播、录像、电子广告牌等。狭义的POP广告，是仅指在购买场所和零售店内部设置的展销专柜及在商品周围悬挂、摆放与陈设的可以促进商品销售的广告媒体。POP广告是在一般广告形式的基础上发展起来的，是一种新型的商业广告形式。与一般的广告相比，其特点主要体现在广告展示和陈列的方式、地点和时间三个方面。

二、POP广告的作用

（一）引导顾客，降低成本，美化卖场

在店内布置POP广告可以代替店员向顾客解释商品特征和使用方法，从而节省说明时间、提高效率、降低卖场成本。同时，可以吸引顾客进入卖场，通过POP广告告知顾客商品降价或优惠信息及产品更新的信息，还可以美化卖场环境。

（二）提高顾客的购买率

卖场内的POP广告，可及时提供商品信息，使顾客购物更加明白、便利，进而心情愉悦，成为卖场的忠诚顾客。同时，面对众多的商品，顾客在广告作用下容易产生购买欲望、做出购买决定，从而产生购买行为、提高购买率。

（三）告知竞争者

卖场内的POP广告是针对竞争对手的一种经营策略，是抢夺顾客的一种手段。不断变化和更新的店内广告招牌，在向竞争对手传递着一个信息，那就是竞争。

三、POP广告的类型及特点

（一）展示 POP 广告

展示POP广告是放在柜台上的小型POP广告。由于广告体与所展示商品的关系不同，展示POP广告可分为展示卡和展示架两种。

1. 展示卡

展示卡可放在柜台上或商品旁，也可以直接放在稍微大一些的商品上。展示卡的主要功能以标明商品的价格、产地、等级等为主，同时也可以简单说明商品的性能、特点、功能等，其文字的数量不宜太多，以三五个字为好。

2. 展示架

展示架是放在柜台上起说明商品的价格、产地、等级等作用的。它与展示卡的区别为：展示架上必须陈列少量的商品，但陈列商品的目的不在于展示商品本身，而在于用商品直接说明广告的内容，陈列的商品相当于展示卡上的图形要素。一旦把商品看成图片后，展示架和展示卡就没有区别了。值得注意的是，展示架是放在柜台上的，放置商品的目的在于说明，所以一般展示架上放的是体积比较小的商品，而且数量以少为好。适合展示架展示的商品有珠宝首饰、手表、钢笔等。

（二）壁面POP广告

壁面POP广告是指陈列在卖场壁面上的POP广告形式。在卖场的空间中，墙壁为主要的壁面。活动的隔断、柜台，货架的立面，柱头的表面，门窗的玻璃等都是壁面POP广告可以陈列的地方。

（三）悬挂式POP广告

悬挂式POP广告是对卖场上部空间及顶界面有效利用的一种POP广告类型，是在各类POP广告中用量最大、使用效率最高的一种。悬挂式POP广告不仅在顶界面有完全利用的可能性，也在空间的向上发展上占有极大优势。即使地面和壁面上可以放置适当的广告体，但其视觉效果和可视的程度与悬挂式POP广告相比，也是有限的。壁面POP广告常被商品及行人遮挡，或没有足够的空间让顾客从整体观看。而悬挂式POP广告就不一样了，在卖场内，凡是顾客能看见的上部空间都可被有效利用。另外，从展示的方式来看，悬挂式POP广告除了能对顶界面直接利用外，还可以向下部空间做适当的延伸利用。悬挂式 POP广告的种类繁多，可分出两类典型的悬挂式 POP广告形式，即吊旗式和悬挂式。

1. 吊旗式

吊旗式是指在商场顶部吊着的旗帜式的悬挂式POP广告。其特点是以平面的单体在空中做有规律的重复运动，从而加强广告信息的传递。

2. 悬挂式

悬挂式相对于吊旗式来讲，是完全立体的悬挂式POP广告。其特点是以立体的造型加强产品形象及广告信息的传递。

（四）柜台POP广告

柜台POP广告是指置于卖场地面上的POP广告体。柜台POP广告的主要功能是陈放商品，而且必须可供陈放大量的商品。其在满足了商品陈放功能后，才考虑广告宣传的功能。由于柜台POP广告的造价一般都比较高，所以用于以一个季度以上为周期的商品陈列，适用于一些专业销售商店，如钟表店、音响店、珠宝店等。柜台POP广告的设计，从使用功能出发，还必须考虑与人体工程学有关的问题，如多数人身高的尺度、站着取物的尺度及最佳的视线角度等尺度标准。

（五）地面立式POP广告

地面立式POP广告同样是置于卖场地面上的广告体。不仅是卖场外的空间地面，卖场门口、通往卖场的主要街道等也可以作为地面立式POP广告所陈列的场地。柜台式POP广告的主要功能是陈列商品，而地面立式POP广告是完全以广告宣传为目的的纯粹的广告体。由于地面立式POP广告是放于地上的，而地面上又有柜台存在和行人流动，为了让地面立式POP广告有效地达到广告传达的目的，不被其他东西所淹没，所以要求地面立式POP广告的体积和高度有一定的规模，一般要求要超过人的高度，在1.8~2米以上。另外，地面立式POP广告由于体积庞大，为了支撑和具有良好的视觉传达效果，一般都为立体造型。因此，在考虑立体造型时，必须从支撑和视觉传达的不同角度来考虑，才能使地面立式POP广告既稳定，又具有广告效应。

四、POP广告设计的原则

POP广告设计的总体要求就是独特，不论何种形式，都必须新颖、独特，这样才能很快地引起顾客的注意，激发他们“了解”“购买”的欲望。具体来讲，POP广告设计应遵循以下原则。

（一）造型简练、设计醒目

要想在众多的商品中引起顾客对某一种或某些商品的注意，必须以简洁的形式、新颖的格调、和谐的色彩突出商品的形象。

（二）重视陈列设计

POP广告是商业文化中企业经营环境文化的重要组成部分，因此，POP广告的设计要有利于树立企业形象，渲染和加强购物的艺术气氛。例如，郑州亚细亚商场的POP广告曾成功地造就了“中原地带的江南风采”品牌格调，在广大消费者心中塑造了良好的企业形象，使人们记住了这颗璀璨的明珠。

（三）强调现场广告效果

现场广告设计应根据卖场经营商品的特色，如经营档次、卖场的知名度、各种服务状况及顾客的心理特征与购买习惯，设计出最能打动消费者的广告。

五、POP广告效果的评价

对店内POP广告效果的评价应从下面两方面进行。

一是传递信息是否准确、有力度，包括店内广告招牌是否能很快吸引顾客的注意力；是否能吸引顾客进一步细读；是否明确地表明了主题；是否准确地突出了商品的特点；是否能激起顾客的购买行为。

知识拓展：POP广告的起源

二是对销售业绩是否有帮助。这是店内广告招牌宣传的最终目的。因为销售量的多少受多种因素影响，如价格制定得是否适当，需求是否旺盛，竞争对手有无更好的产品占据优势。将这些因素剥离得越彻底，越便于分析、评价店内广告招牌的效果。目前应用较多的方法是历史分析法，即运用统计技术，将过去的销售和过去的广告支出联系起来，衡量广告对销售业绩是否有帮助。

思政园地

POP广告的大小应依据相关材料、规格设计，避免材料浪费。构成POP广告的要素可取自企业的色彩、商品的外观、包装的图案，应与卖场的空间、照明、色彩形成平衡。还需注重季节的交替或节假日的因素。在POP广告设计时，要注重原创，避免雷同。在完成作业时，也要注意不能抄袭。

任务工单

1. 为本组门店设计POP广告。

____

____

____

2. 分析给你留下深刻印象的POP广告。

____

____

____

温故知新

单项选择题

1. 下面关于POP说法不正确的是（　　）。

A. point of purchase 的缩写　　B. 售点广告

C. 商品陈列的一种方式　　D. 简洁地介绍商品

2. 以下哪项不属于POP广告的作用。（　　）

A. 引导顾客，降低成本，美化卖场　　B. 提高顾客的购买率

C. 增加门店知名度　　D. 告知竞争者

3. 以下哪项不是POP广告的类型。（　　）

A. 展示POP广告　　B. 电商广告　　C. 悬挂式POP广告　　D. 柜台POP广告

4. 如果对POP广告效果的评价进行衡量，以下不正确的是（　　）。

A. 传递信息是否准确、有力度　　B. 对销售业绩是否有帮助

C. 能否提升销售量　　D. POP广告与门店最终业绩是剥离关系

5. POP广告设计的原则不包括（　　）。

A. 造型简练、设计醒目　　B. 重视陈列设计

C. 强调现场广告效果　　D. 有效提升客单价

综合能力提升训练

多项选择题

1. POP广告的类型有（　　）。

A. 展示POP广告　　B. 壁面POP广告　　C. 悬挂式POP广告　　D. 柜台POP广告

E. 地面立式POP广告

2. 卖场通道设计的原则是（　　）。

A. 足够的宽度　　B. 通畅无障碍物　　C. 通道要平坦　　D. 笔直少弯道

E. 收银终点

3. 卖场中的通道可分为（　　）类型。

A. 直线式通道　　B. 回形通道　　C. 迂回式通道　　D. 蛇形式通道

E. U形式通道

4. 照明基本类型包括（　　）。

A. 基础照明　　B. 重点照明　　C. 装饰照明　　D. 指示照明

E. 局部照明

5. 货位布局的类型包括（　　）。

A. 格子式布局　　B. 折线式布局　　C. 岛屿式布局　　D. 自由流动式布局

E. 店中店式布局

技能提升训练

实战题

为自己的拟开设门店进行合适的内部设计，要充分考虑门店的货位布局、卖场通道设计、室内气氛营造与POP广告设计要素。

任务评价表

评分标准	分值	自我评价	权重/%	组间评价	权重/%	教师评价	权重/%	得分
门店内部设计的知识点与技能点是否牢固掌握								
是否能根据所学科学进行门店内部设计								
是否体现出了现代服务意识			20		30		50	
是否积极参与；团队合作是否顺利；是否体现互助意识								
情景模拟是否具有创新意识								
合计								

填表说明：

1. 实际得分=自我评价 ×20%+组间评价 ×30%+教师评价 ×50%。
2. 评价满分为100分，60分以下为不及格，60~74分为及格，75~84分为良好，85分及以上为优秀。
3. 最佳员工为本次活动中表现最优秀、贡献最大者。
4. 组间评价，本项目结束后由组长组织本组成员互评，并填入表格。

项目七　精益求精现艺术——门店陈列规划

项目概要

知识目标

(1)诠释商品群配置。
(2)制订商品配置表。
(3)区分商品陈列的8条原则。
(4)领悟商品陈列技巧。
(5)领悟商品陈列的程序与日杂货陈列。
(6)领悟果蔬类商品的陈列方式及缺货控制。

技能目标

(1)准确进行商品配置表的设计。
(2)应用商品陈列的原则与方法技巧，准确进行商品陈列。
(3)有效运用商品陈列的程序进行陈列。
(4)准确进行日杂货陈列。
(5)按照生鲜区陈列的标准进行商品陈列，实现陈列商品的有效管理。
(6)有效进行缺货控制。

价值塑造

塑造要素	要素来源的主要内容
劳动教育	通过实际的陈列，加强劳动教育
美学教育	在陈列中有效实现美学教育
责任意识	在陈列中树立职业认同感与责任意识
爱岗敬业	在陈列规划中培养爱岗敬业精神
工匠精神	在陈列中培养工匠精神
团结协作	与他人合作完成相关任务
守正创新	在陈列中不断创新

思维导图

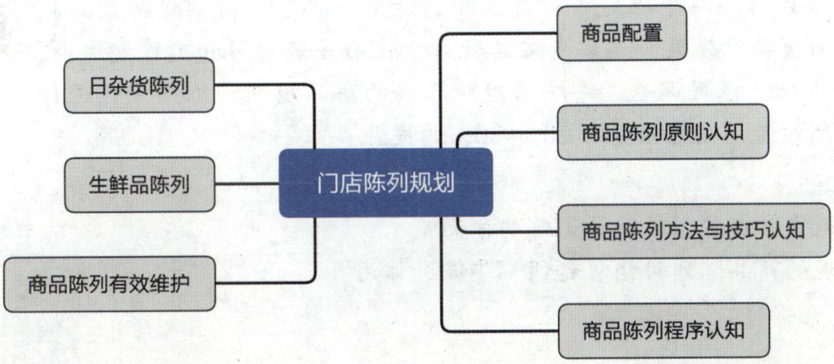

项目导入

动销最大的市场利器——晨光文具的场景化陈列

随着零售行业的崛起，市面上的商品越来越多，供消费者选择的空间也越来越大。在这个时代中，场景化成为一种新的体验，它让用户乐于并享受在各种各样有趣、流行、创新的场景中体验快乐。为了打破这一僵局，晨光文具发现，符合消费者兴趣，建立起产品与人之间的情感线，才是当前促进销售的重要因素，因此场景化陈列的打造应运而生。

（资料来源：中国连锁经营协会（CCFA），《2022中国特许经营最佳实践案例集》. 2023-5-22）

一、场景化陈列打造方法

（1）门店的升级及细节打造是为了更好地引流，作为一个文化、文具用品空间，更需要通过硬装、道具、广告进行氛围营造。

（2）利用灯光的变化，以及搭配顶部装饰性广宣物料，能让空间呈现出上下均衡的视觉层次。

（3）明亮的店铺从早到晚都散发着新鲜、活力与朝气，也具有使人愉悦的心理引导效果，这会促使人们想要继续深入体验。

（4）根据不同的店型、门店结构、费用预算，打造独一无二的硬装空间。

二、挖掘使用场景，制造场景关联

对于消费者而言，任何产品都有相应的使用场景。寻找并利用符合消费者当下使用情景的场景，产品的陈列效果将大大增色，产品也将因此产生较大的价值观和使用动机。建立两者的使用联系，需要洞察并研究目标人群使用商品的心理动机，为之匹配实现机制的场景模式，这在终端陈列中显得非常重要，并具有触动消费拉力的效果。

三、身临其境，唤醒需求

无论是细致美观的微观场景，还是讲究店铺氛围的场景化陈列，都表明终端陈列销售已经进入了一个新的时代。在终端销售方面，应该营造足够唤醒消费需求的气氛场景、链接与消费群体的直接对话，从主体场景缔造真实的生活环境。

当消费者走进产品销售区域时，就仿佛置身于提前享受使用产品带来的美好体验，身临其境，在进入场景的过程中产生生理需求的暗示，传达情绪情感与空间融合的表达。

除此之外，与消费者产生互动的陈列也是不可缺少的。它能够强化产品记忆，加深消费者与产品的情感融合。在竞争激烈的销售战场，场景化陈列将为好产品争取更多的关注和创造更多机会。时刻保持产品新鲜度，成为可持续发展，是晨光文具致力于让消费者学习和工作更快乐、更高效的基础。根据调查，终端店按照正确的商品规划和陈列方式进行场景化陈列打造，销售额会有20%~30%的提升。

企业培训：商品陈列的方法

思考：

1. 晨光文具在陈列时注意了哪些方面？
2. 美观的商品陈列对销售起到哪些促进作用？

学习任务书

项目七	门店陈列规划	学时		班级	
组别		组长		日期	
组员					
任务目标	1. 能撰写准确的商品配置表; 2. 能为本组的商品进行合理陈列				
工作任务	1. 扫码观看门店陈列规划7个任务的微课，各小组讨论并做出总结。 ______ ______ ______ 2. 各小组讨论商品配置表，根据商品陈列的原则和方法技巧进行合理陈列。 ______ ______ ______ 3. 各小组列出学习本项目各任务时遇到的困难 ______ ______ ______				

任务一 商品配置

小组任务

1. 什么是商品群?

______

______

______

2. 分析门店中商品群划分的依据。

______

______

______

知识精讲

商品配置是影响连锁门店经营成败的关键因素之一。如果商品配置不当，顾客想要的商品没有，不想要的商品却太多，无法有效满足顾客的需求。这样不仅空占了陈列的货架，也积压了资金，从而导致经营失利。商品陈列是指以产品为主体，运用一定艺术方法和技巧，借助一定的道具，将产品按销售者的经营思想及要求，有规律地摆设、展示，以方便顾客购买，提高销售效率的宣传手段。商品陈列是运用商品配置表来进行管理的，它是现代连锁企业标准化管理的重要工具，是商品陈列的基本标准。商品配置和陈列方法是提高销售业绩的利器。

微课：商品配置

一、商品群配置

商品群配置是一种跨类别的新的商品组合。富有特色的商品群会对顾客的喜好产生最直接的影响。

（一）按节假日组合

不同的节假日，商品群的配置是不同的。例如，在清明节前夕，可将酒、小包装水果、小包装点心等组合成一个“清明节”商品群（见图7.1）。

图7.1　清明节商品群陈列

（二）按消费季节组合

可以按照不同的季节进行商品群组合。如在夏季将凉枕、凉席、蚊帐等组合成一个“夏令”商品群；在冬季，将围巾、帽子、手套等组合成一个“冬令”商品群。

（三）按商品用途组合

根据商品的用途进行商品群组合。例如，将浴花、浴巾、沐浴露、拖鞋、洗发水等组合成一个“常用沐浴用品”商品群。

（四）按消费便利性组合

可按消费便利性进行商品群组合，例如，将烧烤炉、一次性餐具、饮料、啤酒、帐篷等组合成一个“露营系列”商品群。

（五）按供应商组合

可以按不同的供应商进行商品群组合。如将蒙牛纯牛奶、蒙牛纯甄酸奶、蒙牛早餐奶、蒙牛酸酸乳等组成“蒙牛常温奶”商品群。

二、商品配置表的含义与功能

（一）含义

商品配置表是将商品的排面在货架上做最有效的分配，以求达到有效控制商品品项，做好商品定位，管理商品排面，防止滞销品驱逐畅销品，使利益维持在一定水准上的目的，以书面表格形式表现出来，促进连锁经营标准化的一种管理工具。

（二）功能

1. 有效控制商品品项

每一个连锁企业的面积都是有限的，陈列的品项也是有限的，为此，要有效地控制商品的品项数量。

2. 商品定位管理

卖场内的商品定位，就是要确定商品在卖场中的陈列方位、在货架上的陈列位置及所占的陈列空间。

3. 商品陈列排面管理

提出商品配备和陈列的方案，从而规划好商品陈列的有效货架空间范围。

4. 畅销商品保护管理

在连锁企业门店中，往往畅销商品的销售速度很快，若没有商品配置表对畅销商品排面进行保护管理，常常会发生这样的现象：当畅销商品卖完了，得不到及时补货时，易导致不畅销的商品甚至滞销品挤占畅销商品的排面，逐步形成了滞销商品驱逐畅销商品的状况。这种状况一会降低门店对顾客的吸引力，二会使门店失去售货的机会，从而降低门店的竞争力。

5. 商品利润的控制管理

做好高利润商品和低利润商品的划分。

6. 连锁经营标准化管理的工具

商品陈列的一致，可促进连锁经营工作的高效化。

三、商品配置表的制作

（一）商品配置表的制作原理

1. 制作商品配置表的依据

（1）周转率。高周转率的商品一般是顾客要寻找的商品，也就是必需品，应放在明显的位置。

（2）毛利。毛利高的商品通常应放在较明显的位置。

（3）单价。高单价又高毛利的商品应放在明显位置。

（4）需求程度。在非重点商品中，具有高需求、高冲动性、随机性需求特征的商品一般陈列在明显位置。销售力越强的必需品，给顾客的视觉效果越好。

（5）空间分配。运用高需求或高周转率商品吸引顾客的视线。

（6）排面。商品的排面是指每个商品在货架上面向顾客陈列第一排的数量，1个是1F，2个是2F，依次类推。商品位置的确定为货架位置最下层是A，二层为B，三层为C，四层为D，五层为E，以此类推。每一层从左到右，为A1，A2，A3，B1，B2，B3，C1，C2，C3，D1，D2，D3，E1，E2，E3等。

2. 商品配置表的制作责权

商品配置表主要由采购人员来主导，其他部门充分配合。

（二）制作商品配置表的前期准备工作

（1）确定商品陈列货架的标准化。

（2）调查商圈与消费者。

（3）设立单品项商品资料卡。

（4）配备商品配置实验架。

（三）商品配置表的制作程序

（1）决定每一个中分类的陈列尺寸。

（2）确定单品项商品陈列量。

（3）根据商品的陈列量和陈列面积，确定相应的货架数量。

（4）安排商品的陈列位置与陈列排面数。

（5）准备特殊商品用的陈列工具。

（6）设计商品配置表。

微课：商品配置表的制作

四、商品配置表的修正

连锁企业总部一旦制订了标准化的商品配置表，下属各门店就必须严格执行。但是商品的配置不是永久不变的，必须根据市场的变化、所销售商品的变化及连锁企业本身的经营状况做相应的调整。这种调整就是对原来的商品配置表进行修正。一般按固定的时间来进行，可以一个月、一个季度修正一次，一年大变动一次。同时，也要考虑连锁企业不同的业态模式，以及不同的季节、时令、促销等因素，作为修正商品配置表的依据。

（一）统计商品的销售情况

连锁企业必须对下属门店每月商品的销售情况进行统计分析，找出哪些是畅销商品、哪些是滞销商品。

（二）应季、应节商品的销售预测

商品的销售量并不是每天都一样的，而是随季节、节假日的情况发生变化的，但这些变化基本也是可以预测的，如周六、周日的商品销售量会有一定比例的上升，这种现象被称为周末效应；在节日前或节日期间，应节商品会呈现旺销现象，这种现象被称为节日效应。所以要求在制订商品配置表前，要预测哪些商品在节假日会增加配置量，甚至为周末效应和节日效应制订与平时不同的商品配置表。

（三）滞销商品的淘汰

当弄清楚商品滞销的原因后，要确定该滞销的状况是否可以改变，如果无法改变就必须坚决地淘汰，不能让滞销品挤占货架而无收益。

（四）畅销商品的调整和新商品的导入

对畅销商品的调整，一是增加陈列的排面，二是调整卖场位置及在货架上的段位。

（五）商品配置表的最后修正

在确定了滞销商品的淘汰、畅销商品的调整和新商品的导入之后，这些修正必须以新的商品配置表的制订来完成。

五、商品配置例外法则管理

（一）变化性陈列管理

变化性商品陈列常见的有大陈列、端架陈列、突出陈列等，常用来做特卖商品的陈列或某种事件活动的陈列。这些陈列时间为3~5天，对在很短时间内会变动的陈列，应给予临时机动的配置管理。

（二）短期性商品的安排

有些商品在特殊的日子或季节才会有，如月饼等。针对这些商品，最好设立专区，时间一过即可以取消。

（三）举办大型活动时的商品配置

门店有时会举办大型的活动，如周年庆、食品展等。基于活动的需要，必须变动现有的商品配置。活动结束后，要恢复成原来的商品配置。

（四）厂商缺货时的商品配置处理

缺货是不可避免的，针对这种情况，门店要进行详细的了解。如果是短期性的缺货，可以将位置保留，以POP广告的形式来告知顾客补货的时间；如果是长期性的缺货，应寻找替代品，修改配置。

（五）活性化措施的商品配置

有时为了使门店陈列显得较为活泼、有变化，将商品配置在某些区段做了变化性的陈列，这种陈列时间不能太长，以3~7天为宜。

知识拓展：洗衣液商品配置表

思政园地

海恩法则是航空界关于飞行安全的法则。海恩法则指出：每一起严重事故的背后，必然有29次轻微事故和300起未遂先兆及1 000起事故隐患。

按照海恩法则的分析，当一件重大事故发生后，人们在处理事故本身的同时，还要及时对同类问题的“事故征兆”和“事故苗头”进行排查处理，以防止类似问题的重复发生，及时消除再次发生重大事故的隐患，把问题解决在萌芽状态。可见，不安全事故是可以预防的。商品配置如果在细节上有错误，就会影响陈列时需达成的效果，所以做任务时更要细心、认真。

任务工单

1. 对方便面进行商品配置表制作。

____

____

____

2. 对饮料进行商品配置表制作。

____

____

____

温故知新

单项选择题

1. 以下（　　）不是商品配置例外法则管理。

A. 短期性商品的安排　　B. 统计商品的销售情况

C. 活性化措施的商品配置　　D. 变化性陈列管理

2. 以下（　　）属于商品配置表的修正。

A. 配备商品配置实验货架　　B. 商品项商品资料卡的设立

C. 滞销商品的淘汰　　D. 货架的标准化

3. 以下哪个选项是商品配置表的功能之一。（　　）

A. 商品控制管理　B. 畅销商品保护管理 C. 商品存储量管理　D. 营业人员管理

4. 以下哪种商品适合在超市食品区端架陈列。（　　）

A. 打折的洗衣机　　B. 畅销的手机

C. 打折的临期的速冻水饺　　D. 促销的组合装方便面

5. 关于商品配置表的功能，以下哪项不是正确的。（　　）

A. 有效控制商品品项　　B. 商品定位管理

C. 商品例外法则管理　　D. 畅销商品保护管理

任务二　商品陈列原则认知

小组任务

1. 如何理解关联陈列？

____

____

____

2. 给你印象最深的陈列是什么样的？

知识精讲

近年来，国内将商品陈列称为视觉营销。陈列属于营销终端重要的一环，因此要严格按照商品陈列的原则进行陈列。

微课：商品陈列原则认知

一、商品陈列的含义

商品陈列是将具有促进销售机能的商品摆放到合适的地方，其目的是创造更多的销售机会，从而提高销售业绩。良好的商品陈列能有效促进销售，因此要严格遵循商品陈列原则。

二、商品陈列的原则

商品陈列是一门学问，讲究艺术美，如果不科学地进行陈列，会降低顾客的满意度，影响销售量。商品陈列应遵循以下八条原则。

（一）分区定位原则

目前，我国营业面积在100平方米以上的便利店或超市在2 000个以上的，如果不合理地进行分区定位，顾客就不能方便迅速地判断出商品的位置，也就不能充分展示商品了。因此，在门店中，商品需要进行明确的分区定位（见图7.3），要求每类、每项商品都必须有一个相对固定的陈列位置。例如，服装专卖的男装区与女装区；便利店中的食品区与非食品区；超市中的纺织区、家电区、生鲜区等。将互相影响大的商品货位适当隔开，如易串味的食品、化妆品与烟酒，茶叶与糖果等。在大型门店中，会在入口处张贴商品布局分布图，以此来指引顾客。

图7.2　分区定位

图7.2 分区定位（续）

（二）显而易见原则

显而易见原则是指商品陈列容易被顾客看见，如图7.3所示。只有让顾客看到，并且顾客准确辨别出是何种商品，才有被选购的可能性，因此需要符合三个要求。

（1）贴有价格标签的商品正面面向顾客。例如，将带有“德芙”巧克力字样的一面面向顾客。

（2）每一种商品都不能被其他商品挡住视线。

（3）对货架下层不易看清的商品，采用倾斜式陈列。

图7.3 显而易见商品陈列

展示商品有特色的一面时，需要将有特色的一面面向顾客。显而易见是陈列的关键，消费者容易看到商品，陈列的辅助工具或POP广告等不能遮挡商品。

（三）商品说明清晰醒目原则

顾客有意购买商品时，必定想进一步了解有关此商品的详细信息，如价格、产地、性能、用途等。因此，陈列商品时，应附有说明商品品名、产地、规格、价格等内容的标签，如图7.4所示。门店在陈列商品时，商品说明清晰醒目会让顾客做出购买与否的判断，因此商品说明清晰醒目尤为重要，而且需要注意以下几点。

（1）商品价格标签要与商品一一对应。POP广告或价格标签要显示价格、规格、产地、用途等。

（2）进口商品应有中文标识，写清产地、商品名称等信息。

（3）商品说明为连锁企业总部统一设计，包括物价员签章。

（4）商品由于季节、时令调整价格时，要及时移去原有标签，更换新标签，避免顾客混淆。

（5）对功能多、结构复杂的商品，如家用电器、运动器材等，必须配有使用说明书。

图7.4　商品说明清晰醒目

（四）易取易放原则

一旦顾客对陈列商品产生了良好的视觉感受，就会有触觉的要求。如果商品不能伸手可取，就会影响顾客购买。因此，商品陈列应易取易放，增强了商品的可获得性，就会提升商品销售量，如图7.5所示。在货架上做到满陈列时，要注意陈列商品与货架上隔板保持3~5厘米的间距，让顾客的手容易进入货架拿取商品，并方便随时放回原处。顾客取放商品方便，便会愉快地购买。

图7.5　易于取放的商品

（五）满陈列原则

在商品陈列中，应显示出商品的丰富性和规则性，否则商品本身的表现力就会降低。从顾客心理学规律来看，顾客希望从琳琅满目的商品中挑选，当他们看到货架或柜台上只剩下为数不多的商品时，往往会心存疑虑，不愿购买。从门店本身利益来看，货架空缺会浪费有效的陈列空间，降低货架的销售与储存功能，降低商品周转率。商品陈列应将同一类商品的不同规格、花色、款式有规则地展示，给顾客留下商品丰富的好印象。调查资料显示，满陈列比非满陈列销售量平均提高24%。满陈列会给顾客留下表现力提升，货品齐全的印象，如图7.6所示。

图7.6 满陈列商品

（六）先进先出原则

商品的先进先出原则又被称为前进陈列原则或避免损失原则。如果没有做到先进先出，商品第一次在货架上陈列后，随着商品不断被销售出去，陈列在货架里侧的商品就容易被遗忘，从而造成商品损耗。因此，要及时补充陈列，而且补充陈列要按照先进先出的原则进行。商品在货架上陈列的先进先出，是保持商品品质和提高商品周转率的重要控制手段。敞开式销售方式的连锁店应尤为重视此原则，商品补充陈列应从货架里侧开始。

（七）关联性陈列原则

门店中商品的陈列强调关联性。关联性陈列的目的是使顾客购买一件商品后，顺便购买陈列旁边具有一定关联性的商品。例如，面包与果酱，咖啡与方糖，香肠与方便面、凉茶，铁杆与挂桶、锅铲等。关联陈列包括以下三种。

1. 品牌关联陈列

品牌关联陈列是指将同一品牌的商品进行集中陈列。例如，将伊利常温纯牛奶、伊利常温早餐奶、伊利常温酸奶等进行关联陈列。

2. 相关品类关联陈列

相关品类关联陈列是指按商品的类别进行陈列。例如，将洗衣液与衣物除菌液进行关联陈列。

3. 互补商品关联陈列

互补商品关联陈列是指将不同种类，但有互补作用的商品陈列在一起，使顾客购买A品时也会顺便购买B品、C品，如图7.7所示。

图7.7　厨房用品关联性陈列

（八）同类商品垂直陈列原则

同类商品垂直陈列也称纵向陈列，是指将同一类商品，沿上下垂直方向陈列在货架不同高度的层位上。这种陈列能使商品体现出直线式的系列化，也能使顾客一目了然，具体作用如下。

1. 符合顾客购买习惯

顾客在挑选横式陈列的商品时，会感到不方便。这种陈列遵循了顾客在选择物品时，往往视线上下移动比横向移动更方便的规律。

知识拓展：胖东来超市果蔬陈列标准

2. 平均获取不同货架层次的销售利益

同类商品垂直陈列（见图7.8）会使同类商品平均享受到货架上各个不同段位（上段、黄金陈列段、中段、下段）的销售利益。

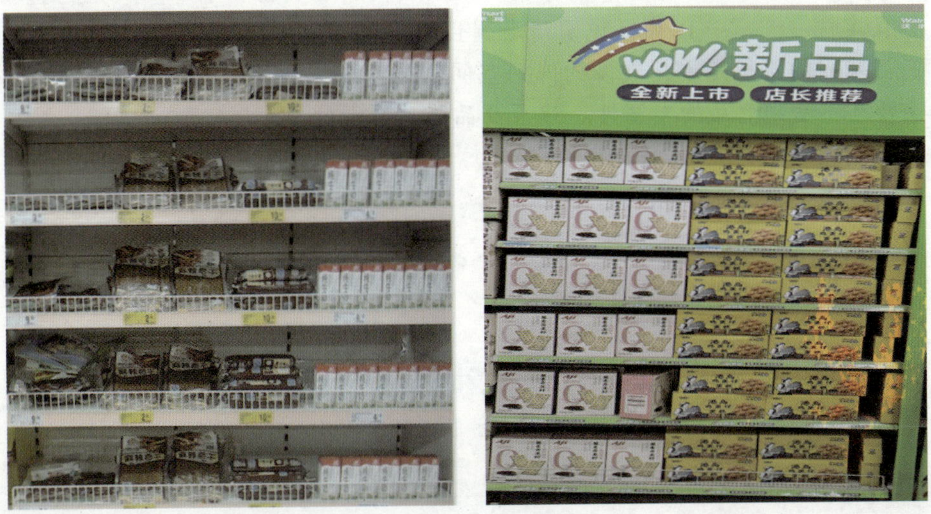

图7.8　同类商品垂直陈列

思政园地

创新是指以现有的思维模式提出有别于常规或常人思路的见解，利用现有的知识和物质，在特定的环境中，本着理想化需要或为满足社会需求，而改进或创造新的事物、方法、元素、路径、环境，并能获得一定有益效果的行为。在陈列商品的过程中，责任意识和创新意识是不可缺少的，只有这样，陈列的商品才会吸引顾客。

任务工单

1. 针对8条商品陈列原则，分别举例说明。

____

____

____

2. 查阅陈列资料图片，并说明遵循了哪种商品陈列原则。

____

____

____

温故知新

单项选择题

1. 将种类不同，但效用方面互补的商品陈列在一起的陈列为（　　）。

A. 主题陈列　　B. 分类陈列　　C. 突出陈列　　D. 关联陈列

2. 商品陈列容易让顾客看见，是指（　　）陈列原则。

A. 易取易放　　B. 先进先出　　C. 显而易见　　D. 关联陈列

3. 符合顾客购买习惯，平均获取不同货架层次的销售利益属于（　　）原则。

A. 分区定位　　B. 商品说明清晰醒目　　C. 同类商品垂直陈列　　D. 先进先出

4. 商品陈列的目标是占据较多的陈列空间，尽可能增加货架上的陈列数量，占据陈列位置，让顾客感受到商品的丰富性。属于商品陈列原则的是（　　）。

A. 重点突出原则　　B. 满陈列原则　　C. 全品项原则　　D. 伸手可取原则

5. 以下哪项不属于商品陈列原则。（　　）

A. 先进先出陈列原则　　B. 满陈列原则

C. 分区定位陈列原则　　D. 不便取放原则

任务三　商品陈列方法与技巧认知

小组任务

1. 商品陈列有哪些方法？

2. 调查知名连锁门店商品陈列的技巧。

知识精讲

商品陈列出来的目的是让消费者一目了然，以刺激消费者的购买欲，同时提升门店形象。

微课：商品陈列方法与技巧认知

一、门店商品陈列的方法

连锁门店由于所属的业态不同，商品陈列的方法也不相同，主要分为封闭式陈列和开架式陈列两种。

（一）封闭式陈列

封闭式陈列又称柜台式陈列，利用柜台陈列商品，一部分商品陈列在柜台内，另一部分商品陈列在柜台面。在柜台内部主要陈列贵重的商品，如金银首饰、名表、化妆品等。

（二）开架式陈列

开架式陈列主要指在货架上陈列商品，陈列方法有以下几种。

1. 货架陈列法

货架陈列法（见图7.9）是门店开架式陈列的最基本方法。这种方法是将商品陈列在固定好的货架上，货架按高低从上至下分为4个段位。这4个段位分为上段、黄金陈列段、中段和下段。以2.2米高的货架为例，将商品的陈列段位做4个区分，并对每一个段位上应陈列什么样的商品做一个设定。

（1）上段。上段是货架的最上层，高度为1.8~2.2米。本段位通常陈列一些门店推荐的或有意培养的商品。如果商品销售情况良好，销售一定时间后，可移至下一层黄金陈列段。

（2）黄金陈列段。黄金陈列段是货架的第二层，高度为1.6~1.8米，是人眼最容易看到、手最容易取放商品的位置，因此是最佳的陈列位置。常陈列高利润商品、自有品牌商品、独家代理或经销的商品。本段位忌讳陈列无毛利或低毛利的商品。

（3）中段。中段是货架的第三层，高度为0.6~1.6米。本段位常陈列低利润商品或为了保证齐全性的商品，甚至是进入商品衰退期的商品。

（4）下段。下段是货架的最下层，高度为0.1~0.6米。常陈列体积大、易碎、毛利较低，但周转相对较快的商品。

图7.9　货架陈列法

2. 分类陈列法

分类陈列法（见图7.10）用于商品种类多，占地面积不大的商品。按消费者购买习惯、商品色别、款式划分，只需按规格颜色陈列即可。重在展示商品色彩与款式的多样性，激发消费者的购买欲望。

3. 季节性陈列法

季节变换时，应调整商品陈列布局。季节商品陈列时强调季节性，要随着季节的变化提前调整、及时更换，而且陈列场所与周围出售商品的部位、环境要协调一致，如图7.11所示。对于一些全球连锁企业，由于各个国家或地区所处的季节不同，所以不能盲目追求连锁经营的统一性。

图7.10　分类陈列法

图7.11　季节性陈列法

4. 端头陈列法

端头是指整排货架的最前端或最后端，即顾客流动线转弯处所设置的货架，常被称为最佳陈列点。端架通常用来陈列一些高毛利商品、新品、促销商品或要处理的滞销商品。从顾客视角来看，可从三个方面看到陈列在这一位置的商品，因此端头是商品陈列极佳的黄金地段，是卖场中最能吸引顾客的位置。端头陈列可以是单一商品大量陈列或多品种商品组合大量陈列，如图7.12所示。

图7.12　端头陈列法

5. 主题陈列法

主题陈列也称展示陈列，即在商品陈列时运用各种艺术手段、宣传手段及陈列器具，配备适当的、有效果的照明、色彩等，来突出特定商品。例如，以春节、情人节为主题等。

6. 综合配套陈列法

综合配套陈列法也称视觉化的商品展示。在进行综合配套陈列时，应融入某一生活场景。陈列时符合顾客的某一种生活形态，通过多种商品的综合配套，塑造商品的整体表现力。例如，图7.13所示的餐厅综合配套陈列。

图7.13　餐厅的综合配套陈列

7. 堆头陈列法

堆头可以分为一般陈列堆头（见图7.14）和形象陈列堆头（见图7.15），在连锁门店中使用得较多。合理巧妙地利用堆头陈列，可以极大地吸引顾客的注意力，引导其消费，从而有效提升销售额。

知识拓展：堆头陈列

图7.14　一般陈列堆头

图7.15　形象陈列堆头

8. 悬挂陈列法

悬挂陈列法（见图7.16）是指将商品展开悬挂，能使顾客从不同角度直接看到商品全貌或触摸到商品的方法，主要用于纺织、服装类商品，一些小而轻的商品，以及扁平形、细长形等难以立体陈列的商品。

图7.16　悬挂陈列法

二、门店商品陈列的技巧

商品陈列是创意性较强的工作，技巧运用十分重要。

（一）大陈列

大陈列（见图7.17）又称堆箱陈列或山积陈列，是指在卖场中开辟一个空间或拆除端架，将单一商品或两三种商品做量化陈列。其诉求包括价格诉求、季节性诉求、节庆诉求、新上市诉求、媒体大量宣传诉求。

图7.17　大陈列

（二）比较性陈列

比较性陈列（见图7.18）是指将相同商品，依不同规格或不同数量予以分类，陈列在一起。比较性陈列必须经过价格、包装的良好规划，才能发挥最大的效果。例如，小瓶饮料与小箱装饮料、大箱装饮料一起陈列。

图7.18 比较性陈列

思政园地

在陈列的过程中，应注重技巧性与美观性。相对固定、定期变动。从顾客的角度来讲，大多喜欢商品摆放相对固定。这样，当其再次光顾门店时，可减少寻找商品的时间，提高顾客购物效率。门店不妨将物品放在固定的地方，方便顾客选购。但长此以往，又易于失去顾客对其他物品的注意，而且会产生一种陈旧呆板的感觉。因此，也可在商品摆放一段时间后，调整货架上的货物，使顾客在重新寻找所需物品时，受到其他物品的吸引，对门店的变化产生耳目一新的感觉。不过这种变化如果过于频繁，会导致顾客的反感，使其认为门店缺乏科学化的安排，混乱不堪，继而产生烦躁不安的心理。所以，商品的固定与变动应是相对的、适应的。一般一年变动一次为宜。

任务工单

1. 以小组的形式对某连锁超市或专卖店进行调研，分析饮料商品陈列现状，并指出存在的问题。

____

____

____

技能训练：陈列的方法与技巧练习

2. 以小组的形式对某连锁超市或专卖店进行调研，分析女装商品陈列现状，并指出存在的问题。

____

____

____

温故知新

单项选择题

1. 连锁企业中最基本的陈列方法是（　　）。

A. 分类陈列法　B. 集中陈列法　C. 主题陈列法　D. 货架陈列法

2. 不属于悬挂陈列适用范围的是（　　）。

A. 中小型轻量商品　B. 难以立体陈列的商品

C. 预计毛利低、周转率、销售额高的商品　D. 多尺寸、多颜色、多形状的商品

3. 在商场的入口处，中部或底部不设置中央陈列架，而配置特殊陈列用的展台，这样的陈列方法叫作（　　）。

A. 突出陈列法　B. 专题陈列法　C. 岛屿陈列法　D. 配套陈列法

4. 在超级市场中，销售极强的陈列方法是（　　）。

A. 突出陈列　B. 悬挂陈列　C. 量感陈列　D. 端头陈列

5. 商品陈列的方法不包括（　　）。

A. 综合配套陈列法　B. 端头陈列法　C. 主题陈列法　D. 排面量陈列

任务四　商品陈列程序认知

小组任务

1. 商品陈列程序有哪些？

2. 调查连锁门店商品陈列的程序。

知识精讲

在连锁门店中，良好的销售是从有效的商品陈列开始的。商品陈列要遵循陈列的程序进行。

微课：商品陈列程序认知

一、商品陈列的程序

（一）陈列调查

陈列调查是指为了商品竞争目的而进行的信息收集与处理工作，为陈列规划提供素材。陈列调查包括外部环境因素和内部环境因素。

动画：商品陈列的程序

外部环境因素指以下几方面：地区性大型活动，如当地有无传统的庆典节日，活动举行的时间、规划、方式等；节日性特别促销活动，如春节、儿童节、中秋节、端午节、情人节等；气候变化规律，如当地换季的时间、气温变化幅度等。

内部环境因素指连锁店总部的商品规划要求和分店自身面临的具体需求特点。

综合上述两方面环境因素后，就可以根据地区特点从总部推荐的品种中选定适宜的经营商品结构。商品结构确定后，根据各类商品的销售特点、顾客购买习惯和连锁企业的销售方针，确定基本的陈列布局、陈列方式及相应的促销活动，进而确定每一种商品陈列的位置、陈列方式、占用空间、陈列天数等。

（二）陈列规划

1. 含义

陈列规则是把商品陈列运作的一切前后顺序和相关内容用文字的形式表达出来，写成一个比较完备的计划。

2. 内容

陈列规划包括商品陈列的时间、标准、确认、检查、评价、具体负责部门及职责、准备及协调安排、效果分析；店内招牌广告的应用；出现问题的处理办法等。

（三）陈列准备

陈列准备是指商品上架前的准备工作，包括连锁店的订货、收验货、分类标价、编码等。

1. 订货

订货是指连锁店在陈列商品不足时，提出送货要求。订货的依据是日常销售规律。订货的批量和批次取决于销售量和信息处理、物流配送的技术水平。

2. 收验货

尚无完善商品供应计划体系的连锁企业，各连锁门店对从各配送中心分批分类配送的商品，必须按规定的质量标准和验收标准验收，确保没有假冒伪劣、超过保质期的商品，或不符合要求的商品，保证售出商品的品质和数量。

3. 标价编码

验货后，对商品分类标价，整理上架。如商品无标准条形码，要按公司规定统一编码。输入编码后，才能上架出售。商品价签应正确放置明显位置，整齐、整洁、清晰。商品价签上应正确显示商品的生产日期、保质期。

（四）上架陈列

商品陈列应遵循从左到右，从上到下的次序。标牌固定在第一件商品处，作为该类商品位置的起点和标记，同时也是与邻近品种的分界线。小分类商品必须集中陈列，并以直线形式摆放。

（五）陈列检查

商品陈列确认与检查主要包括：商品是否易于选购，商品是否易于拿取，商品数量是否充足，商品种类是否齐全，商品色彩是否协调，照明是否良好，是否得到妥善管理，陈列是否有助于销售，广告运用是否恰当。

思考：如何又快又好又准确地实现陈列检查？

（六）陈列信息的收集与分析

陈列调查、陈列规划、陈列准备、上架陈列、陈列检查，以及在实际商品销售时，均会产生大量经营数据，应全面收集并分析。

二、商品陈列的九字方针

在商品陈列时，应遵循量、集、易、齐、洁、联、时、亮、色九字方针。

（一）量

量是陈列的首要原则。商品陈列要有一定体量，才能引起顾客的注意与兴趣。同时，量感陈列也是门店形象生动化的一个重要条件。

（二）集

同类别商品要集中陈列在邻近的货架或位置。集中陈列的要求也是量感陈列的体现，同时让顾客能更容易地按照集中的类别，找到自己需要的品牌或品种。

（三）易

易指易拿、易取、易还原。即使再美观、大气的陈列，若顾客拿取不方便，或放回去很麻烦，也无法达到促进销售的目的。

（四）齐

商品陈列时，尽量保证一个品牌或系列的商品能配套齐全，同时集中陈列，这样才能让顾客有更大的选择余地。在陈列上也能体现整齐、美观的效果。

（五）洁

卫生、整洁是顾客对商品陈列，乃至门店环境的要求。工作人员在陈列商品的同时，也要及时清理商品及货架卫生，将灰尘擦拭干净，以体现商品的新鲜度。

（六）联

商品要注意关联陈列。

（七）时

商品陈列时，要注意商品的保质期与有效期等问题。保质期较短的生鲜商品，要注意先进先出。

（八）亮

商品陈列时，要尽可能地陈列在光线好、视觉效果好、亮度足够的位置，以保证商品易见、易取。根据视觉营销要求，卖场陈列的基本色彩格局是前明后暗。

知识拓展：陈列程序

（九）色

引起冲动性购买的因素除价格、品种、量感外，商品外包装的美观及视觉上的冲击也是重要因素。

思政园地

在商品陈列中，注重程序性，有利于陈列的有序开展。做事情亦是如此，需要有程序性。对当今大学生来说，工作、学习亦要讲究方式、方法。在程序的制订上，要遵循“于法周延”“于事简便”的标准。

任务工单

1. 陈列程序实施过程中应注意哪些问题？

____

____

____

2. 分小组撰写陈列计划。

____

____

____

温故知新

单项选择题

1. 根据视觉营销要求，卖场陈列的基本色彩格局是（　　）。

A. 上重下轻　　B. 前明后暗

C. 左冷右暖　　D. 前暗后明

2. 为了商品竞争目的而进行的信息收集与处理工作是指（　　）。

A. 陈列准备　　B. 陈列调查

C. 陈列检查　　D. 上架陈列

3. 以下不属于陈列准备的是（　　）。

A. 标价编码　　B. 陈列规划

C. 订货　　D. 收验货

4. 商品价签应正确放置明显位置，整齐、整洁、清晰。商品价签上应正确显示商品的生产日期、（　　）。

A. 生产方式　　B. 生产地址

C. 保质期　　D. 生产厂家

5. 陈列程序的第二步是（　　）。

A. 陈列检查　　B. 上架陈列

C. 陈列信息的收集与分析　　D. 陈列规划

任务五　日杂货陈列

小组任务

1. 你理解的日杂货有哪些？

____

____

____

2. 调查连锁门店日杂货的陈列。

____

____

____

知识精讲

有人说互联网时代，实体门店受到了很大的冲击，其实冲击也是机遇，倒逼实体门店加速转型升级。零售门店靠商品、服务和运营模式等打造品牌，尽管如今电商平台很便捷，但很多门店依然人山人海。人们已经从物质匮乏的年代来到了物质丰富的年代，消费也从商品的“有无”变成了商品的“优劣”。陈列“美”的背后是人们对美好生活的向往。

微课：日杂货陈列

一、日杂货的界定

本任务中的日杂货特指袋装、罐装的食品及日用百货。消费者可以通过线上、线下的方式进行采购，其购买频率较高。通过特定的陈列技巧，可以有效扩大日杂货的销售量。以下重点介绍食品与服装的陈列。

二、食品陈列的方法

（一）盘式陈列

盘式陈列是指将外包装箱减掉一部分，露出商品的主要信息，整箱堆砌，从而吸引顾客整箱购买。

（二）岛屿陈列

岛屿陈列（见图7.19）是指在类似相邻的两座岛屿上，陈列同一类别或同一品牌的商品。这种陈列方法既方便顾客获取同类别、同品牌商品，又起到了装饰卖场的作用。

图7.19 岛屿陈列

（三）艺术陈列

鲜花和水果的组合，可以让顾客仿佛置身于热带雨林中，使其享受悠闲的下午茶时光，这就是艺术陈列带给人们的美的感受，如图7.20所示。

图7.20 艺术陈列

（四）纵向陈列

因为人在货架中的视线通常是自下而上或自上而下的，所以符合人们视线轨迹的就是纵向陈列，如图7.21所示。

图7.21 服装纵向陈列

三、服装陈列的方法

（一）引人注目陈列

用爆款、展柜和模特来发挥视觉吸引的作用；用超低价格发挥价格吸引的作用。

（二）全局陈列

将同一款式的服装由浅色到深色，由冷色到暖色进行陈列。尺码由大到小摆放，可以突出该服装颜色、尺码齐全的特点，方便顾客一目了然地找到自己喜欢的颜色且符合自己尺码的商品。

（三）易见易取陈列

根据人眼的视觉高度，陈列主推商品，来提高显眼度；根据男女性平均身高，陈列商品，从而提高易拿取度。

（四）专题陈列

可以按照品种、原料、功能、尺码、促销方式、色彩等进行属性分类，将同一属性的商品进行集中陈列，如图7.22所示。同时，也不要忘记关联陈列，将具有消费关联的两种或多种商品进行集中陈列，能够提高该商品的销售量。

知识拓展：胖东来超市杂货、家居陈列标准

图7.22 专题陈列

思政园地

美宜佳便利店针对年轻化和在线化两个特征，结合用户需求，进行了支付宝增量营销。例如，伊利安慕希 AMX 新品推广案例，联合支付宝、伊利等三方平台，针对安慕希 AMX 单款新品在美宜佳的首发上市，整合三方资源，既做到品牌宣传，又做到提升销售。最终，案例整体达到 5.6 亿次新品曝光、82%优惠券核销率，带动新品销量增长 30%。企业的创新可以带动销量的增长，所以我们在日常的门店运营管理中，应注重创新营销。

任务工单

1. 以小组的形式对某连锁超市或专卖店进行调研，分析饮料商品陈列现状，并指出存在的问题。

____

____

____

2. 以小组的形式对某连锁超市或专卖店进行调研，分析女装商品陈列现状，并指出存在的问题。

____

____

____

温故知新

单项选择题

1.（　　）类似相邻的两座岛屿，上面陈列着同一类别或同一品牌的商品。既方便顾客获取同类别、同品牌商品，又起到了装饰卖场的作用。

A. 艺术陈列　　B. 纵向陈列　　C. 岛屿陈列　　D. 堆箱陈列

2. 人在货架中的视线是自下而上或自上而下的，符合人们视线轨迹的陈列方式是（　　）。

A. 岛屿陈列　　B. 艺术陈列　　C. 纵向陈列　　D. 盘式陈列

3. 食品有生产日期，应根据（　　）原则进行陈列。

A. 易取易放　　B. 关联陈列　　C. 先进先出　　D. 满陈列

4. 外包装箱减掉一部分，露出商品主要信息，整箱堆砌，吸引顾客整箱购买属于（　　）。

A. 岛屿陈列　　B. 艺术陈列　　C. 纵向陈列　　D. 盘式陈列

5. 服装陈列可采取的陈列方式不包括（　　）。

A. 全局陈列　　B. 非专题陈列　　C. 引人注目陈列　　D. 易见易取陈列原则

任务六　生鲜品陈列

小组任务

1. 你理解的生鲜品有哪些？

2. 调查连锁店生鲜品的陈列方法。

知识精讲

在商品陈列中，需要精化排列、勤于更换的是生鲜品陈列。在生鲜食品中，比较有代表性的商品被称为“生鲜三品”，即果蔬、肉类和水产品。当顾客走近实体超市的生鲜区，可以看到生鲜品的陈列五花八门、形式众多，但其实都离不开统一的标准，具体分为以下几点。

微课：生鲜品陈列

一、生鲜区陈列的标准

（一）新鲜度

陈列要表现出新出炉的商品、刚采摘的果蔬的新鲜程度。其季节性强，需要生动地陈列。

（二）量感、有序

品种齐全、数量充足的商品，可根据销量规律安排，进行满陈列。

（三）卫生感

食品干净、卫生可以使顾客产生可靠的感觉，也可以侧面反映生鲜区的管理水平。

（四）先进先出

根据商品有效期管理，实行先进先出原则，可以反映门店的标准化问题。

二、果蔬类商品陈列

（一）果蔬品的陈列方式

1. 排列法

排列法是指商品有规则地组合在一起。

2. 置放法

置放法是指商品散开放置在容器中。

3. 堆积法

堆积法是指商品按由下往上顺序堆砌。

4. 交叠法

交叠法是指大小不一的商品交错排列。

5. 装饰法

装饰法是指一些商品放在另一些商品上面，起陪衬作用。

（二）果蔬类商品陈列的基本要求

（1）整齐、美观、大方，货架在销售高峰时要保持丰满。

（2）标价签、价格牌的内容要时刻与商品保持对应。

（3）同种商品尽量避免多处陈列。只有在做特价促销时才能多处陈列，并必须保证与标价签、价格牌对应。

（4）同一大类商品必须归类、相邻陈列，并进行颜色搭配。

（5）特价促销商品必须有POP、特价标识，位置突出、堆头陈列。

（6）破损、变质、腐烂、过期的商品必须及时撤离货架。

（7）在人流较少时，可以减少商品的陈列面与陈列量。

（8）高档、易损耗且销量不大的商品可采取“假底”陈列。

（9）打包商品时，要求保鲜碟规格统一，标价签统一贴于保鲜碟横向右上角。

（10）必须严格遵循先进先出原则。

（三）果蔬类商品陈列的类型

1. 投入型

投入型（见图7.23）一般用于陈列比较小的或是形状不一致的水果和蔬菜，如水果中的枣子，蔬菜里的四季豆、豆芽等。它的操作方法是，利用容器或搁物板将前面及边面固定后，将这类商品任意投入，堆放到不会掉出的高度为止。

图7.23 投入型

2. 并立型

并立型是利用板架等器具，让商品站立式的并排陈列，如陈列大白菜、芹菜时，为了使陈列富于变化，可以采用这种陈列形态。其操作方法是先排好前面的部分，然后将商品以直角或稍微向后倾斜排列。

3. 茎积型

茎积型是将根茎类果蔬的面排列整齐，堆积起来。这种陈列形态是先决定边面或前面的商品应该朝哪个方向，然后在此基础上摆底面的商品，最终将商品排列整齐并往上堆。

4. 背向型

背向型指的是把比较长的叶菜类商品，按一个面朝一定的方向排列，并逐渐堆高，也可以每层交换方向。这种陈列形态是决定一个面后，按一定的方向从前面的部分开始排列。排列后面的商品时，要注意使根或茎排成一条直线。

5. 围绕型

围绕型是一种将某种商品用商品或隔物板、容器等围起来的陈列方式。这种陈列形态是一边排列前面和边面的部分，一边决定底面的商品，将被包围的商品并排堆高，其重点是在选择商品的时候一定要考虑色彩搭配。

6. 植入型

植入型是指将叶菜类蔬菜陈列在宛如田地形状的容器里。

7. 交叉型

交叉型又叫相互配合型，多用于陈列芹菜等长度较长但厚度不同的蔬菜。其操作方法是一层根一层叶地交互堆积，每一层中的两列都以相同的方向来排列。

8. 搭配型

搭配型（见图7.24）就是利用两种以上的商品产生对比色彩的效果，以特殊的组合方式来加以陈列的形态。

图7.24 搭配型

三、水产品陈列技巧

（一）分类、集中陈列

1. 分类陈列

（1）按是否被处理划分，可分为淡水鱼、海水鱼、虾贝类、水产干货。

（2）按肉色划分，可分为白色肉鱼、红色肉鱼。

（3）按表面形态划分，可分为鲜活水产品、冰鲜水产品、冷冻水产品、水产干货。

2. 集中陈列

水产品通常采用系统化的集中陈列法，可完整陈列或分割售之。全鱼一般采用完整集中陈列法，因为鱼头朝内象征财源滚滚。

知识拓展：胖东来生鲜品陈列标准

（二）不同水产品的陈列手段

生鲜商品陈列有着特殊的属性，陈列时要注意突出商品的特点，增强商品的吸引力。

1. 鲜活水产品的陈列手段

陈列鲜活水产品时，要注意活鱼、活虾需使用透明的玻璃水箱陈列，以此来展示活鱼、活虾的活泼感和新鲜度，如图7.25所示。

图7.25 鲜活水产品陈列

2. 冰鲜水产品的陈列手段

冰鲜水产品出水时间短、新鲜度高，可采用木板或白色托盘陈列，如图7.26所示。

图7.26 冰鲜水产品陈列

3. 冷冻水产品的陈列手段

冷冻水产品一般采用集中陈列法，可以在冷柜中进行小包装陈列。

4. 水产干货陈列技术

水产干货一般采用标准货架陈列。

思政园地

“业精于勤，荒于嬉；行成于思，毁于随。”这句话出自韩愈的《进学解》。意思是说，学业由于勤奋而精通，但它却能荒废在游戏玩耍中。事情由于反复思考而成功，但它却能毁灭于不经大脑的随性中。在陈列时，往往也要勤于更换、精于排列。

任务工单

1. 以小组的形式对某连锁超市进行调研，分析果蔬类商品陈列现状，并指出存在的问题。

____

____

____

2. 以小组的形式对某连锁超市进行调研，分析水产品陈列现状，并指出存在的问题。

____

____

____

温故知新

单项选择题

1. 果蔬类商品陈列中，(　　)代表商品由下往上顺序堆彻。

A. 排列法　　B. 置放法　　C. 堆积法　　D. 交叠法

2. 蔬菜里的四季豆、豆芽适合采取蔬果类商品陈列类型中的(　　)。

A. 并立型　　B. 投入型　　C. 茎积型　　D. 背向型

3. 水产品按表面形态可划分的类型不包括(　　)。

A. 鲜活水产品　　B. 水产干货　　C. 冰鲜水产品　　D. 虾贝类产品

4. 陈列比较小的或形状不一致的水果和蔬菜时，可选择的商品陈列类型是(　　)。

A. 茎积型　　B. 背向型　　C. 投入型　　D. 围绕型

5. 以下不是生鲜区陈列标准的是(　　)。

A. 量感有序　　B. 新鲜度　　C. 卫生感　　D. 先进后出

任务七　商品陈列有效维护

小组任务

1. 你理解的缺货是什么？

____

____

____

2. 如何进行商品陈列有效维护？

____

____

____

知识精讲

商品上架并不代表商品陈列工作已完成。连锁门店中的商品管理人员还必须对商品进行有效的管理控制与维护，使商品时刻以一种“崭新”的面貌呈现在顾客面前。对商品进行有效的陈列维护是门店商品管理的一项基本工作和长期工作，是连锁门店标准化、规范化经营的基础和前提。

微课：商品陈列的有效维护

一、缺货控制

在零售市场竞争日趋激烈的今天，科学化管理是连锁企业生存的必要条件。如订货不及时，就会造成缺货，所以门店应注重对缺货的控制。

动画：缺货认知

（一）缺货概念

理论上，当某一商品的库存数为零时，即为缺货（见图7.27）。但在实际运营中，缺货包括以下几方面。

（1）货架上的商品只有几个或少量，不够当日销售，即为缺货，陈列时应予以标明。

（2）服装、鞋类商品的某些颜色缺少或尺码断缺。

（3）家电商品只有样机。

（4）商品陈列在货架上，但商品外包装有瑕疵。

（5）商品系统库存不是零，但实际库存为零。

（6）广告彩页新商品未到货。

（7）商品目前的库存不能满足下一次到货前的销售，属于潜在的缺货。

图7.27　缺货的状态

（二）缺货的危害

（1）缺货会导致销售业绩下降。

（2）缺货会导致顾客不能买到所需商品，降低顾客服务水平，不利于商场形象的维护。

（3）缺货过多会导致顾客不信任门店，甚至怀疑公司的商品经营实力。

（4）缺货会导致货架空间的浪费。

（三）缺货原因

缺货的原因是多方面的，主要原因有以下几个。

（1）订货不足或不准确。

（2）系统中的库存不准确，导致门店的订单错误。

（3）某些商品漏订货或某个供应商漏供货。

（4）顾客集中购买。

（5）商品特价等因素导致商品热销。

（6）供应商缺货。

（四）缺货分析

整个部门或门店可以用以下指标来进行缺货分析和控制。

（1）缺货数量，即部门的缺货数量和门店的缺货数量。要对商品大类的缺货进行统计、排名。

（2）缺货损失销售额，是指所有属于该部门的缺货商品的销售损失金额的合计。

（3）缺货的比率包括部门的比率、门店的比率和商品大类的比率。

（4）缺货超过两周以上的商品数量。缺货超过两周以上仍然没有解决的，要按部门进行统计，包括品名、以往销量等。

（5）商场销售金额或数量排前五十名的商品的缺货情况。重点监管商品的缺货、缺货天数、缺货损失的金额。

（6）目前缺货且无未来订单数量的统计。

（五）缺货控制

（1）对商品订货进行审核。

（2）查找缺货的原因。

（3）如果重点商品缺货，用替代品补货或促销，以减少损失。

（4）核对库存，对重点、主力商品立即补进货源。

（5）检查所有缺货商品是否全部有缺货标签，系统记录是否全部准确。

（6）处理缺货商品报告。

二、排面量控制

货架上商品的排面量是每种商品在货架上横向陈列的数量，此数量是根据商品的销售情况来确定的。单一商品的销售占总销售的百分比是与该商品陈列面占全店货架面积的百分比相符的。

三、陈列道具控制

陈列道具可以使商品陈列的形态吸引更多顾客的注意力。通过商品和背景空间的布置装饰，力图体现一系列相关时尚产品的关系、内在含义、价值定位、品牌文化及销售战略等方面，以此来提升其商品本身的价值，并达到销售目的。合理陈列道具可以起到展示商品、提升品牌形象、营造品牌氛围、提高品牌销售的作用。

四、POP控制

门店提供给顾客的视觉信息是非常重要的。顾客主要从陈列的商品上获得信息，除了陈列的高度、位置和排列之外，广告牌、POP等信息十分重要，会给顾客直接的感觉。

五、销售时段控制

销售时段控制，即密切注意商品销售动态，把握好补货的时间或商品的促销时间。在尽可能多的销售时段上，获得最大销售额。

知识拓展：美国的时蒙玛公司以“无积压商品”

思政园地

商品的管理控制与维护是一项长期的工作，我们要坚持底线思维，估算可能出现的最坏情况，并且接受这种情况，对可预见的情况做出调整，牢牢把握销售契机。

任务工单

1. 分析案例美国的蒙玛公司“无积压商品”带来的好处。

2. 以小组的形式讨论并制订商品陈列有效维护的注意事项。

温故知新

单项选择题

1. 以下哪项不是缺货的原因？(　　)

A. 订货不足　　B. 库存不准确　　C. 顾客集中购买　　D. 家电只有样机

2. 以下哪种情况属于缺货？(　　)

A. 商品只有少量　　B. 尺码断缺　　C. 新品未到货　　D. 缺货数量

3. 以下哪项不是缺货的危害？（　　）

A. 导致门店业绩下降　　B. 不利于门店的形象维护

C. 使供应商不能提供货品　　D. 使顾客不信任门店

4. 商品系统库存不是零，但实际库存为零，这种情况属于（　　）。

A. 缺货的概念　　B. 缺货的危害　　C. 缺货的分析　　D. 缺货的控制

5. 缺货的危害不包括（　　）。

A. 导致货架空间浪费　　B. 使门店销售业绩下降

C. 不利于维护形象　　D. 使顾客集中购买

综合能力提升训练

多项选择题

1. 商品陈列的方法有哪些？（　　）

A. 堆头陈列法　　B. 综合配套陈列法　　C. 货架陈列法　　D. 端头陈列法

E. 悬挂陈列法

2. 商品陈列的程序包括（　　）。

A. 陈列调查　　B. 陈列规划　　C. 陈列准备　　D. 上架陈列

E. 陈列检查

3. 哪几项是生鲜区陈列的标准？（　　）

A. 卫生感　　B. 排列法　　C. 新鲜度　　D. 量感有序

E. 先进先出

4. 以下属于关联陈列原则的是（　　）。

A. 面包与果酱　　B. 咖啡与方糖　　C. 香肠与方便面　　D. 餐盘与餐叉

E. 鞋油与面包

5. 商品陈列原则包括以下哪几项？（　　）

A. 满陈列原则　　B. 先进先出原则　　C. 易取易放原则　　D. 关联陈列原则

E. 显而易见原则

技能提升训练

实战题

根据商品配置表，对盒装方便面商品进行准确陈列。

任务评价表

评分标准	分值	自我评价	权重/%	组间评价	权重/%	教师评价	权重/%	得分
商品陈列规划的知识点与技能点是否牢固掌握			20		30		50	
是否能根据所学准确进行商品陈列								
是否体现出了现代服务意识								
是否积极参与；团队合作是否顺利；是否体现互助意识								
情景模拟是否具有创新意识								
合计								

填表说明：

1. 实际得分＝自我评价 ×20%+组间评价 ×30%+教师评价 ×50%。
2. 评价满分为100分，60分以下为不及格，60~74分为及格，75~84分为良好，85分及以上为优秀。
3. 最佳员工为本次活动中表现最优秀、贡献最大者。
4. 组间评价，本项目结束后由组长组织本组成员互评，并填入表格。

项目八 团结协作重推广——门店开业推广

项目概要

知识目标

(1)描述门店开业策划的原则，准确说明门店开业策划的目的。
(2)准确说明门店开业的宣传策略。
(3)准确识记门店开业典礼仪式流程。
(4)准确说明门店开业前的筹备事项。
(5)描述门店开业的促销活动。
(6)描述门店推广的途径及策略。

技能目标

(1)通过合作，准确识记门店开业策划的原则。
(2)能准确说明门店策划的目的。
(3)具备选择门店宣传策略的能力。
(4)能实际设计并策划一场门店开业典礼。
(5)具备门店开业前各项事宜筹备的能力。
(6)能对门店开业促销活动进行解析。
(7)能准确撰写门店推广的途径及策略。

价值塑造

塑造要素	要素来源的主要内容
劳动教育	通过实际的调查研究，加强劳动教育
责任意识	在开业前的筹备事宜中，树立责任意识
爱岗敬业	开业典礼仪式做到尽善尽美
公平诚信	实际门店开业促销活动的调查研究
创新	创新开发门店推广的途径及策略
团结协作	与他人合作完成相关任务
职业道德与素养	培养吃苦耐劳、诚实守信的职业道德，遵纪守法的职业素养

思维导图

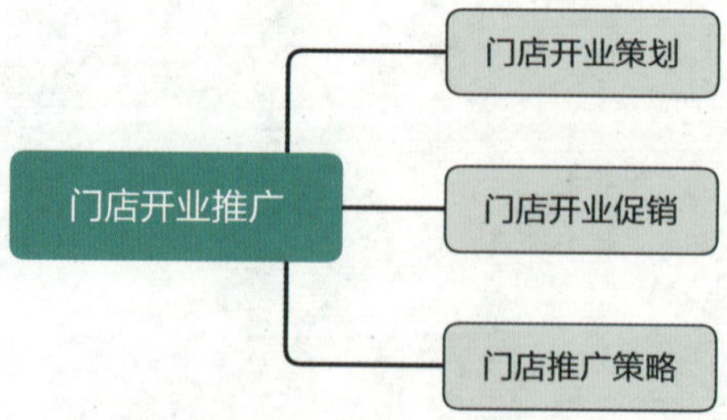

项目导入

好利来湖南首店开业

2022年8月，好利来湖南首店开业一事十分火爆，不少市民纷纷前去打卡，购买已在网络上流行多年的爆款点心。

1. 集各种网红元素于一身

大面积的粉色调装修，精致上镜的点心，各式各样的联名IP……好利来的长沙首店，可以说是集各种网红元素于一身。即使是在工作日的下午，店内依然人头攒动。有的店员站在门口，卖力地推销好利来的充值卡；也有店员端着试吃点心，请来往市民试吃并引导进店。

2. 人流爆棚受热捧

“专门等了几天才来的，没想到人还是这么多，排队结账等了好久。”一位刚从好利来走出来，手上拎着两个粉色好利来购物袋的消费者告诉记者，她是好利来的老顾客，之前就多次在网上购买好利来的产品，“一个月前刷到了它们要开店的消息，今天本来还想拍个照的，店里的装修风格感觉很出片，但人太多了就没拍。”

3. 以烘焙为基础打造主题乐园

据好利来方介绍，长沙首店是Holiland Pink系列主题门店，相较于其他普通门店，主题门店更像是以烘焙为基础打造的主题乐园。“长沙这座城市兼具传统与开放气质，与好利来品牌厚度与潮流创新基因兼有的特点相吻合。”好利来相关负责人表示，长沙作为一个飞速发展中的城市，旅游经济、粉丝经济与实体零售在这座城市里交融，市场环境良好，客群也符合好利来品牌主要的消费群体。

4. 开业首日销售破120万

据此前释放出的信息，好利来开业首日销售额突破120万，试营业期间销售额合计突破150万。好利来方面也透露，开业首日反馈很好，现场很多用户排长队采购，社交媒体上也有用户不断上传打卡图，在小红书、微博等平台掀起了诸多讨论。

（资料来源：作者根据相关资料整理）

思考：好利来湖南首店开业成功的原因是什么？

学习任务书

项目八	门店开发推广	学时		班级	
组别		组长		日期	
组员					
任务目标	1. 能为本组的拟开设门店进行开业推广 2. 能为该门店设计开业典礼和开业促销方案				

续表

工作任务	1. 扫码观看门店开发推广3个任务的微课，各小组讨论并做出总结。 ______ ______ ______ 2. 各小组讨论门店开业推广的策略。 ______ ______ ______ 3. 各小组列出学习本项目各任务时遇到的困难 ______ ______ ______

任务一　门店开业策划

小组任务

1. 什么是开业典礼?

______

______

______

2. 调查你所在城市最近开业的门店有哪些?

______

______

______

知识精讲

门店开业策划要主题突出、特色鲜明，以利于扩大认知、传播品牌。

微课：门店开业策划

一、开业的含义

开业是商店店铺门脸对外营业，指开门做生意的那一刻，包括试营业和正式营业。

二、开业和开市的区别

（一）规模不同

开业的规模要小得多，对于一个不起眼的小店，可以用开业但不能用开市。开市，一般是指规模较大的经济实体，如菜市、股市、各种专业市场等。开市所包括的不是一个店铺，而是店铺的集合体。

（二）意义不同

开业一般是指涉及经济领域的某项经济活动的开始。开业普遍用于取得工商行政管理部门许可后，经过一番筹备，具备经营活动场所等必备条件后，开始从事生产、经营的第一个工作日。

开市是中国的传统民俗，是指春节期间大小店铺从大年初一一起关门，然后在正月初五开市。

三、开业活动策划的原则

（一）气氛热烈

开业典礼活动营造热烈的气氛，可以有效提升门店的吸引力。

（二）吸引顾客

通过开业典礼，吸引更多的消费者进店，并争取给首次光顾的消费者留下深刻的印象。同时，要有持续的促销活动，并使消费者保持新鲜感。

（三）增加美誉度

促销活动要能让顾客感到实惠，最终增加本专卖店的美誉度。

（四）便于操作

策划方案应该便于实际操作，并具有风险可控性。

四、开业策划的目的

（一）增加人气

通过开业活动，聚集人气、吸引行人观望，形成口碑宣传，达到传播的效果，进一步扩大品牌在一定范围内的知名度、美誉度。

（二）促成首次购买

通过活动吸引消费者进店，争取促成首次购买。

五、开业宣传策略

（一）开业前后十天左右

在主要街道悬挂大型户外广告或灯杆灯箱广告。一般是短期广告，靠近新店附近，主要是开业专用，发布开业时间及惊喜活动内容。

（二）开业前一周

向商业集中区、重点街区或居民小区入户发放传单，主要是传达开业信息及开业的惊喜活动内容，刺激消费者参与和购买的欲望；条件允许的话，也可通过报媒、电视进行宣传。

（三）开业前三天

加强推广力度，利用各种平台发布开业信息，在商圈周围放置飘空气球，下悬开业庆典条幅，新店邻近街和主干道悬挂横幅，营造开业气氛，吸引过往的行人，为正式开业庆典做预热工作。

（四）开业当天

可在附近主要街道进行游行宣传，引起行人关注，发布开业信息及活动内容。

（五）开业后一周

持续开业时的热度，根据当地的消费习惯出具新的促销方案。

六、开业活动现场布置

（1）新店门口放置拱门，装饰飘空气球、条幅及规格适当的竖条幅。

（2）在新店门前沿街铺红地毯，地毯长度为二十米。

（3）在新店大门左右摆放开业庆典花篮。

（4）开业当天确保新店员工着统一标准服装，站在新店入口欢迎顾客，并随顾客进店，帮其介绍活动内容等，尽量争取一对一服务。

（5）配备并调试好音响、话筒。

七、开业典礼的含义

开业典礼是指各类企业在开始成立或正式运营时，为表示祝贺，按照一定程序专门隆重举行的一种热闹庆典。它是企业第一次公开向社会公众“亮相”，所以要想为企业扩大影响，树立良好的企业形象，开业典礼必须经过周密的策划和精心的安排。

微课：门店开业典礼

八、开业典礼的目的与意义

（一）开业典礼的目的

1. 对内作用

通过开业庆典的隆重举行，增加员工对公司的信心，加强公司的凝聚力。

2. 对外作用

开业庆典的举行，既可以让更多的群体了解到公司的开业情况，又可以加强公司在消费者心中的形象。同时，还可以利用此次机会和媒体多一些联系，通过开业典礼的隆重举行，扩大在行业内的知名度。

（二）开业典礼的意义

（1）一场声势浩大的开业仪式，可以为广大的目标客户和群众充分展示企业文化内涵，从而加强广大顾客对企业的了解，增加人们对产品购买和使用的信心，进而在无形中起到宣传和促进盈利的效果。

（2）门店可以借助比较隆重的庆祝场面，为新老顾客介绍产品使用与购买的更好平台，从根本上让顾客对产品产生了解，从而成为公司忠实的客户。

（3）通过门店开业典礼现场喜庆、热闹的氛围，去宣传企业一些积极性的东西，然后顺便在开业典礼现场实施促销活动，加大买赠销售政策，从而在开业之初，就在消费者的心中留下深刻的烙印。

九、开业典礼的一般流程

动画：开业典礼的一般流程

（一）迎宾

接待人员就位，在会场门口接待来宾。请来宾签到后，引导其就位。

（二）典礼开始

主持人宣布开业典礼正式开始，全体起立，鸣放鞭炮并奏乐。

（三）宣读重要来宾名单

主持人逐一宣读重要来宾名单，注意姓名不能读错。

（四）致贺词

由上级领导或来宾代表致贺词，主要表达对开业单位的祝贺，并寄予厚望。由谁来致贺词事先要定好，以免当众推来推去。对外来的贺电、贺信不必一一宣读，但对其署名的单位或个人应予以公布。

（五）致答词

由本单位负责人致答词，其主要内容是向来宾及祝贺单位表示感谢，并简要介绍本单位的经营特色和经营目标等。

（六）揭幕或剪彩

揭幕就是由本单位负责人和上级领导或嘉宾揭去盖在牌匾上的红布，宣布企业正式成立。参加典礼的全部人员应鼓掌祝贺。剪彩的彩带通常是用红绸制作的，剪彩应事先准备好剪刀、托盘和彩带。剪彩时，由礼仪小姐拉好彩带，端好托盘，剪彩者用剪刀将彩带上的花朵剪下，放在托盘内。这时，场内应以掌声表示祝贺。

（七）参观

如有必要，可引导来宾参观，向来宾介绍本单位的主要设施、特色商品及经营策略等。

（八）迎接首批顾客

可采取让利销售或赠送纪念品的方式吸引顾客，也可以邀请一些有代表性的消费者参加座谈，虚心听取消费者的意见，拉近与消费者的距离。

十、开业典礼前应筹备的事项

开业典礼尽管进行的时间极其短暂，但要营造出现场的热烈气氛，取得彻底的成功，却绝非一桩易事。由于它牵涉面甚广，影响面巨大，不能不对其进行认真的筹备。筹备工作是否认真、充分，往往决定着一次开业典礼能否真正取得成功。主办单位对于此点，务必要给予高度重视。活动开始前十天具体筹备事项如下。

（1）联系拱门、气球、条幅制作公司，沟通发布内容、发布时间及价格，洽谈并签订合同。

（2）设计制作传单、海报等宣传品。

（3）如需发布广告，要联系当地的户外媒体或电视、报刊媒体公司，沟通发布内容及价格，洽谈并签订合同。

（4）拟定开业促销方案，准备开业礼品、促销礼品。

（5）联系当地的表演队，沟通表演时间及价格，洽谈并签订合同。

（6）准备剪彩的道具（红色缎带、托盘、剪刀、白手套）。

（7）准备红地毯（租用或购买），采购新店开业花篮，并确保开业当天能正常送达门店。

（8）准备主持人、领导发言稿，媒体通稿。

（9）准备客户资料卡，做好客户资料建档（针对开业期间新开会员卡用户）。

十一、开业典礼礼仪

开业的礼仪，一般指的是在开业仪式筹备与动作的具体过程中所应当遵从的礼仪惯例。通常来讲，它包括两项基本内容。其一是开业仪式的筹备。其二是开业仪式的动作。

首先在指导思想上要遵循“热烈”“节俭”“缜密”三原则。所谓“热烈”，是指要想方设法在开业仪式的进行过程中，营造欢快、喜庆、隆重且令人激动的氛围，而不应令其过于沉闷、乏味。有一位曾在商界叱咤风云多年的人士说过：“开业仪式理应删繁就简，但却不可以缺少热烈、隆重。与其平平淡淡、草草了事，或是偃旗息鼓、灰溜溜地走上一个过场，倒不如索性将其略去。”所谓“节俭”，是要求主办单位“勤俭持家”，在举办开业仪式及为其进行筹备工作的整个过程中，在经费的支出方面量力而行，节制、俭省。反对铺张浪费，该花的钱要花，不该花的钱千万不要白花。所谓“缜密”，则是指主办单位在筹备开业仪式之时，既要遵行礼仪惯例，又要具体情况具体分析，认真策划，注重细节，分工负责，一丝不苟。力求周密、细致，严防百密一疏、临场出错。

具体而论，筹备开业仪式时，对于舆论宣传、来宾约请、接待服务、礼品馈赠四个方面的工作，尤其需要事先做好安排。

第一，要做好舆论宣传工作。既然举办开业仪式的主旨在于塑造本单位的良好形象，那么就要对其进行必不可少的舆论宣传，以吸引社会各界对自己的注意，争取社会公众对自己的认可或接受。为此要做的常规工作：一是选择有效的大众传播媒介，进行集中性的广告宣传。其内容多为开业仪式举行的日期、开业仪式举行的地点、开业之际对顾客的优惠、开业单位的经营特色等。二是邀请有关的大众传播界人士在开业仪式举行之时，到场进行采访、报告，以便对本单位进行进一步的正面宣传。

第二，要做好来宾约请工作。开业仪式影响的大小，往往取决于来宾身份的高低及其数量的多少。在力所能及的条件下，要力争多邀请一些来宾参加开业仪式。地方领导、上级主管部门与地方职能管理部门的领导、合作单位与同行单位的领导、社会团体的负责人、知名人士、媒体人员，都是邀请时应予优先考虑的重点。为慎重起见，用以邀请来宾的信应认真书写，并装入精美的信封，由专人提前送达对方手中，以便对方早做安排。

第三，要做好接待服务工作。在举行开业仪式的现场，一定要有专人负责来宾的接待服务工作。除了要教育本单位的全体员工在来宾的面前，要以主人翁的身份热情待客、有求必应、主动相助之外，更重要的是分工负责、各尽其职。在接待贵宾时，需由本单位主要负责人亲自出面。在接待其他来宾时，则可由本单位的礼仪小姐负责。须为来宾准备好专用的停车场、休息室，并应为其安排饮食。

第四，要做好礼品馈赠工作。举行开业仪式时赠予来宾的礼品，一般在宣传性传播媒介的范畴之内。若能选择得当，必定会产生良好的效果。根据常规，向来宾赠送的礼品，应具有三大特征：其一，宣传性。可选用本单位的产品，也可在礼品及其包装上印上本单位的企业标志、广告用语、产品图案、开业日期等。其二，荣誉性。要使之具有一定的纪念意义，使拥有者对其珍惜、重视，并为之感到光荣和自豪。其三，独特性。它应当与众不同，具有本单位的鲜明特色，使人一目了然。

知识拓展：常用的开业典礼形式

思政园地

如何在门店开业过程中增加门店的美誉度？应从如下几方面做起：第一，完善硬件设施。在开业之初，一定要想办法吸引周边居民的眼球。完善门店的硬件设施是提高门店吸引力的重要手段。店面要有鲜明的特色，让人有进去的欲望。在室内装修上要尽量做到温馨、舒适，为进店的顾客提供一个良好的环境，争取获得较高的印象分。第二，做好商品项目。商品和项目是一家门店的核心，在做好装修等硬件设施的前提下，还必须为顾客提供优质的商品和专业的服务项目。没有老顾客的门店是很难得到长期发展的。第三，提供专业的服务。服务质量是一个门店档次和专业程度的最好体现。顾客作为消费者，自然希望得到满意的服务，所以门店要重视对员工进行专业素质培训，让服务人员能够用热情友好的态度接待顾客，为顾客提供专业的服务，这对店面形象的树立也是很有帮助的。因此，新开业的门店一定要重视每一个进店的顾客，给他们留下好的印象，这样才能建立良好的口碑，增加美誉度。

任务工单

1. 策划一份某公司的开业典礼流程。

____

____

____

2. 各小组讨论并设计出一家门店的开业策划。

____

____

____

温故知新

单项选择题

1. 以下不属于开业典礼礼仪的是（　　）。

A. 择吉日　　B. 看天气　　C. 请客　　D. 添彩

2. 以下不属于开业典礼一般流程的是（　　）。

A. 典礼开始　　B. 致贺词　　C. 致答词　　D. 致闭幕词

3. 以下不属于开业活动策划原则的是（　　）。

A. 气氛热烈　　B. 紧张有序　　C. 吸引顾客　　D. 便于操纵

4. 以下不属于开业策划目的的是（　　）。

A. 增加人气　　B. 促成首次购买

C. 增加销售量　　D. 检验销售员销售水平

5. 举行开业仪式时赠予来宾的礼品不需要具备（　　）特征。

A. 宣传性　　B. 贵重性　　C. 荣誉性　　D. 独特性

任务二　门店开业促销

小组任务

1. 什么是开业促销？

2. 你参加过的开业促销活动有哪些？给你留下印象最深刻的是哪一次？

知识精讲

有效地进行开业促销，可以提高门店知名度，提升新店营业额。

微课：门店开业促销设计

一、开业促销的含义

促销又称销售促进，是指企业运用现代沟通方式，向消费者传递营销信息，促进消费者对企业及其产品与服务产生兴趣、好感和信任，进而做出购买决策的活动。

开业促销是门店惯用的促销方式，一般来说在开业前后，商家会通过发放宣传单来吸引大量顾客。在这些促销活动进行的同时，为防价格提前泄露，商家可以在前一天晚上让其员工加班加点改动商品标签，直到开业前才将正确的商品标签全部摆放完毕。

二、开业促销的形式

开业促销是商店为庆祝新店铺的开张而举行的促销活动，目的是为了事业有一个良好的开端，吸引顾客光顾。

（一）特价销售

对部分商品或所有商品采取让利的方式，以一定的折扣出售给顾客。

（二）赠送纪念品

在开张期间的一定时期内（如一个星期或半个月），对所有前来购买商品的顾客赠送纪念品，这种纪念品上最好是印有企业的标记。

（三）赠送折扣卡

在规定的时间内，对前来购物的顾客赠送折扣卡。顾客可以持卡在规定的时间内享有折扣优惠。

（四）赠送贵宾卡

对于一次购物金额达到一定标准的顾客，免费赠送贵宾卡。持有贵宾卡的顾客前来购物时，可以享受更加优惠的折扣。

三、开业促销的注意事项

（1）促销活动要别开生面，吸引消费者的注意力。

（2）用于促销的物品要具有纪念意义，上面最好印有本企业的标志。

（3）尽量采取对顾客具有长期吸引力的促销方式，如赠送定期优惠卡、贵宾卡，培养忠实顾客。

（4）注意促销活动的经济性，既不能增加企业的经济负担，又要使促销活动具有足够的吸引力。

四、开业促销的目的及目标

开业促销的目的主要有以下三个方面。

（一）聚集商气

有大量的人潮潮涌门店，就可以聚集商气。商气的形成，必然会为今后本商圈内各种商机的产生提供更大的可能性与概率。商气可以说是“商机”起到了良好的过渡作用。

（二）延伸商机

商机的最终形成从某种程度上说是，在雄厚的“人气”基础上产生的结果，商机不会无缘无故的产生。在品牌消费的过程中，“人气”的厚与薄、强与弱，很大程度上影响着商气与商机。商机如果产生，必然会对品牌本身产生良好的影响，从而为提高专卖店销售、扩大专卖店影响起到最终作用。

（三）传播品牌

每个品牌都有不同的特色文化，传递企业及产品文化是消费者对品牌认可的关键一步。卖场的陈列搭配、饰品点缀，产品的独特卖点及时尚风格都是消费者对品牌认知的基本要素。如何确保“首战必胜”是门店开业的首要问题。对门店来讲，它的开业活动是否别致新颖，即首战是否能大获全胜，关系着它能否先声夺人并立稳脚跟。既要有轰动的场面，又要产生实实在在的营业额，两者兼具，才是促销活动的宗旨，因此促销目标有以下六个方面。

（1）在开业气势上务必要“一炮打响”。

（2）通过本次开业，务必要在消费者心中留下深刻的印象。

（3）在同行业态中留下较好的知名度。

（4）促销活动务必与众不同，使顾客有“新鲜感”，并且容易传播。

（5）促销活动务必能提高销售额。

（6）促销活动的确能让顾客感到“实惠”，最终增加美誉度。

五、开业促销的特征及主要行为

门店开业促销的目的是在本地区扩张知名度，需要具备上档次、上规模、高格调、高影响的特点，为迅速提升知名度打好基础。开业活动一定要彰显鲜明时尚性、易识别性、易传播性、冲击性、欢快性等特征。

其主要行为包括以下几方面。

（一）告知性

借助媒体、公关活动等手段，将新店地址、新店属性、品牌文化做系统告知与宣传，从而把第一信息传达给消费者。

（二）影响性

利用新店开业的第一次活动，将品牌内涵、产品风格、企业文化传达给消费者，增强潜在消费者对于品牌的信任和认可。

（三）促销性

利用新通路让消费者感受商品，借此进行适当的促销活动，最大可能地吸引消费者关注，刺激他们的消费欲望，并对门店产生第一次接触后的好感。

（四）形象性

通过新店开业活动，迅速扩大品牌知名度，给潜在的消费者注入购买欲望，着力提升门店在消费者心里的地位，为占领市场提供先机。

六、开业促销前期工作准备

（1）门店全体人员深入熟悉本次活动的主题、形式等。

（2）活动期间，导购、促销人员、执行负责人等均应提早到岗，确认各项准备工作是否到位。

（3）营业前摆放主题海报，检查其他宣传物料、促销礼品等是否齐全。

（4）宣传单置于店内供顾客自取。

（5）专设开业促销活动区域及业务宣传台，并有专人负责。

（6）严格登记兑奖人姓名、电话号码等详细情况。兑奖结束后，对奖项的兑换要保存好原卡，再与库存奖品对账，杜绝私自拿取奖品。

（7）专人负责物资准备：横幅、海报、报纸、促销礼品、抽奖箱。

（8）营业结束后，收好主题海报及其他形象画面。

（9）注意整理并及时把持有贵宾卡的消费者的资料输入电脑备案。

知识拓展：开业促销方案的具体内容

思政园地

良好的形象是成功的一半。如何在开业促销活动中树立门店的公众形象呢？可以参照如下实施：第一，通过开业促销活动聚集人气；第二，展示良好服务及商品，在公众中留下美好印象；第三，做好充足准备，邀请各大媒体进行宣传报道；第四，促销活动设计精美，激发公众参与度。第五，诚信经营，促销当天的活动要如实进行。

任务工单

1. 设计一场形式丰富的开业促销活动，要体现出丰富性。

技能训练：门店促销方案设计练习

2. 各小组讨论并出具一份开业促销策划方案。

温故知新

单项选择题

1. 以下不属于开业促销形式的是（　　）。

A. 特价销售　B. 绑定销售　C. 赠送纪念品　D. 赠送折扣卡

2. 以下不属于开业促销目的的是（　　）。

A. 聚集商气　B. 延伸商机　C. 传播品牌　D. 立足市场

3. 以下不属于开业促销特征的是（　　）。

A. 鲜明时尚　B. 积极热烈　C. 易识别性　D. 易传播性

4. 开业促销活动期间，（　　）无须提早到达。

A. 导购　B. 促销人员　C. 执行负责人　D. 顾客

5. 以下不属于开业活动要彰显的特征的是（　　）。

A. 鲜明时尚性　B. 易识别性　C. 易传播性　D. 奢华性

任务三 门店推广策略

小组任务

1. 什么是门店推广？

2. 你熟悉的门店有哪些？你是通过什么渠道知道这些门店的？

知识精讲

门店推广可以帮助商家促进门店销售，让更多消费者知晓门店，并乐于购买门店内的商品。因此，有效进行门店推广非常重要。

微课：门店推广方案设计

一、门店推广的含义

门店推广就是以门店的形式推广获客。通过互联网等手段的宣传，精准锁定有需求的客户，解决线下门店获客难的问题。

二、门店推广的策略

（一）传统广告宣推

广告宣推是门店运用各种广告媒体，向消费者传递消费信息，以促进销售的一种直接销售方式。广告宣推的特点是门店单方面向消费者传递信息，属于单向沟通。广告媒体有：电视、电台、报纸、杂志（称为四大广告媒体）、招牌、看板、路牌、交通工具、灯箱、霓虹灯、橱窗、包装、店内POP、口头宣传或店内广播、演示、海报等。我们常见的广告宣传有街边广告、多媒体广告，还有地推宣传等。对于传统广告宣推，门店老板并不陌生，如果宣传得当，效果也会不错，但是传统广告宣推的成本费用并不低，户外硬性广告按年收费，有的地段一年几十万不等，并非是普通门店可以选择的。

（二）会员积分营销

随着互联网的日益发展，实体店营销模式的多样性，会员积分营销已经成为实体店在日常营销过程中较常用的方法。会员积分营销玩法能有效留住客户，通过帮助实体店做到精准化、差异化，进而改变顾客与实体店之间的关联，创造一定收益。对于消费者而言，会员是自己在实体店消费时获取的一张身份证明，也可以凭此享有一定的优待。利用会员积分进行营销是实体店实现盈利的一个非常重要的环节。实体店商家可以搭建通兑吧会员积分系统，通过会员积分营销玩法，给消费者带来一些直观的实惠，并具有很强的差异性，促进客户消费，成功引导客户参与，用完善的销售服务实现进一步推广，为客户留下良好的体验服务，这才是真正有效的会员积分系统营销方法。

（三）多样化营销组合

实体店想要通过科学的运营手段，找到成本和客户体验感的平衡点，有效提升客户活跃度、留存率、转化率，可以尝试采取游戏化的思维来搭建更加低成本、多场景、可持续的多样化营销组合玩法。

（四）名片宣传

名片宣传会有比较好的效果。想让他人对你的名片留有较为深刻的印象，你就要把名片设计得清新一些，或是设计得特别一些，这样他人就会多注意你的名片。

（五）把LOGO做成其他商品

门店可以去买几个订制的T恤，在上面印上LOGO，随后赠给身旁的朋友。如果T恤搞得好看点，而且很酷，人们就会把衣服穿上，进而给门店免费推广宣传。另外，还可以将LOGO印在一些包装盒子或袋子上面，随后再免费赠给一些连锁便利店、商场，其效果会比发宣传单好，并且还应该把门店的详细介绍印在袋子上。

（六）赞助主题活动引流

门店做冠名赞助不是必须要出钱才可以的。门店可以事前掌握近期有什么活动，免费给它做推广，然后趁机蹭热点，最终大家会由这件事情关注到你的门店。要找到合适的促销渠道，首先应该了解客户会在哪里看到门店信息、购买商品，并传播门店信息。其次，应该制作合适的推广渠道和场景内容。

（七）完全免费引流

完全免费引流是一个很合理的推广方法，简易、便捷、高效率。完全免费的方式有很多，如培训教育、儿童娱乐、健身会所、养生美容、KTV等能够免费试用；餐馆能够免费喝酒、免费饮用豆浆、免费试吃；免费提供服务项目；免费代收快递等。若能操纵好成本费，完全免费引流方法大有作为。

（八）主题活动引流

策划一期主题活动，吸引充足多的人，可消化吸收很多潜在用户。做主题活动务必要有好的方案，具备强大的诱惑力，才能合理实行。还可以依靠第三方专用工具建立抽奖、投票主题活动、报名主题活动、预定主题活动等。一次成功的主题活动，不但可以产生丰厚的经济效益，而且可以拉响品牌形象。

（九）商品引流

发布爆品商品，以爆品推动别的商品的销售量。爆品务必要有这几个特点：有较强的竞争能力、具备广泛应的用性、需求量大或易消耗。商品要真实做爆，务必要有充足、浓厚的功底。

（十）同盟引流

根据和附近店家协作，达到双赢。餐馆能够和商场、酒店餐厅协作，搞好优惠券，能够长期性协作，都能获得较高的性价比。

（十一）社群营销引流

要想搞好社群营销，可以多加微信好友，进行活跃性社群营销。做社群营销需要塑造人气值、塑造关联、塑造满意度，也要有时间多沟通交流、发送红包。好的社群营销价值很高。

（十二）做赠送品引流

提供货品折扣、赠予精美礼品、给特惠等，能够用实打实的让利打动顾客，从而吸引顾客入店，增加交易量，这类方式能够非常好地把握顾客。此引流方法的关键是“利他”，让顾客觉得性价比高。

（十三）人员促销引流

人员促销是指门店的销售人员，用谈话方式向可能购买的顾客做口头宣传，以达到推销产品、满足消费者的欲望、实现门店营销推广目标的一种直接的销售方法。人员促销的特点是具有直接性，销售人员与顾客能进行双向沟通，其推广手段与推广人员的推销技巧密切相关。

（十四）特种促销引流

特种促销也称营业推广，是一种直接利用利益来刺激消费需求的辅助性、临时性的促销方式。其特点是快，然而运用不当会产生负面效应，会使顾客对商品质量、价格的真实性产生怀疑。采用特种促销引流时，应考虑四个方面的问题：第一，优先刺激的规模，即确定促销预算，并估算需要多少新增销量来弥补才能经营。第二，确定享受促销优惠的对象。第三，确定促销信息的传播途径。第四，促销时间的选择，既不能太长，也不能太短，较好的频率是每季内有三周特种促销活动。

知识拓展：新店推广的内容

（十五）公共关系促销引流

公共关系促销是门店的公共关系活动，也是通过增进企业与社会各界的联系和了解，以门店的知名度和美誉度来带动商品销售的一种间接促销推广方式。其特点是连锁企业与社会建立双向沟通，注重企业的长远发展利益。

思政园地

在门店开发推广中涉及的法律要知晓，与营销定价策略有关的《中华人民共和国价格法》；与产品牌塑造与宣传有关的《中华人民共和国商标法》《中华人民共和国广告法》；与产品质量和消费者权益保护有关的《中华人民共和国产品质量法》和《中华人民共和国消费者权益保护法》等。“尊人者，人尊之”，门店推广在引流中要充分尊重消费者。通过举办活动吸引感兴趣的消费者；通过广告等手段激发消费者的潜在购买意识；从消费者的需求出发，挖掘消费者的购买需求；维护老客户，开发新客户，举办“以老带新”等活动；充分尊重消费者行为，不纠缠、不黏腻消费者购买；给消费者提供良好、细致、真诚的服务。

任务工单

1. 策划一份某门店的推广方案。

____

____

____

2. 各小组讨论还有哪些门店推广策略。

____

____

____

温故知新

单项选择题

1. 以下不属于门店推广策略的是（　　）。

A. 商品引流方法　B. 销售引流方法　C. 同盟引流方法　D. 社群营销引流方法

2. 人员促销是指门店的销售人员，用（　　）向可能购买的顾客做口头宣传。

A. 谈话　B. 调查　C. 实验　D. 问卷

3. 货品折扣、赠予精美礼品、给特惠等，能够把握住顾客的什么心理状态？（　　）

A. 喜新厌旧　B. 趋利

C. 购买经济又实惠的商品　D. 购买方便便捷的商品

4. 促销时间最佳的频率是每季内有（　　）周特种促销活动。

A. 一　B. 二　C. 三　D. 四

5. 公共关系促销是门店的公共关系活动，也是通过增进企业与（　　）的联系和了解，以门店的知名度和美誉度来带动商品销售的一种间接促销推广方式。

A. 顾客　B. 供应商　C. 中间商　D. 社会各界

综合能力提升训练

多项选择题

1. 以下属于开业活动策划原则的是（　　）。

A. 气氛热烈　B. 吸引顾客　C. 增加美誉度　D. 便于操作

E. 增加销量

2. 开业策划的目的是（　　）。

A. 聚集人气　B. 吸引行人　C. 形成口碑宣传　D. 扩大品牌知名度

E. 扩大品牌美誉度

3. 筹备开业仪式时，对于（　　）工作要事先做好安排。

A. 舆论宣传　　B. 来宾邀约　　C. 接待服务　　D. 礼品馈赠

E. 产品定价

4. 开业促销的要求一定要彰显的特征包括（　　）。

A. 鲜明时尚性　　B. 易识别性　　C. 易传播性　　D. 冲击性

E. 欢快性

5. 以下属于门店推广策略的是（　　）。

A. 传统广告宣传推广　　B. 会员积分营销玩法

C. 名片宣传　　D. 公共关系促销引流方法

E. 赞助主题活动

技能提升训练

实战题

为某一门店撰写开发推广策划，进行开业典礼及开业促销的设计，并撰写方案报告。要求观点明确、思路清晰、方案流程鲜明、阐述理由充分、格式美观、无错别字。

任务评价表

评分标准	分值	自我评价	权重/%	组间评价	权重/%	教师评价	权重/%	得分
开业典礼流程的知识点与技能点是否牢固掌握								
是否能为门店设计开发推广的策略								
是否体现出了现代服务意识			20		30		50	
是否积极参与；团队合作是否顺利；是否体现互助意识								
是否具有创新意识								
合计								

填表说明：

1. 实际得分 = 自我评价 × 20% + 组间评价 × 30% + 教师评价 × 50%。
2. 评价满分为100分，60分以下为不及格，60~74分为及格，75~84分为良好，85分及以上为优秀。
3. 最佳员工为本次活动中表现最优秀、贡献最大者。
4. 组间评价，本项目结束后由组长组织本组成员互评，并填入表格。

参考答案

参考文献

[1] 列宁. 列宁全集：第55卷[M]. 北京：人民出版社，2016.

[2] 国家市场监督管理总局，国家标准化管理委员会. 零售业态分类：GB/T 18106—2021[S]，2021-03-09.

[3] 李晓辉，弓秀云. 连锁门店开发与选址[M]. 北京：中国发展出版社，2010.

[4] 李卫华，李轻舟. 连锁企业门店开发与设计[M]. 北京：中国人民大学出版社，2012.

[5] 李志波，党养性. 连锁企业门店营运与管理[M]. 北京：北京交通大学出版社，2010.

[6] 蔡顺峰. 门店布局与商品陈列[M]. 2版. 北京：高等教育出版社，2018.

[7] 黄琳. 连锁门店开发与设计[M]. 2版. 大连：大连理工大学出版社，2014.

[8] 曹爽，肖炜，刘雯. 门店运营管理[M]. 长沙：湖南师范大学出版社，2020.

[9] 翟金芝. 连锁企业门店开发与设计[M]. 北京：北京理工大学出版社，2019.

[10] 李维华. 招商理论与实务全攻略[M]. 北京：企业管理出版社，2020.

[11] 郎宏文，陈晓华，张佳洁. 技术经济学[M]. 北京：人民邮电出版社，2016.

[12] 陈新玲. 连锁经营管理原理[M]. 北京：电子工业出版社，2009.

[13] 杨晓凌. 连锁企业门店开发与设计[M]. 北京：北京交通大学出版社，2013.

[14] 杨叶飞，王吉方. 连锁门店开发与设计[M]. 北京：机械工业出版社，2008.

[15] 吴丹. 中国品牌手机在欧洲市场的营销策略研究[D]. 西南政法大学，2023(1)：1-55.

[16] 李国平. 多策并举促进我国城市群高质量发展[J]. 人民论坛. 学术前沿，2022(22)：20-30.

[17] 陆满平. 国外测定商圈的理论法则[J]. 商场现代化，1998(5)：11-12.

[18] 邱风玉. 浅谈对华为企业理念和政策的理解[J]. 秦智，2022(9)：52-54.

[19] 李维华. 成功构建特许经营体系五步法[M]. 北京：企业管理出版社，2021.

[20] 赵向阳. 宜家的“秘密”[J]. 中国连锁，2014(11)：56-57.

[21] 王丽. 于东来：折服马云和雷军的“生意经”[J]. 中关村，2020(2)：68-71.

[22] 段佩姚. 商业场所的人性化设计——以星巴克为例分析[J]. 艺术科技，2019(8)：62.